수업의 본질

수업의 본질

초판 1쇄 발행 2025년 6월 20일

지은이 | 김태현
발행인 | 최윤서
편집장 | 최형임
디자인 | 김수경
마케팅 지원 | 최수정
펴낸 곳 | ㈜교육과실천
저자 강의·도서 구입 | 02-2264-7775
인쇄 | 031-945-6554 두성 P&L
일원화 구입처 | 031-407-6368 ㈜태양서적
등록 | 2020년 2월 3일 제2020-000024호
주소 | 서울특별시 중구 창경궁로 18-1 동림비즈센터 505호

ISBN 979-11-91724-88-2 (13370)
정가 25,000원

저작권법에 따라 한국 내에서 보호를 받는 저작물이므로 무단 전재 및 복제를 금합니다.
저자 강의 및 도서 문의는 교육과실천 02-2264-7775로 연락 주십시오.

이 책에 수록된 그림은 저작권자의 허락을 얻어 수록하였습니다. 저작권자를 찾지 못해 허락을 구하지 못한 것에 대해서는 저작권자가 확인되는 대로 게재 허락을 받고 통상의 기준에 따라 사용료를 지불하겠습니다.

수업이란 무엇인가?

수업의 본질

김태현 지음

교육과실천

| 프롤로그

수업, 나를 찾아 떠나는 다섯 갈래의 길

아직도 나는 수업이 어렵다. 교단에 선 지 스무 해가 훌쩍 넘었고, 그동안 몇 권의 교육 서적도 펴냈지만, 여전히 수업 앞에 서는 일은 두렵기만 하다. 가끔은 '이젠 좀 익숙해졌나' 하는 순간도 있지만, 수업은 언제나 내 예상과는 다른 길로 흘러 나를 당황하게 만든다. 그래서일까, '수업이란 이런 것이다'라고 말하고 싶다가도, 어느 순간 그 말이 허공에 흩어지는 느낌이 든다. 수업의 본질은 손에 잡힐 듯하다가도 이내 안개처럼 흩어져버린다. 가까이 있다고 생각하는 순간 멀어지고, 익숙해졌다고 느끼는 날에도 여전히 낯설다.

돌이켜보면, 우리는 너무 쉽게 수업을 말해왔다. 수업이 가진 복잡함과 예측 불가능함을 마치 정해진 기술이나 방법 몇 가지만 익히면 해결되는 것처럼 단순화해 왔다. 그래서 누군가는 '깊이 있는 수업', 또 누군가는 '에듀테크', '인공지능'을 말하며, 다양한 지침과 모형을 만들어냈다. 하지만 그렇게 화려해지고 정교해진 기법들 사이에서, 정작 수업의 중심에 있어야 할 가장 본질적인 무언가가 점점 사라지고 있다.

기술은 언제나 트렌드에 따라 변한다. 시대의 흐름에 맞춰 교실의 모습도, 수업의 방식도 끝없이 달라진다. 그러나 그 변화의 외형을 수업의 본질이라 부를 수는 없다. 본질은 유행을 따라 흔들리지 않는다. 시간이 지나도 변하지 않는 것, 세월 속에서도 여전히 사람들에게 가치로서 인식되는 것, 그것이 진짜 본질이다.

수업의 본질은, 교사가 학생들을 의미 있게 성장시키려는 마음에 있다. 그 마음이 깃들 때, 비로소 수업은 깊이를 갖게 된다. 교사의 마음이 꺾이는 순간, 수업은 아무 의미도 남기지 못한 채 정보만 나열하는 행위로 전락한다. 말은 넘치지만 울림은 없고 지식은 채워지지만 성장은 멈춘다. 학생을 바라보는 눈빛, 작은 가능성을 믿는 기다림, 함께 성장하기를 바라는 기대. 그것이 있을 때 수업은 살아 숨 쉬며 비로소 사람을 향하게 된다.

결국 수업을 수업답게 만드는 것, 그것은 언제나 교사의 진심이다. 학생 한 사람 한 사람을 바라보며, 작은 가능성 하나에도 마음을 걸고 함께 성장하기를 소망하는 그 깊은 바람. 수업은 마음에서 마음으로 건너가는 조용한 기적이다. 그리고 이 기적은 본질을 붙든 교사의 단단한 내면에서 시작된다.

하지만 언제부터인가 교사들은 자신의 수업을 온전히 지켜낼 수 없는 존재가 돼버렸다. 누가 만든 지침인지도 모를 수많은 요구 속에서, 교사는 점점 더 '타인의 수업'을 따라가는 사람처럼 되어갔다. '좋은 수업'을 한다는 이름 아래 반복되는 연수들, 기준과 모형들. 그 속에서 교사들은 지쳤고, 학생들은 여전히 경쟁과 입시 속에서 숨 가쁘다. 수업은 점점

'과정'이 아니라 '성과'가 되었고, 교사는 '마음'이 아닌 '지침'을 향해 달려가야만 하는 존재가 되어버렸다. 그래서 나는 지금, 이 질문 앞에 다시 선다.

'수업이란 무엇인가?'

나는 이 질문을 오래도록 마음속에 품고 걸어왔다. 그리고 이제야 조심스럽게 말해본다. 수업의 본질은 어쩌면 아주 단순한 데 있을지도 모른다고 말이다. 교사와 학생이 교과를 사이에 두고 진심을 담아 마주 앉아, 함께 배우고 함께 성장하는 일. 그저 그뿐. 그런데 우리는 요즘 그 단순한 진실 위에 너무 많은 것들을 덧붙이며, 점점 수업을 본래 자리에서 멀어지게 하고 있다.

그래서 이 책에서는 차가운 이론이나 복잡한 모형보다는, 실제 교실에서 '수업'이라는 것이 어떻게 숨 쉬고, 어떻게 흔들리며, 어떻게 피어나는지를 '교사의 시선'으로 다시 들여다보려 했다. 그 여정을 따라가다 보니, 내 마음을 이끌고 있던 다섯 개의 단어가 본질로 남았다.

자존, 디자인, 실행, 성찰, 공동체.

이 단어들은 단지 개념이 아니라, 내가 교사로 살아오며 몸으로 겪고 마음으로 익힌 수업의 언어들이다. 내가 지나온 수업의 발자국을 되짚어보면 이 다섯 갈래 길이 늘 함께 있었다. 나는 이 흐름을 따라 수업을 다시 바라보았고, 그 속에서 수업이란 무엇인가에 대한 내 나름의 대답을 천천히, 그러나 깊이 찾아가게 되었다.

수업의 본질을 따라 걷는 첫 번째 길은 '자존'이다. 자존이란, 교사가 자기 자신을 아끼고 존중하는 마음이다. 여전히 많은 교육 서적이 수업의 기술과 방법을 강조하지만, 학생 앞에 서는 데 있어 가장 먼저 필요한 건 교사의 내면을 지탱해 주는 조용한 힘이다. 자존이 흔들리면, 교사는 작은 소란에도 쉽게 위축되고, 타인의 평가 속에서 자신을 잃어버리기 쉽다. 마치 예술가가 어둠 속에서도 작은 빛을 발견해 그것을 예술로 승화시키듯, 교사의 자존도 척박한 교육 현실 속에서 자신의 수업을 끝내 포기하지 않게 하는 가장 근본적인 힘이 된다.

두 번째 길은 '디자인'이다. 자존이라는 뿌리에서 피어나는 수업은 단지 지식을 전달하는 행위가 아니다. 그것은 교사의 철학과 메시지를 담아내는 예술적 창작이다. 수업을 디자인한다는 것은 교육과정이라는 틀 안에서 자신의 경험과 관점을 녹여내어, 교실이라는 무대 위에 섬세하게 펼쳐내는 일이다. 그렇게 탄생한 수업은, 학생과의 만남을 단순한 정보 교환이 아니라 살아 있는 교육의 순간으로 바꾼다. 그 만남이 깊어질수록, 교사는 자신이 지식을 통해 관계와 성장을 그려내는 예술가임을 느끼게 된다.

하지만 아무리 아름답게 디자인된 수업일지라도, 그것이 교실에서 그대로 펼쳐지기는 쉽지 않다. 현실은 언제나 예측을 비껴가고, 수업은 살아 움직이며 끊임없이 변주된다. 그래서 세 번째 길, '실행'이 필요하다. 실행은 교사가 설계한 수업을 실제 교실 안에서 펼쳐내는 구체적 행위다. 교사는 흐름에 귀 기울이고, 유연하게 방향을 조정하며, 자기만의 리듬으로 수업을 실행해야 한다. 이는 기술을 넘은 감각이며, 반복되는 시행착오 속에서 몸으로 익히는 살아 있는 배움이다.

　수업이 끝난 뒤, 우리는 조용히 자신에게 묻는다. '나는 오늘 수업안에서 무엇을 전했고, 무엇을 놓쳤는가?' 이 질문이 네 번째 길, '성찰'의 시작이다. 하지만 바쁜 일상과 쏟아지는 피드백 속에서, 교사들은 종종 이 내면의 물음을 지나치고 만다. 수업은 늘 완벽하지 않고, 우리는 종종 아쉬운 마음으로 하루를 마무리한다. 그러나 진짜 성장은 바로 그 아쉬움에서 시작된다. 성찰은 단순한 반성이 아니라, 더 나은 수업을 위한 다정한 마음의 준비이며, 교사로서 자신의 수업을 조금씩 사랑하게 되는 첫 걸음이다. 그 사랑은 거창한 성과에서 비롯되지 않는다. 오히려 내가 나의 수업을 조용히 들여다보고, 실패처럼 느껴졌던 순간에도 다시 시작해보려는 마음, 그 용기에서 시작된다. 그 용기는 외부의 평가가 아니라, '내가 나를 어떻게 바라보느냐'에서 비롯된다. 내 수업을 정직하게 마주하려는 용기, 그리고 그 안에서 나 자신을 다정히 안아주는 시선, 그것이 교사로서 내일을 살아갈 힘이 된다.

　그리고 마지막 다섯 번째 길은 '공동체'다. 수업은 교사의 내면에서 시작되지만, 그 길을 끝까지 걸어가기 위해서는 함께 걸어주는 동료가 필요하다. 나의 수업을 나누고, 타인의 성찰을 들으며, 함께 울고 웃는 그 만남 속에서 교사는 덜 외롭고, 수업은 더 살아난다. 혼자서는 쉽게 지치고 흔들리지만, 함께라면 다시 일어설 수 있다. 공동체는 완벽함을 증명하는 자리가 아니라, 서로의 불완전함을 따뜻하게 품어주는 공간이다. 수업이란 길 위에서 서로의 걸음을 지켜봐주는 사람들, 바로 그들이 교사의 삶을 단단하게 만든다.

자존, 디자인, 실행, 성찰, 공동체.

그 속에는 교사의 삶이 고스란히 담겨 있다. 매일의 수업 앞에 서서 마주하는 작고도 깊은 고민들, 때로는 설레고 때로는 망설였던 마음들이 이 다섯 갈래의 길에 겹겹이 녹아 있다. 이 책은 탁월한 수업을 하자고 말하지 않는다. 그보다는 진심이 스며든 수업, 학생과 마음이 연결되는 소박하고 조용한 수업을 이야기하고자 한다. 비록 완벽하지 않더라도, 그 한 시간 안에서 교사로서의 작은 성취와 잔잔한 보람을 느낄 수 있는 수업. 그런 수업을 우리 각자의 자리에서 조금씩 시도해 보자는 것이다.

남들이 부러워할 만큼 특별한 능력을 갖추자는 것도 아니다. 다만 어제보다 오늘, 조금 더 진심 어린 수업을 고민해 보고, 내가 정말 바라는 수업의 모습이 무엇인지 스스로에게 조용히 물어보는 것. 그 질문과 성찰 속에서, 우리는 수업의 본질에 한 걸음 더 다가가게 될 것이다.

이 책은 그런 여정을 따라 '자존', '디자인', '실행', '성찰'을 담은 총 네 개의 장으로 구성되어 있다. 교사로 살아가며 품게 되는 내면의 질문들을 이 네 단어 속에 담았다. '공동체'는 하나의 장으로 따로 다루지는 않았지만, 이미 앞선 책 『교사의 시선』과 『교사, 삶에서 나를 만나다』에서 깊이 나누었기에, 이번 책에서는 에필로그로 그 여운을 남기고자 했다.

각 소챕터마다 같이 감상할 수 있는 그림을 실었다. 글을 읽는 도중에 나오는 그림은 바로 뒷장에 〈오늘의 그림〉에 소개되어 있으니 글과 함께 감상하면 좋을 것이다. 바쁘고 지친 교실의 일상에서, '그림의 진심'이 당신의 마음에 작은 쉼표가 되기를 바라는 마음에서다. 또한 각 주제의 끝에는 성찰 질문을 담았다. 이 질문들은 교사 공동체 안에서 수업 이야기를 나누는 데 작은 불씨가 되어줄 것이다. 그림을 함께 보며 느낀 점을 나누고, 책 속 질문에 함께 대답해 가는 과정에서, 우리는 학교라는 공간 안에서도 더 깊은 수업 이야기와 따뜻한 만남을 이루게 될 것이다.

나는 이 책이 시간이 흘러도 여전히 교사에게 새로운 통찰을 건네는 동반자가 되기를 바란다. 그래서 화려한 유행보다는, 교육의 본질에 닿아 있는 단어들을 조심스럽게 골랐다. 현실과의 거리를 좁히기 위해 각 장 말미에 〈부록〉으로 최신 교육 자료와 흐름도 함께 담았다. 필요할 때마다 가볍게 펼쳐 참고할 수 있기를 바란다.

끝으로, 나는 이 책이 수업을 혼자 감당하느라 내면이 지치고 무너진 교사에게 작은 위로가 되기를 기대한다. 두세 명이라도 함께 모여 수업 이야기를 나누고, 서로의 마음에 공감과 위안을 건네는 그런 만남이 곳곳에서 피어나기를 바란다. 그 만남 속에서 교사로서의 자존이 조금씩 회복되고, 문득 '내가 그래도 교사였구나!' 하고 느끼는 순간들이 조금씩 많아지기를 바란다.

이제 우리는 덴마크 화가 크뢰위에르의 그림처럼 함께 축배를 들며, 이 따뜻한 여정을 시작하려 한다. 비록 처음엔 길이 없어도, 우리가 함께 내딛는 발걸음 하나하나가 결국 새로운 길이 될 것이다. 단 하나의 방식에 나를 가두지 말고, 내면의 진심을 따라 수업이라는 예술을 함께 그려 나가자.

당신이 작은 듯 보여도 당신의 삶은 크다.
당신이 약한 듯 보여도, 교사이기에,
당신의 존재는 그 자체로 빛난다.

영종도에서
교사 태현

오늘의 그림

페데르 세베린 크뢰위에르, 힙 힙 후레이! 스카겐에서 열린 화가들의 파티, 1888년.
캔버스에 유채, 134.5 x 165.5cm, 예테보리 미술관(Gothenburg Museum of Art, Sweden)

| 차례

프롤로그 수업, 나를 찾아 떠나는 다섯 갈래의 길　　　　5

1장.
자존: 내면의 목소리에 귀 기울이다

01	멈춤, 길을 멈추고 나를 바라보는 의지	18
02	내면, 마음이 내게 던지는 소리	26
03	번아웃, 내가 나를 품어주는 시간	34
04	완벽, 잘하고 싶은 마음을 이해하는 공감	42
05	균열, 흔들리는 나를 받아들이는 포용	49
06	지성, 수업을 탐색하는 아름다운 호기심	57
07	감성, 삶을 아름답게 느끼는 심미안	66
08	신체, 몸을 돌보며 마음을 가꾸는 일상	74
09	영성, 고요한 내면을 마주하는 호흡	80
10	사랑, 나를 일으키는 가장 따뜻한 힘	87

2장.

디자인: 나만의 수업을 예술로 그려가다

01	창조, 수업의 공간을 세워가는 능력	100
02	빈틈, 틈 속에서 새로운 길을 찾는 발걸음	108
03	리듬, 수업의 흐름을 만들어내는 기획	118
04	질문, 살아 있는 수업을 여는 문	127
05	이야기, 작은 세계를 수업 속에 펼치는 장면	137
06	단순함, 덜어내며 깊어지는 방법	150
07	디지털, 기술 속에서도 본질을 지켜내는 태도	163
08	성장, 점수가 아닌 변화를 바라보는 시선	170
09	루브릭, 성장을 구조화하는 지도	177
10	서사, 수업에 나의 이야기를 새겨 넣는 손길	187

3장.

실행: 흔들리면서도 수업을 지켜가다

01	용기, 흔들려도 수업을 이어가는 끈기	200
02	경계, 무너짐을 막고 흐름을 지키는 울타리	208
03	존중, 마음과 마음 사이에 다리를 놓는 길	219
04	연결, 끊어진 흐름을 다시 잇는 유연함	229
05	실패, 흔들릴수록 더욱 단단해지는 심지	239
06	감각, 작은 신호를 읽어내는 섬세함	250
07	관계, 긴장을 부드럽게 풀어내는 감각	261

08	대화, 서로를 향해 놓는 작은 다리	271
09	몰입, 공기를 바꾸고 집중을 일으키는 순간	281
10	연극, 학생과 호흡하며 희망을 그리는 무대	294

4장.
성찰: 수업과 나를 다시 세워가다

01	거울, 내 수업을 다시 바라보는 창	306
02	보기, 수업에 거리를 두고 들여다보는 풍경	315
03	시선, 배움과 내면을 함께 바라보는 온기	323
04	나눔, 이야기를 열고 마음을 건네는 선물	344
05	격려, 작은 빛을 발견하고 지지하는 마음	355
06	도전, 두려움을 넘어 한 걸음 내딛는 비상	367
07	쓰기, 수업을 마음에 새기는 기록	380
08	코칭, 함께 성장하는 길을 열어가는 여정	387
09	동행, 곁을 지키며 함께 걸어가는 친구	396
10	여정, 끝나지 않는 배움을 함께하는 모험	411

『수업의 본질』과 함께하는 교사 수업 돌봄 안내서　　423
에필로그 공동체, 함께 걷는 길 위에서 우리는 숲이 된다　　431

1장

자존
내면의 목소리에 귀 기울이다

01

멈춤, 길을 멈추고 나를 바라보는 의지

오늘도 수업에 들어서는 발걸음은 조심스럽다. 스무 해가 넘는 시간을 교단에 서고 있지만, 교실 문 앞에 서면 여전히 마음 한구석이 떨린다. 준비한 수업이 과연 의도한 대로 흘러갈까, 학생들은 내 마음을 알아줄까. 조심스레 품어본 예측은 어느새 어긋나고, 수업은 내가 상상했던 길과는 전혀 다른 방향으로 흐르곤 한다.

그럴 때면, 학생들의 눈빛을 마주보기가 두려워진다. 신기하게도 아이들은 아무 말도 하지 않지만, 그 눈빛만으로도 내가 오늘 어떤 교사였는지를 말없이 전해 준다. 잘 된 수업과 그렇지 못한 수업 사이에는 분명히 다른 공기가 흐른다. 교사는 그 미세한 차이를 누구보다도 먼저, 그리고 깊이 감지한다. 그래서 우리는 더 나은 수업을 만들기 위해 교수법을 익히고, 새로운 자료를 준비하며 수업을 다시 그려본다. 하지만 그 모든 노력을 가능하게 하는 더 깊고도 본질적인 힘은, 결국 교사의 자존감이다. 아무리 치밀한 계획과 세련된 전략이 있어도, 자존이 무너진 상태에서는 수업을 끝까지 이끌어 갈 힘을 유지하기 어렵다. 그래서 수업은 기술 이전에 존재다. 학생들 앞에 선 교사의 마음과 태도, 눈빛 하나까지도 수업의 일부가 된다. 수업은 언제나 심리적 긴장의 현장이며, 교사의 '존재감'이 가장 예민하게 반응하는 시간이다. 교사의 존재가 학생들 앞에

드러나며, 순간순간 미묘한 심리적 줄다리기가 펼쳐지는 현장이기 때문이다.

찰스 커트니 커란(Charles Courtney Curran)은 20세기 초 미국 인상주의 화가로, 당대 미술계의 주류 흐름과는 다른 길을 걸었다. 많은 화가가 여성을 수동적이고 장식적인 존재로 그리던 시대에, 커란의 화폭 속 여성들은 사유하고 응시하며 삶을 주체적으로 살아가는 존재로 등장한다. 그는 평단의 평가보다는 자신이 표현하고자 했던 가치에 더욱 집중했고, 그런 예술가적 자존감은 그의 그림 전체에 고스란히 배어 있다.

교사의 자존도 이와 다르지 않다. 외부의 시선이나 평가가 아니라, 자신이 믿는 교육적 신념과 가치를 깊이 신뢰할 때, 비로소 교사는 '가르친다'는 행위의 진정한 의미를 살아낼 수 있다. 흔들리지만 내면의 중심이 있을 때, 교실은 진심이 오가는 살아 있는 배움의 공간으로 서서히 변화해 간다.

교육학자 알버트 반두라(Albert Bandura)는 교사의 자존감이 수업에 깊은 영향을 미친다고 보았다. 그의 연구에 따르면, 자존감이 높은 교사는 학생의 질문이나 도전에 더 개방적으로 반응하고, 실패를 두려워하지 않으며 새로운 교수법을 기꺼이 시도할 용기를 가진다. 반면 자존감이 낮은 교사는 자신을 쉽게 의심하고, 타인의 비판에 과도하게 반응하며, 익숙한 방식에서 벗어나지 못한 채 수업을 반복하게 되는 경향이 있다.

이러한 반두라의 통찰은 실제 교실에서도 그대로 드러난다. 15년 차 수학 교사 박 선생님 역시, 그 흐름 속에 있었던 한 사람이었다. 그녀는 수업 중 학생들이 수학을 어려워하는 모습을 볼 때마다, 스스로를 책망하곤 했다.

"내 교수법에 문제가 있는 건 아닐까요?"
"아이들 성적이 낮게 나오면, 내가 실패한 것 같았어요."

그 시절 그녀의 수업은 정해진 교과서의 흐름을 크게 벗어나지 않았다. 수업의 안정성을 유지하려는 마음이 강했던 만큼, 학생들의 예기치 않은 질문에도 다소 방어적으로 반응하게 되었다. 하지만 수업코칭 프로그램에 참여하면서, 선생님은 조금씩 변화하기 시작했다. 정답과 성적보다, 학생들과 함께 생각을 나누는 과정이 더 중요하다는 것을 깨달은 것이다. 수학 수업은 답을 알려주는 시간이 아니라, 함께 질문하고 사고하는 여정이라는 사실을 다시 마음에 새기게 되었다.

"내가 가르치는 방식이 완벽하지 않더라도, 학생들과 수학적 사고를 탐색하는 그 시간 자체가 소중하다는 걸 받아들이게 됐어요."

그녀는 수업코칭을 통해 학생들의 틀린 대답이나 더딘 이해 앞에서 초조해하는 자신을 알아차렸다. 그리고 그때마다 자신이 흔들리던 자리에서 한발 물러나, 학생들의 사고가 자라는 속도를 함께 지켜보는 사람으로 조금씩 자리를 옮겨갔다. 겉보기에도 수업의 극적인 변화를 찾을 수 없었다. 수업 방식이 완전히 달라진 것도 아니었다. 하지만 그녀의 마음이 달라졌다. 그리고 그 변화는 교실 전체의 공기를 조금씩 따뜻하게 바꾸어갔다.

마음의 변화는 교실의 분위기를 서서히 바꿔놓았다. 학생들은 더 자유롭게 질문하고 도전하기 시작했고, 수업은 점점 생기를 되찾았다. 그 중심에는, 수업을 대하는 교사의 태도와 자존감이 있었다. 자존이 회복된 교사는 예기치 못한 상황 앞에서도 조급해하지 않고, 예상과 다른 흐름 속에서도 자신을 잃지 않는다. 심리적 안정감은 교실에 보이지 않는 울타리를 세워주고, 학생들이 더 편안하게 탐색하고 실수해도 되는 분위기를 만들어낸다. 이렇듯 교사의 자존감은 단지 개인적인 감정에 머무르지 않는다. 그것은 수업의 온도와 흐름을 바꾸는 조용하지만, 결정적인 힘이 된다.

그렇다면 교사의 자존감은 어디에서 비롯될까? 그 시작은 다름 아닌, 자신 안에서 울려오는 내면의 소리를 듣는 데 있다. 그 소리는 늘 우리 안에 존재하지만, 바쁜 일상과 타인의 기대 속에서 자주 흐려지고 만다. 이때 소설가 헤르만 헤세(Hermann Hesse)는 조용히 우리가 걸어갈 마음 깊은 곳을 가리킨다. "가장 진실한 목소리는 네 안에 있다"고, "낯설지만 친밀한 부름에 귀 기울이라"고 속삭인다.

그는 『데미안』에서 '내면의 소리'와 자기 자신으로부터의 부름을 따라가는 '용기'를 이야기한다. 주인공 싱클레어는 오랜 시간 외부의 질서와 기대에 맞춰 살아간다. 그러나 마음속 어딘가에서는 알 수 없는 불편함과 질문이 자라난다. '이 삶은 정말 나의 것일까?', '나는 지금 누구의 길을 걷고 있는 걸까?' 결정적인 전환은 더 이상 외면할 수 없을 만큼 그 소리가 또렷해지는 순간에 찾아온다. 남들이 정해준 길에서 한발 비켜서자, 그는 낯선 두려움과 동시에 이상하리만치 익숙한 안도감을 느낀다. 어둡지만 온기가 있는 숲길을 걷는 듯한 감각. 그때 싱클레어는 비로소 깨닫는다. 자신의 삶은 타인이 그어준 선 위에 존재하는 것이 아니라, 자신 안에서부터 자라나는 무엇으로 이루어져야 한다는 것을. 그는 그 소리를 따라 더 이상 누군가의 기준에 맞추기 위해 스스로를 잃지 않기로 한다. 싱클레어는 비로소 '나로부터 시작된 삶'을 살아가기 시작한다.

사실 『데미안』은 헤세 자신의 이야기다. 그도 평생 주류 사회의 압력에 맞서며, 자신만의 철학과 스타일을 지켜낸 인물이었기에, 어쩌면 싱클레어는 작가의 분신이다. 헤세에게 소설은 내면을 향한 깊은 탐색의 기록이며, 그는 소설을 통해 자존이란 타인의 시선이 아닌, 나에게서 들려오는 고유한 소리를 듣고 따라가는 것임을 말하고 있다.

자존감은 화려한 교수법이나 남다른 지식에서 비롯되지 않는다. 그것은 '내가 왜 교사가 되었는지', '내가 정말 하고 싶은 수업은 무엇인지'를 스스로에게 묻는 데서 시작된다. 하지만 그런 질문은 바쁜 일상에서 좀처럼 들리지 않는다. 숨 가쁘게 달려가는 삶의 한가운데서는, 마음속 울림조차 미처 귀 기울이지 못한 채 흘러가 버리기 일쑤다.

그래서 '자존'은 멈춤에서 시작된다. 의식적으로 걸음을 멈추고, 조용히 내면에 귀 기울이는 시간. 수업과 삶 사이에서 지친 마음을 잠시 내려놓고, 진심으로 나를 바라보는 시간. 그 시간이 있어야만 진짜 물음이 들려온다.

프랑스 철학자 피에르 쌍소(Pierre Sansot)는 『느림의 미학』에서 "멈춤은 바쁘게 흘러가는 일상 안에서 자신을 잃지 않도록 지켜주는 소중한 시간"이라 말한다. 그는 진정한 멈춤은 단순한 기다림이 아니라, 의지적인 선택과 결단에서 비롯된다고 강조한다. 의식적으로 속도를 늦추고, 내면을 향해 시선을 돌리는 그 순간, 우리는 비로소 본질적인 질문들과 마주하게 된다.

"나는 어떤 교사인가?"
"왜 이 길을 선택했는가?"

이 물음은 단지 정보를 묻는 게 아니다. 존재의 뿌리를 되묻는 깊은 물음이다. 그리고 이 질문을 진심으로 붙드는 순간, 우리는 비로소 진정한 자존의 여정을 시작할 수 있다.

〈오늘의 그림〉에 있는 찰스 커트니 커란의 그림을 보면, 햇살 가득한 들판을 따라 걸어온 여인들이 조용히 앉아 있다. 바람은 멈췄고 시간은 고요하다. 그들의 표정에는 다급함도 없고, 불안도 없다. 그들은 조용히, 자신이 걸어온 길을 되돌아보고 있다. 그 잠시의 멈춤이, 다시 앞으로 나아갈 힘이 되어줄 것임을 아는 사람들의 얼굴이다. 그림이 우리에게 건네는 메시지는 분명하다. 외부의 자극과 끊임없는 비교 속에서도, 한 걸음 물러나 자신을 바라보는 시간이 반드시 필요하다는 것. 그 시간 없이 우리는 쉽게 흔들리고 방향을 잃는다.

삶은 끊임없이 흔들린다. 그리고 교사의 삶은 그 누구보다 더 자주, 더 깊이 흔들린다. 변화하는 교육 정책, 학생들의 복잡한 요구, 높아지는 학부모의 기대 속에서 우리는 종종 길을 잃는다. 수업도 점점 방향을 잃고 있는 듯한 느낌이다. 그럴 때마다 우리를 다시 중심으로 되돌려주는 힘, 그건 다름 아닌 내 안에 단단히 자리 잡은 자존감이다.

그래서 지금부터 우리는 '자존'의 여행을 함께 시작하려 한다. 이 여정은 더 나은 교사가 되기 위해 기술을 익히는 시간이 아니다. 그보다는 나 자신을 있는 그대로 바라보고, 인정하고, 아끼는 시간이다. 복잡한 외부의 기준에서 잠시 벗어나, 내 삶의 중심을 다시 세워보려는 따뜻한 시도. 그 모든 회복과 변화는 단 하나의 조용한 결심에서 시작된다.

바로, 멈-춤-이다.

성찰 질문

- 바쁜 일상에서 멈춤의 시간을 갖고 있나요? 그렇지 않다면 그 이유는 무엇인가요?
- 교실에 들어서서 수업을 할 때, 주로 나는 어떤 감정을 느끼고 있나요?
- 나의 자존감 상태가 학생들과의 관계와 수업 분위기에 어떤 영향을 주었나요?

실천 과제

- **하루 한 단어 감정 기록하기:** 하루의 수업을 마치고 돌아와, 오늘 내 마음을 가장 잘 표현하는 단어 하나를 조용히 적어봅니다. 짧아도 괜찮습니다.
- **흔들린 자존감 메모하기:** 일주일 동안 수업 중 자존감이 흔들리거나 불안해진 순간을 기록하며, 그때의 감정과 상황도 함께 남겨봅니다.
- **30분 멈춤 시간 마련하기:** 일주일에 한 번, 좋아하는 음악을 들으며 따뜻한 차를 곁에 두고, 나 자신을 조용히 돌아보는 시간을 의도적으로 만들어봅니다.

오늘의 그림

찰스 커트니 커란, 언덕 위에서, 1909년.
캔버스에 유채, 76.2 x 76.2cm, 브루클린 미술관(Brooklyn Museum, New York)

02

내면, 마음이 내게 던지는 소리

에리히 프롬(Erich Fromm)은 『소유냐 존재냐』에서 인간의 삶에는 두 가지 방식이 있다고 말한다. 하나는 '소유'의 방식이다. 무언가를 더 많이 갖고, 더 큰 성과를 내며, 눈에 보이는 결과로 자신의 가치를 증명하려는 삶이다. 또 다른 하나는 '존재'의 방식이다. 외적인 성공보다는 내면의 성장과 성찰을 통해 삶의 의미를 찾아가는 태도다.

오늘날 많은 교사가 이 두 갈래 길 사이에서 흔들린다. 더 많은 교수법을 익히고 더 정교한 수업 자료를 만들고, 학생들의 성취를 높이기 위해 쉼 없이 달려간다. 그 모든 노력은 분명 소중하고 귀한 일이다. 그러나 어느 순간, 마음 깊은 곳에서 문득 이런 질문이 떠오른다. '나는 지금, 무엇을 위해 이렇게 달리고 있는 걸까?' 만약 그 모든 열심이 '어떤 교사로 살아가고 싶은지'에 대한 내면의 대답 없이, 외부의 기준에만 맞춰진 것이라면, 아무리 많은 것을 쌓아도 마음은 어딘가 허전하고 텅 빈 듯한 느낌을 남긴다. 결국 교사의 자존은 눈에 보이는 결과가 아니라, 내가 진심으로 믿고 따르고 싶은 가치 위에 서 있는가에 달려 있다. 그 가치는 남이 정해주는 것이 아니라, 내 삶의 방향을 스스로 묻고 선택하는 데서 비롯된다. 그리고 그 물음 앞에 진심으로 설 때, 우리는 비로소 '존재하는 교사'로 살아가기 시작한다.

앞서 우리는 '멈춤'을 통해 내면의 질문을 만나는 것이 자존의 시작이라고 이야기했다. 하지만 여전히 많은 교사가 묻는다. "그런 추상적인 질문이 실제 수업 능력 향상에 무슨 도움이 되나요? 그 시간에 차라리 수업 콘텐츠 하나를 더 준비하는 게 낫지 않을까요?" 이 의문은 매우 타당하다. 학생과 마주할 시간은 늘 부족하고, 눈앞의 수업을 잘 해내야 한다는 압박은 현실적이기 때문이다.

하지만 수업을 잘 해내기 위한 기술과 전략만으로는, 교사의 내면을 끝까지 지탱해 주지 못한다. 아무리 많은 자료를 준비해도, 수업 중 예상치 못한 상황이 닥치면 흔들리기 마련이다. 바로 그때, 교사를 붙들어주는 힘은 '내가 왜 이 교실에 서 있는가?'에 대한 자신의 자각에서 온다. 진정한 자존감은 '잘하고 있는가?'라는 질문보다 먼저, '나는 왜 이 일을 하는가?'라는 내적인 물음에서 시작된다. 이 질문 없이 쌓은 능력이나 성과는, 흔들리는 순간에 너무 쉽게 무너진다.

교사의 특성상 무언가를 해내고 있음에도 불구하고, 돌아보면 아무것도 남지 않은 듯한 허망함을 느낄 때가 많다. 특히 유치원이나 초등학교 교사들처럼 수업이 짧고 회차가 많은 경우, 한 시간 한 시간이 금방 휘발되어 버리는 것처럼 느껴진다. 그런 휘발성 속에서 내가 바친 시간과 노력이 어떤 의미를 가졌는지 스스로에게 답할 수 없다면, 공허함은 곧 무기력함으로 이어진다. 결국 교사에게 진짜로 필요한 것은 기술이 아니라, 그 기술을 이끄는 내면의 중심이다.

철학자 찰스 테일러(Charles Taylor)는 오늘날 우리 사회가 겪는 가장 큰 위기 중 하나로 '진정성의 결핍'을 이야기한다. 사람들은 점점 더 외부의 인정과 평가에 기대어 살아가고, 그 과정에서 자기 내면에서 울리는 목소리를 잃어가고 있다는 것이다. 그는 이런 삶에서 벗어나기 위해 우리가 반드시 되찾아야 할 것이 있다고 말한다. 바로 '내면으로의 귀환'이다.

자기 자신에게 정직한 질문을 던지고, 그 질문의 답을 천천히 찾아가는 과정. 그것이야말로 진짜 '나'를 만나는 길이라는 것이다. 하지만 우리는 알면서도 자주 그 길을 놓친다. 마음 속에서는 멈추고 싶고 돌아보고 싶고 다시 나에게 묻고 싶지만, 눈앞에 쌓인 과제와 평가라는 현실에 밀려, 결국 '내면으로의 귀환'이 아니라 '외면으로의 도주'를 선택한다.

자기 안의 불안하고 복잡한 감정을 회피하지 않고, 그 감정과 '진정성' 있게 마주하며 스스로에게 질문을 던지는 태도는 많은 예술가들에게서 찾아볼 수 있다. 오스트리아의 표현주의 화가 에곤 실레(Egon Schiele)도 그런 사람 중 하나였다. 그는 평생 수십 점의 자화상을 그리며, 누구보다 깊이 자신을 들여다보았다. 특히 1912년 작 〈비틀린 머리와 몸의 자화상〉에는 뒤틀리고 불안정한 자세 속에, 내면의 갈등과 자의식, 존재에 대한 질문이 고스란히 담겨 있다. 실레는 사회가 요구하는 단정하고 안정된 자아의 틀을 거부했다. 그는 외면하고 싶은 감정들(불안, 분노, 혼란)까지도 숨기지 않고 드러내며, 자신을 있는 그대로 직면하는 용기를 화폭에 담아냈다. 이처럼 그의 그림은 미화된 자아가 아니라, 진짜 자신의 얼굴을 정직하게 응시하는 한 인간의 치열한 기록이다.

20년 차 국어 교사 김 선생님은 교직 생활 내내 우수 교사로 손꼽히며 다양한 수업 혁신을 실천해 온 분이다. "처음에는 더 나은 수업 방법, 더 효과적인 교재, 더 혁신적인 평가 방식을 찾는 데 모든 에너지를 쏟았어요. 외부에서 인정받는 '잘 가르치는 교사'가 되고 싶었죠." 그러나 어느 순간 그 모든 노력의 방향에 의문이 생겼다고 한다. 그녀는 스스로에게 묻기 시작했다. "왜 나는 이렇게까지 인정받고 싶어 할까? 이 수업은 진짜 누구를 위한 것일까?" 그 질문은 테일러가 말한 '내면으로의 귀환'이었고, 실레가 자화상을 통해 자신의 본질을 마주한 것처럼, 그녀 역시 자신의 교육적 신념을 다시 들여다보게 되었다.

  "연수도 받고, 학생 성취도도 높이고, 수업 방식도 다양하게 바꿨지만, 어딘가 비어 있는 느낌이 계속됐어요. 그러다 어느 날 '나는 왜 교사가 되었지?'라는 질문이 떠올랐고, 그 질문에 정직하게 답하기 위해 많은 고민을 했어요."
  그녀의 질문은 단지 직업적 회의감을 넘어, '내가 무엇을 전하고 싶은 사람인가'에 대한 본질적인 성찰로 이어졌다. 그녀는 국어 수업이 단지 글을 읽고 문법을 가르치는 시간이 아니라는 것을, 더 깊이 깨닫기 시작했다. 국어 수업은 곧 자신의 내면을 들여다보는 시간이자, 타인의 이야기를 통해 다른 삶을 이해하고 공감하는 통로라는 것. 그 사실을 다시 마음에 새기면서, 그녀는 지금 교실에서 하는 일이 단순한 지식 전달이 아니라 삶의 본질에 가까이 가는 작업임을 깨달았다.
  그 이후 그녀는 수업안에 더 자주 질문을 담기 시작했다. "이 인물은 왜 그렇게 행동했을까?", "만약 이 상황이 너였다면 어땠을까?", "너는 지금 어떤 마음으로 이 글을 읽고 있니?" 수업은 점점 지식을 묻는 시간이 아니라, 학생들이 자신의 감정과 생각을 언어로 표현하고, 다른 사람의 삶을 헤아려보는 공간으로 바뀌어 갔다. 그녀는 이제 국어 수업을 통해 학생들이 '나'를 이해하고, '타인'을 공감하며, 삶에 대해 스스로 질문하는 힘을 기를 수 있기를 기대한다. 그 기대는 다시 교실을 사랑하게 된 이유가 되고, 그녀가 교사로 살아갈 수 있는 깊은 뿌리가 된다.

이처럼 내적인 질문은 교사로서 '무엇을' 가르치는지를 넘어서, '왜' 그리고 '어떻게' 가르치는지를 스스로 성찰하게 하는 통로다. 이처럼 자존감이 흔들릴 때 우리는 기술이나 방법 이전에 내가 어떤 마음으로 이 길을 걷고 있는지를 되묻게 된다. 그 질문은 결국, 내면의 방향을 다시 세우는 일로 이어진다.

하지만 그렇게 다시 중심을 잡고 싶어도, 마음 깊은 곳에서 그것을 방해하는 목소리들이 있다. '너무 지쳤어', '이렇게까지 해야 하나?', '왜 나만 이렇게 힘들지?' 그 소리는 작지만 고집이 세다. 때로는 피곤함으로, 때로는 완벽해야 한다는 강박으로, 혹은 설명할 수 없는 감정의 흔들림으로 다가온다.

우리는 이제 그 소리에 '번아웃', '완벽주의', '감정의 균열'이라는 이름을 붙이고 내적인 질문을 하려고 한다. 이 세 가지는 단순한 심리 상태나 일시적인 감정의 문제가 아니다. 교사로서의 존재를 깊게 살피는 정서적이고도 정체성을 담은 질문이다. 아쉽게도 우리는 이 주제들을 종종 말로 꺼내지만, 막상 그 질문 앞에 오래 머물러 본 적은 드물다. 바쁘다는 핑계로 지나치거나 그 물음이 너무 모호하고 추상적이어서, 정작 내 삶과 직접적인 관련이 없다고 생각하기 때문일지도 모른다.

그렇기에 지금 이 글을 읽는 이 순간만큼은, 잠시 마음의 속도를 늦추고 내적인 질문 곁에 조용히 머물러 보면 어떨까. 그 질문에 자신의 마음을 기록하는 그 순간 처음엔 막연하거나 어색하게 느껴질 수 있지만, 그 무심한 기록 속에서 어느 순간 나의 색깔이, 나의 고유한 빛이 천천히 떠오르기 시작할지도 모른다.

자기 내면으로의 여행은 결코 쉬운 일이 아니다. 때로는 외면하고 싶었던 질문과 마주해야 하고, 때로는 원치 않던 답을 담담히 받아들여야 하기도 한다. 하지만 겨울을 견뎌낸 씨앗이 결국 봄에 가장 아름답게 피어나듯, 교육자로서의 진정한 모습 또한 그런 치열한 자기 성찰 속에서 천천히 형성된다. 오늘은 단 하나의 질문으로 시작해도 괜찮다. 호수에 조용히 던진 작은 돌멩이 하나가 잔잔한 파문을 만들어내듯, 마음 깊은 곳에 던진 작은 질문 하나가 오래 남는 울림이 될 수 있다. 모든 꽃이 저마다의 계절에 피어나듯, 나의 내면도 분명히 언젠가, 나만의 빛으로 피어날 것이다.

정답을 찾으려고 애쓰지 않아도 된다. 모르면 모르는 대로, 일단은 그 질문을 품고 가보자. 그 질문을 마음속에 계속 간직하다 보면, 어느덧 내 삶이 그 질문에 답을 건네는 순간을 마주하게 될 것이다. 중요한 것은, 질문을 꺼내 들 용기, 그리고 조용히 기다리는 끈기다.

성찰 질문

- 최근 교사로서 내 안에서 가장 자주 떠오르는 질문이나 고민은 무엇인가요?
- 수업 중 나의 자존감을 가장 방해하는 마음속 소리나 생각은 어떤 것인가요?
- 내면의 소리에 더 잘 귀 기울이고 친해지기 위해 내가 시도할 수 있는 작은 일은 무엇인가요?

실천 과제

- **내면 질문 기록하기:** 교실에서 돌아온 후, 오늘 내 안에서 가장 강하게 떠오른 질문이나 고민을 솔직하게 적어봅니다.
- **멘토에게 질문 건네기:** 존경하는 선배 교사에게 "선생님을 지켜준 내면의 질문은 무엇인가요?"라고 물어보고, 그 답변을 내 상황에 비추어 생각해 봅니다.
- **수업의 '목적' 생각하기:** 다음 주 수업을 준비하며 '무엇을 가르칠지'가 아니라 '왜 이것을 가르치는지'에 관한 내 진짜 의도를 글로 먼저 정리해 봅니다.

오늘의 그림

에곤 실레, 비틀린 머리와 몸의 자화상, 1912년.
캔버스에 유채, 32.2 x 39.8cm, 레오폴드 미술관(Leopold Museum, Vienna)

03

번아웃, 내가 나를 품어주는 시간

　영화 〈소울(Soul)〉에서 주인공 조는 재즈 피아니스트로서의 꿈을 향해 앞만 보고 달려간다. 그러던 어느 날, 뜻밖의 사고로 영혼의 세계에 떨어진 그는, 자신이 그토록 원했던 무대에 서는 삶이 정말 전부였는지 되묻게 된다. 그리고 그곳에서 '스파크(spark)', 즉 자신의 삶을 움직이게 하는 내면의 불꽃을 찾는 여정을 시작하며, 마침내 진정한 삶의 의미를 깨닫게 된다.

　이 장면은 교사인 우리에게도 낯설지 않다. 우리 역시 처음엔 교육에 대한 열정, 나만의 스파크를 품고 이 길을 선택했다. 하지만 어느 순간, 그 열정은 점점 흐려지고, 해야 할 일들에 쫓기며 마음은 점점 닳아간다. 수업은 이어지지만, 정작 나는 자리를 지키고 있는지, 무너지고 있는지 모를 때도 있다. 이때 영화 속 조가 그렇듯, 우리에게도 잠시 멈추어 자신을 돌아보는 시간, 그리고 삶의 본질적인 의미를 다시 발견하는 여정이 필요하다. 그래서, '나는 지금, 안녕한가?' 이 질문이야말로 회복의 첫걸음이자, 스스로를 다시 일으켜 세우는 시작점이 된다.

　교육학자 파커 파머(Parker J. Palmer)는 진정한 가르침은 교사의 기술이나 방법에서 시작되는 것이 아니라, 교사의 마음이 얼마나 따뜻하고 온전히 살아 있는가에 달려 있다고 말한다. 교사의 마음이 지쳐 있을 때, 수업은 점점 의욕을 잃고 형식만 남게 된다. 아이들과 마주하지만 눈빛은 흐리고, 말은 오가지만 마음은 멀게 느껴진다. 자기 마음을 돌보지 못한 교사는 아이들의 감정을 온전히 받아들이기 어렵고, 결국 아이들과의 관계도 차가워진다. 이런 상태를 우리는 '번아웃(burnout)'이라 부른다. 타오르던 열정이 점점 사그라들고, 아무리 애써도 성취감을 느낄 수 없으며, 결국 무력감과 냉소만 남는 상태다. 교사는 마치 불 꺼진 등불처럼, 교실 안에서 서서히 빛을 잃어간다. 그래서 교사의 회복은 단순한 휴식이나 기분 전환을 넘어서, 아이들과 함께 살아 숨 쉬는 수업을 되찾는 길이 된다.

이 진실을 모르는 교사는 없다. 그럼에도 왜 우리는 자꾸 번아웃에 빠질 수밖에 없는 걸까? 그것은 우리가 매일 쏟아지는 할 일 속에서 '회복'보다 '책임'을 먼저 떠올리도록 길들여져 있기 때문이다. 아이들을 위해 무언가를 끊임없이 해내야만 '좋은 교사'라는 말을 들을 수 있는 구조 안에서, 우리는 스스로를 돌볼 여유보다 채근하는 태도에 더 익숙해진다. 게다가 학교는 회복을 위한 시간도, 공간도 충분히 허락하지 않는다. 한 학기가 시작되면 교사는 멈출 수 없고, 수업은 기다려주지 않으며, 마음이 지쳤다는 말조차 쉽게 꺼낼 수 없는 분위기 속에서 교사는 혼자 감정을 삼키고, 소리 없이 버텨야 하는 존재가 된다.

그리고 무엇보다 지치게 하는 것은, 사람 사이에서 생겨나는 보이지 않는 상처들이다. 사소한 일에도 민원을 제기하는 학부모, 배려 없는 말과 무례한 태도로 선을 넘는 학생들, 교사의 어려움을 공감하기보다는 외면하는 관리자들. 이 모든 관계 속의 단절과 상처는 교사로서의 존재를 점점 더 작게 만들고, '나는 지금 존중받고 있는가?'라는 질문 앞에서 교사는 한층 더 외로워진다.

교육의 본질을 붙들고 싶어 할수록 교사라는 이름에 걸맞은 이상과 현실의 간극은 더 아프게 다가온다. 아이들과 깊이 연결되고 싶고, 의미 있는 수업을 만들고 싶지만, 현실은 성과 중심의 평가와 효율성을 요구하는 시스템, 끊임없이 밀려오는 행정과 회의가 그것을 가로막는다. 사랑하고 싶은 마음이 클수록, 지치는 속도도 더 빨라지는 역설 속에서 우리는 번아웃의 문턱에 자주 선다. 그러니 교사의 회복은 몰라서 하지 못하는 일이 아니다. 너무 잘 알고 있지만, 감히 멈추기 어려운 구조와 관계, 그리고 내 마음의 오래된 습관들 속에서 계속 뒤로 밀릴 수밖에 없는 일이다.

하지만 이 위기는 때로 내면 깊은 곳에 묻혀 있던 나의 필요와 한계를 명확히 인식하게 하는 계기가 되기도 한다. '나는 지금 어떤 돌봄이 필요한가?', '나의 에너지를 고갈시키는 것은 무엇인가?' 이런 질문들을 통해 우리는 평소 외면했던 신호들을 새롭게 인식하고, 건강한 경계선을 세우는 법을 배우게 된다. 이는 단지 회복의 시작이 아니라, 교사의 자존을 뿌리부터 단단히 세우는 과정이기도 하다.

번아웃에서 벗어나기 위해 우리는 무엇을 할 수 있을까? 무엇보다 먼저, 그저 쉬는 것이다. 소진된 상태에서 가장 먼저 필요한 것은 어떤 생산적인 결과가 아니라, 아무 목적 없는 '멍때림' 같은 시간을 갖는 일이다. 창밖을 멍하니 바라보거나 음악을 듣고, 커피 한 잔을 오래 음미하는 그런 순간들. 하지만 우리는 그런 소소한 시간조차 '의미 있게' 보내야 한다는 압박을 느낄 때가 많다. 아무것도 하지 않는 그 고요한 시간이야말로 지친 마음을 다시 숨 쉬게 하고, 멈춰버린 생각의 회로를 천천히 되살리는 회복의 시작점이 된다.

어느 날 마음 한쪽에서 조용히 다시 움직이고 싶은 기분이 들면, 그때는 천천히 다음 걸음을 내디디면 된다. 그 걸음은 '해야 하는 일'을 향한 의무가 아니라, '내가 진심으로 원하는 것'을 향한 여정이 된다. 소진의 상태에서는 모든 일이 무겁고 버겁게 느껴지지만, 진짜 원하는 것을 향해 마음을 열기 시작하면, 그 안에서 우리는 다시 살아 있다는 감각을 조금씩 되찾게 된다.

인상파 화가 카미유 피사로(Camille Pissarro)는 모네나 르누아르에 비해 널리 알려지진 않았지만, 누구보다 사람들의 소박한 삶과 따뜻한 희망을 그려낸 화가였다. 예술가로서 그는 여러 차례 좌절과 소진을 겪었지만, 끝내 그림을 놓지 않았다. 그가 회복할 수 있었던 이유는 유행이나 명성이 아니라, 자신이 진심으로 그리고 싶은 것을 놓지 않았기 때문이다.

그의 대표작 〈사과 따는 사람들(The Apple Pickers)〉을 보면, 위기를 지나 다시 붓을 든 피사로의 내면이 고스란히 담겨 있다. 화려하진 않아도 다정한 풍경, 평범한 하루라도 깊은 열정이 숨어 있는 장면들. 그 그림에는 삶을 다시 사랑하려는 마음, 회복 이후의 고요한 열망이 조용히 흐르고 있다.

피사로처럼 교사도 자신의 '스파크'를 다시 발견할 수 있다. 그 시작은 초심을 떠올리는 것이다. 처음 교사가 되기로 결심했던 순간, 나를 이 길로 이끌었던 마음속 장면을 조용히 다시 떠올려 보자. 어떤 교사가 되고 싶었는가? 어떤 순간에 가슴이 뛰었는가?

공책을 펼쳐 기억을 흩어진 조각처럼 적어보자. 언제였는지 정확히 떠오르지 않아도 괜찮다. 그저 마음을 따라가다 보면, 어느새 한 장면이 희미하게 떠오를지도 모른다. 학생들과 함께 찍었던 사진 한 장. 환하게 웃는 아이들의 얼굴 사이로, 그들과 눈을 맞추며 웃고 있던 나의 얼굴이 보인다. 그날 수업이 얼마나 즐거웠는지, 교실 가득 퍼졌던 웃음소리와 말소리가 떠오를지도 모른다.

밤늦게까지 수업을 준비하며 만들었던 활동지와 발표자료, 질문지들. 조금은 서툴고 빈틈이 보이지만, 그 안에는 아이들과 더 좋은 수업을 나누고 싶었던 간절한 마음이 담겨 있었다. 혹은 교사 임용을 준비하던 시절, 하루하루 벽에 붙은 달력을 넘기며 나 자신에게 속삭이듯 다짐했던 말들. '친구 같은 교사가 되고 싶다', '아이들 앞에서 진심을 잃지 말자' 그 말들은 지금도 내 안 어딘가에 고요히 남아, 잊히지 않는 울림으로 머무르고 있을지 모른다. 그 순간의 나를 다시 떠올리는 것만으로도, 마음 한편이 따뜻해진다.

마지막으로, 최근 교실에서 느꼈던 '기쁨의 순간'을 떠올려 보자. 지난 한 달 동안, 가장 마음이 따뜻해졌던 수업은 언제였는가? 아이들과 나눈 대화 중, 유독 오래 기억에 남는 장면은 어떤 것이었는가? 그런 순간들은 우리가 진정으로 무엇에 가치를 두고 있는지를, 그리고 왜 이 길을 여전히 걷고 있는지를 조용히 일깨워 준다. 학생들과의 토론 속에서 웃고 있던 나, 한 아이의 작은 성장에 마음이 뭉클해졌던 그날, 그 장면들이 말해준다. 지금의 나를 일으키는 힘은, 여전히 교실 안에 있다는 것을.

교사의 회복은 마치 황폐한 정원을 다시 가꾸는 일과도 같다. 처음에는 어디서부터 손을 대야 할지 막막하고 변화는 더디지만, 작은 관심 하나, 조용한 돌봄 하나가 쌓이면, 어느새 그 자리에 다시 풀꽃들이 피어나기 시작한다. 무엇보다 중요한 것은, 나 스스로에게 조용히 묻는 일이다.

'나는 지금, 정말 괜찮은가?'

그 질문은 때로 외면하고 싶고, 대답이 선뜻 떠오르지 않을지도 모른다. 그 물음 앞에 잠시 멈춰 서보려는 작은 시도, 그리고 그 물음에 조심스레 다가가려는 다정한 마음이야말로 회복의 첫걸음이 되어줄 것이다. 학생을 위해서가 아니라, 바로 '나 자신'을 위해 오늘 하루, 그 질문 앞에 조용히 머물러 보자. 그것만으로도 회복은 이미, 시작되고 있는지도 모른다. 당신이 잘 회복되어야지 수업도 온기를 되찾는다. 당신의 평온한 마음이야말로 가장 근원적인 수업의 힘이다.

결국, 당신이라는 존재 자체가 가장 깊고 뛰어난 수업 기술이다.

성찰 질문

- 교직 생활 중 가장 큰 번아웃을 경험했던 순간은 언제였으며, 당시 내 몸과 마음은 어떤 신호를 보내고 있었나요?
- 번아웃이 찾아올 때 나만의 회복과 치유 방법은 무엇인가요? 아직 없다면 어떤 방법이 도움이 될까요?
- 일상의 교실에서 발견하는 작은 기쁨이나 에너지의 원천은 무엇인가요?

실천 과제

- **아침과 저녁 에너지 점검하기:** 출근 전과 퇴근 후, 내 심신의 에너지 상태를 10점 만점으로 간단히 체크하고 비교해 봅니다.
- **기쁨의 순간 기록하기**: 수업 중이나 교무실에서 발견한 작고 소소한 기쁨의 순간을 매일 하나씩 기록하여 긍정의 창고를 만듭니다.
- **퇴근 후 학교 생각 안 하기:** 일주일에 하루는 철저히 '교사 모드'를 끄고, 내가 좋아하는 취미나 활동에 온전히 집중하는 시간을 가집니다.

오늘의 그림

카미유 피사로, 사과 따는 사람들, 1886년,
캔버스에 유채, 125.7 × 84.5cm, 오하이오 톨레도 미술관(Toledo Museum of Art, Ohio)

04
완벽, 잘하고 싶은 마음을 이해하는 공감

　교사는 누구나 잘하고 싶은 마음을 가지고 있다. 수업을 더 재미있게 만들고 싶고, 아이들이 즐겁게 배우는 모습을 보면 마음이 뿌듯해진다. 그런 마음은 당연하고 또 아름답다. 하지만 어느 순간부터 그 바람이 조금씩 무거워질 때가 있다. '이번 수업은 실수 없이 완벽해야 해.' '아이들이 만족하지 않으면 내가 부족한 거야.' 이런 생각이 들기 시작하면, 마음속에는 어느새 보이지 않는 긴장감이 자리를 잡는다. 그리고 그 긴장감은 수업 준비를 더 열심히 하게 만들지만, 한편으로는 조금의 틈이나 실수조차 용납하지 않게 만들기도 한다.

　심리학자 브레네 브라운(Brené Brown)은 이것을 '완벽주의의 그림자'라고 부른다. 그녀는 완벽주의가 단순히 더 잘하려고 애쓰는 성향이 아니라고 말한다. 오히려 그것은 '나는 부족한 모습으로는 인정받지 못할 거야'라는 마음에서 시작된, 자신을 지키려는 방식이라는 것이다. 그래서 우리는 너무 애쓰고 작은 실수에도 금세 마음이 무너져 내린다. 그 뒤에는 어쩌면 '모자라 보이면 가치 없는 사람으로 여겨질지도 몰라' 하는 아주 오래된 불안이 숨어 있는지도 모른다.

그래서 우리는 한 번쯤 이렇게 물어봐야 한다. '나는 왜 이렇게까지 잘하려고 애쓰고 있을까?', '무엇이 나를 이렇게 조급하게 만들고 있을까?' 이 질문은 단순히 성격을 분석하는 것이 아니다. 오히려 지금의 나를 조용히 들여다보는 시간, 내가 어떤 기대를 품고 어떤 두려움 속에서 살아가고 있는지를 돌아보는 출발점이다.

많은 교사가 완벽을 추구하게 되는 데는 이유가 있다. 어릴 적부터 "성실해야 한다", "잘해야 한다"는 말을 들으며 자랐고, 늘 좋은 결과를 내야 칭찬받을 수 있었던 경험이 마음에 남아 있다. 그래서 누군가에게 인정받기 위해, 내 감정과 한계를 스스로 감추는 데 익숙해진 것이다. 현실은 더 그렇다. 결과와 성과가 모든 걸 말해주는 시대. 좋은 평가를 받아야만 가치 있는 교사처럼 느껴지는 구조 속에서, 우리는 자꾸만 '완벽한 모습'을 향해 자신을 몰아붙이게 된다.

하지만 정말 그런 것일까? 우리는 완벽해야만 괜찮은 교사일까?
브레네 브라운은 "완벽함은 우리를 지켜주는 갑옷처럼 보이지만, 사실은 우리를 고립시키는 벽이 된다"고 말한다. 완벽하려 애쓸수록, 우리는 점점 더 자신과 멀어지고, 정작 우리를 진심으로 바라봐야 할 순간들을 놓치게 된다.

교실이라는 살아 있는 공간에서, 완벽주의는 특히 더 위태롭게 작동한다. 수업 중에 말이 꼬이거나 학생의 질문에 바로 답하지 못했을 때, 그 순간을 곧 '실패'로 받아들인다면, 교사는 점점 새로운 시도를 주저하게 된다. '실수하면 안 돼.' '이번 수업은 꼭 성공해야 해.' 이런 생각이 머릿속을 떠나지 않을수록, 교실은 살아 있는 배움의 공간이 아니라, 교사가 평가받는 무대처럼 변해버린다. 완벽을 향한 강박이 커질수록, 교사는 수업의 흐름을 즉흥적으로 받아들이는 것에 두려움을 느끼고, 학생들과 나누는 대화는 점점 사라진다. 남는 것은 '틀리지 않는 수업'을 향한 긴장뿐이다.

브레네 브라운은 이런 완벽주의를 넘어서기 위한 방편으로 '취약성의 용기'를 말한다. 그녀가 말하는 취약성은 결코 무능이나 나약함이 아니다. 오히려 자신의 불완전함을 숨기지 않고 드러낼 수 있는, 정직함과 깊은 용기다. 교사가 교실에서 '취약해진다'는 것은, 실수하거나 흐름이 어긋난 순간을 부끄러워하지 않고, 그 안에서 새로운 배움을 길어 올리는 태도를 의미한다.

예상치 못한 질문, 준비하지 못한 공백, 벗어난 흐름. 이 모든 것들이 수업을 망치는 요소가 아니라 오히려 학생과 더 가까워지고, 함께 성장할 수 있는 살아 있는 틈이 될 수 있다. 바로 그때, 교실은 더 이상 결과를 내야 하는 무대가 아니다. 교실은 사람이 사람을 만나고, 함께 길을 찾는, 살아 있는 배움의 공간이 된다.

클로드 모네(Claude Monet)의 수련 연작은 불완전함이 어떻게 예술로 승화될 수 있는지를 잘 보여준다. 그는 매일 변화하는 빛과 물결을 붙잡기 위해 수없이 붓을 들었다. 그러나 그 시도는 언제나 완성보다는 실패에 가까웠다. 빛은 잡히지 않았고 수면은 끊임없이 흔들렸다. 그럼에도 그는 그 실패를 회피하지 않았다. 오히려 그것을 끌어안고 끝까지 밀고 나갔다. 그 반복된 시도 끝에 그의 그림은 점점 더 깊이를 갖게 되었다.

말년의 작품들은 초기의 정교함은 잃었지만, 대신 흐릿하고 모호한 화면 속에 더 깊은 고요와 감흥이 깃들어 있다. 형태는 사라졌지만, 그 안에는 오히려 더 진한 삶의 흔들림과 시간의 숨결이 담겨 있다. 그렇게 불완전해 보이는 그림이 오히려 예술의 더 깊은 경지를 드러내는 것이다. 교사의 수업도 이와 다르지 않다. 완벽함이라는 환상을 내려놓을 때, 수업은 교사와 학생이 어우러지며, 시간과 사람, 공간이 스며드는 하나의 예술이 된다.

혁신가 스티브 잡스(Steve Jobs)는 "Connecting the dots(점을 잇다)"라는 말을 통해, 인생의 크고 작은 실패들이 결국 시간이 흐른 뒤 의미 있는 선으로 연결된다고 말했다. 지금은 아무 의미 없어 보이는 시행착오도, 방향을 잃은 것처럼 느껴졌던 시간도, 나중에 돌아보면 어느 하나쯤은 꼭 필요한 지점이었다는 사실을 알게 된다.

교실에서의 실수와 실패도 마찬가지다. 수업 중 말이 꼬였던 순간, 예상치 못한 질문에 머뭇거리며 당황했던 날, 아이들의 반응이 차갑게 느껴져 괜히 혼자 자책했던 시간들. 그 모든 장면은 당장에는 실패처럼 느껴질 수 있지만, 돌아보면 내가 교사로 살아가며 쌓아온 배움의 궤적이 된다. 그렇게 점 하나, 순간 하나가 모여 결국 나만의 수업 철학과 교육의 언어가 만들어진다.

오히려 실수를 허용할 때 교실은 더 창의적이고 유연해진다. 모든 것을 통제하려는 완벽함의 틀을 내려놓고 나면, 그 틈 사이로 진짜 배움이 스며든다. 학생들의 돌발 행동, 수업 안에서의 갑작스러운 전환, 미처 대비하지 못한 순간들. 이 모든 것이 수업을 망치는 게 아니라, 교사와 학생 모두를 살아 있는 존재로 만드는 일임을 깨닫게 된다.

그러므로 교사가 지켜야 할 자존의 핵심은 거창한 성과나 완벽한 수업에 있지 않다. 그저 이렇게 조용히 자신에게 말해주는 데 있다.

"나는 불완전하지만, 여전히 배우고 있고, 천천히 성장하고 있다."

이 말은 단순한 위로나 자기 합리화가 아니다. 이는 지치고 흔들리는 교실 한복판에서 나 자신에게 보내는 가장 정직한 응원이다.
　브레네 브라운은 이를 '자기연민'이라고 부른다. 자신을 비판하는 대신, 따뜻한 시선으로 바라보는 용기. 넘어졌을 때 그 자리에 앉아 나를 다그치기보다는, '그럴 수도 있지' 하고 어깨를 토닥이는 마음. 그 태도가 바로 완벽주의의 덫에서 우리를 구해내는 가장 깊은 자유다.

교사가 진정한 교육 예술가가 되는 길은 '잘 짜인 수업'이나 '정답을 아는 사람'이 되는 데 있지 않다. 오히려 예기치 않은 상황 속에서 당황하고 실수하고, 엉켜버린 흐름 속에서도 아이들과 눈을 맞추며 진심을 나눌 수 있는 용기, 바로 그 '취약성의 용기' 안에 진짜 교육의 온기가 살아 있다. 우리가 이 불완전함을 있는 그대로 껴안을 수 있을 때, 교실은 더 생동감 있게 살아나고 수업은 더 사람 냄새 나는 이야기로 채워진다. 그리고 그 안에서 교사인 나의 삶도 조금 더 깊어지고 따뜻해진다.

삶도, 수업도 결국은 완벽히 불완전하다. 하지만 바로 그 불완전함 덕분에 우리는 멈추지 않고 계속 질문하게 되고, 그 질문 속에서 조금씩 배우며 성장한다. 흔들리고 비워지는 순간들에도 우리는 여전히 무언가를 만들어가고 있다는 사실. 그 진실을 기꺼이 받아들일 때, 우리는 조각난 순간들을 하나하나 이어가며, 결국 자기만의 색으로 빛나는 하나의 수업, 하나의 길을 완성해 간다. 그렇게 불완전한 내가 완전한 나로 조심히 이끌어 간다. 미생(未生)에서 완생(完生)으로, 그렇게 나는, 오늘도 나만의 호흡으로 살아낸다.

천-천-히.

성찰 질문

- 수업이나 업무에서 완벽하지 못했다고 자책했던 가장 최근의 경험은 무엇이었나요?
- 의도치 않은 실수나 불완전함이 오히려 수업에 생동감을 불어넣었던 경험이 있었나요?
- 자신에게 완벽을 요구하는 내면의 목소리는 어디서 비롯되었다고 생각하나요?

실천 과제

- **실수와 배움 기록하기:** 이번 주 수업에서 겪은 작은 실수나 실패를 기록하고, 그로부터 얻은 깨달음이나 성장 포인트를 함께 적어봅니다.
- **불완전한 나를 위한 선언문 만들기:** "나는 완벽하지 않아도 괜찮은 교사이다"로 시작하는 자기 수용 선언문을 작성하여 매일 아침 읽어봅니다.
- **수업 속 예상 밖 순간 소중히 여기기:** 다음 수업에서는 계획대로 진행되지 않는 순간이 올 때 불편해하기보다 호기심을 갖고 그 흐름을 따라가 봅니다.

오늘의 그림

클로드 모네, 수련, 1906년.
캔버스에 유채, 89.9 × 94.1cm, 시카고 미술관(The Art Institute of Chicago)

05

균열, 흔들리는 나를 받아들이는 포용

교사의 일상은 마치 감정의 파도 위에 서 있는 것과 같다. 수업 중 학생과의 관계에서 생겨나는 미세한 균열, 그리고 학부모의 무심한 말 한마디. 그 무엇도 대단한 사건은 아니지만, 그 안에서 교사의 마음은 조용히, 그리고 크게 흔들린다.

교실은 단지 배움이 일어나는 공간이 아니라, 감정이 쉴 새 없이 부딪히고 넘실대는 살아 있는 삶의 현장이기 때문이다. 우리는 아이들에게 단단한 울타리가 되어주고자 애쓰지만, 사실은 스스로의 마음을 부여잡으며 하루하루를 조심스레 살아내는 중이다.

그러나 이런 감정의 흔들림은 나약함의 증거가 아니다. 오히려 그것은 교사이기 이전에 '한 사람의 인간'으로서 살아 있다는 증거다. 감정이 깊게 흔들릴수록, 그만큼 우리는 진심으로 아이들과 함께 교실에 서 있다는 뜻이기도 하다. 흔들린다는 것은 우리가 지금 관계하고 있으며, 살아 있으며 성장하고 있다는 신호다.

평소 침착하고 균형 잡힌 성격으로 알려졌던 황 선생님이 어느 날 조심스레 털어놓았다. "나는 내가 이렇게 소리에 민감한 사람인지 몰랐어요. 아이들이 갑자기 동시에 떠들기 시작하면 머릿속이 하얘지고, 몸이 얼어붙는 느낌이 들어요. 집에 가서도 조용한 공간에서 한참을 있어야 겨우 숨을 돌릴 수 있더라고요." 그녀의 고백은 화려한 언어로 포장되지 않았지만, 많은 교사들이 감추고 지나쳐왔던 내면의 균열을 조용히, 그러나 분명하게 드러내 주었다.

그 이야기를 듣고 나도 조용히 고개를 끄덕였다. 학교 밖에서는 늘 평정심을 유지하던 나 역시, 교실 안에서는 전혀 다른 모습으로 변하곤 했으니까. 작은 소란에 예민해지고 반복되는 질문에 숨이 막히고, 별 뜻 없는 말 한마디에 하루 종일 감정이 무너지곤 했다. 어제도 화장실에서 소리 지르는 남학생 세 명에게 "조용히 해"라고 소리쳤다. 그야말로 '샤우팅'이라는 것을 하니 학생들도 놀라고 나도 놀랐다. 이렇게 소리칠 정도는 아니었는데, 학생들의 소란스러움에 나도 모르게 크게 호통을 쳤다. 이렇게 화낼 때마다 나는 늘 스스로에게 자책하듯 물었다. '왜 이렇게 예민하게 반응하는 걸까?', '나는 교사로서 자질이 부족한 사람인가?'

사회학자 울리히 벡(Ulrich Beck)은 현대 사회를 '위험사회'라고 말한다. 예전에는 위험이 주로 자연재해나 전쟁 같은 외부로부터 왔다면, 이제는 우리가 만든 시스템 속에서, 우리가 만든 삶의 구조 안에서 끊임없는 불확실성과 불안이 생겨난다는 것이다. 예측하기 어려운 변수들, 언제 터질지 모르는 긴장감이 우리의 일상을 지배하고 있다는 그의 말은, 교실이라는 공간에도 그대로 적용된다.

교실은 겉으로 보기엔 익숙하고 반복되는 공간 같지만, 늘 예측 불가능한 상황들이 도사리고 있다. 학생의 갑작스러운 감정 폭발, 학부모의 뜻밖의 항의, 동료와의 미묘한 거리감, 쌓여만 가는 행정 업무와 반복되는 평가의 압박. 이 모든 것들이 교사의 마음을 계속해서 흔들며, 안정감을 느끼기 어려운 상태로 몰고 간다.

울리히 벡의 말처럼, 우리는 어느 순간 이렇게 느끼게 된다. '나는 언제 어디서 무너질지 모른다.' 겉으론 괜찮아 보이지만, 속은 늘 불안하고, 조금만 건드려져도 흔들릴 수 있는 마음으로 하루하루를 버텨내고 있다.

하지만 우리는 그 불안을 쉽게 드러내지 않는다. 감정을 표현하면 감정에 휘둘리는 사람처럼 보일까 봐, 혹은 전문성이 부족하다는 인상을 줄까 봐. 그래서 우리는 마음이 흔들려도 웃는다. 괜찮은 척, 아무 일 없는 척, 억지 웃음으로 하루를 넘긴다. 그러는 사이 감정은 조용히 눌려지고, 숨겨진 감정은 조금씩 우리 안에서 굳어간다.

교사는 프랑스 화가 와토(Watteau)의 그림 속 외로운 피에로처럼, 겉으로는 웃고 있지만 속에서는 천천히 금이 가고 있다. 누구도 눈치채지 못하게, 아주 조용히 무너지고 있는 것이다. 그렇게 감정은 말없이 쌓이고 점점 더 깊숙이 감춰진다. 아무렇지 않게 버텨온 하루들이 어느새 내면을 조금씩 닳게 하고 있었다. 서서히 마모되어 가는 마음. 그렇게, 마음이 황폐해진다. 어느 순간, 더는 힘이 나지 않고, 말 한마디에도 쉽게 무너지는 나를 마주하게 된다.

심리학자 수전 데이비드(Susan David)는 『감정이라는 무기』에서 감정을 억누르거나, 반대로 계속 곱씹는 두 가지 극단을 모두 경계한다. 그녀는 감정을 무조건 참거나, 반대로 감정에 완전히 휩쓸리는 것, 모두가 우리를 더 지치게 만든다고 말한다. 대신 감정과 약간의 거리를 두고 유연하게 반응할 수 있는 힘, 즉 '감정적 민첩성'이 지금 우리에게 꼭 필요한 회복력이라고 강조한다.

'나는 슬프다'가 아니라, '내 안에 슬픔이 있다는 걸 알아차린다'고 말해보는 것. 이처럼 감정을 '나 자신'과 동일시하지 않고 조금 떨어져서 바라보면, 그 사이에 아주 조용한 여백이 생긴다. 그 여백은 감정을 무시하지 않으면서도, 감정에 휘둘리지 않도록 우리를 보호해주는 공간이 된다.

수전 데이비드가 추천하는 방법 중 하나는 감정 일기 쓰기다. 하루를 마무리하며 이렇게 스스로에게 질문해보는 것이다. '오늘 나를 가장 크게 흔든 감정은 무엇이었지?', '그 감정은 어디에서 온 걸까?' 억누르지 않고 그저 종이에 감정을 써내려가는 일. 이 단순한 행위가 생각보다 깊은 위로와 정화의 힘을 준다. 실제로 트라우마를 겪은 사람들에게 하루 20분 동안 감정 글쓰기를 권했을 때, 심리적 안정은 물론이고, 신체적 회복에도 긍정적인 변화가 있었다는 연구 결과도 있다.

또 하나의 방법은 감정과 대화하는 연습이다. 감정이 올라올 때, 그것을 억누르거나 부정하기보다 조용히 들여다보고 감정 속에 있는 내 진짜 마음을 따뜻한 언어로 풀어내는 것이다. 예를 들어, 이렇게 말해볼 수 있다. '나는 요즘 학생들의 소리에 예민하게 반응하고 있어. 그건 내가 나약해서가 아니라, 수업을 잘 해내고 싶은 마음이 크기 때문이야.' 이처럼 감정을 판단하거나 밀어내지 않고, 따뜻한 말로 풀어내는 습관은 감정이 요동치는 순간에도 나 자신을 잃지 않도록 도와준다.

감정의 균열은 결코 숨겨야 할 흠이 아니다. 수업을 하다가 마음이 무너지는 순간들, 사소한 말에 크게 흔들리고, 스스로에게 실망하며 조용히 주저앉는 날도 있다. 그럴 때 우리는 흔히 '내가 약한 걸까?' 하고 자책하곤 한다. 하지만 그 흔들림은 앞서 이야기했듯이 우리가 진심으로 이 일을 대하고 있다는 가장 명확한 증거다. 마음을 다해 수업에 임하고, 아이들과 깊이 연결되고 싶기 때문에 더 자주, 더 깊이 흔들리는 것이다.

나도 종종 감정적으로 무너진다. "병원 진단서 가져올 테니 그냥 조퇴하게 해달라"고 떼쓰는 아이들, 문자 하나 툭 던져 놓고 아무 설명도 없이 결석하는 학생들. 맥락도 없이 쏟아지는 잡다한 업무들과 지시들. 그리고 갑작스럽게 들려오는 교사들의 슬픈 소식. 얼굴조차 알지 못하는 선생님들인데도, 그 소식을 들은 날은 하루 종일 마음이 가라앉는다. 마치 내 마음 한쪽이 함께 무너져 내린 것처럼, 이유 없이 우울해지고, 멍해지고, 말수가 줄어든다.

그럴 때면 이 감정을 어딘가에 쏟아내지 않으면 숨이 막힐 것만 같았다. 교무실 한편에서 나를 붙잡아줄 좋은 음악을 틀어놓고, 컴퓨터 메모장에 아무 말이나 마구 갈겨쓴다. 집으로 돌아가는 차 안에서는 핸들을 붙든 채 혼자 소리치며 세상에 욕하기도 했다. 그건 누구에게 보여주기 위한 행동이 아니었다. 그저 무너진 나를 겨우 붙잡기 위한, 소란스럽고도 은밀한 몸짓들이었다.

그렇게 감정의 균열이 만들어 놓은 틈에 아주 작은 햇살이 들어왔다. 마음의 틈은 빛이 들어설 수 있는 길이 되었고, 그 빛은 조용히 나를 비추기 시작했다. 그 균열 덕분에 나는 내 감정과 조금 더 가까워졌고, 예전보다 더 유연하고 단단하게 나를 세워갈 수 있었다. 감정을 억누르기보다 정직하게 바라보았을 때, 나는 비로소 다시 일어설 수 있는 힘을 얻었다.

교사는 어떤 존재인가? 나는 예전에는 교사가 '잘 가르치는' 사람이라고 생각했다. 하지만 이제는 이렇게 말하고 싶다. 교사는 '잘 흔들리는' 사람이라고. 여기서 '잘 흔들린다'라는 것은 쉽게 휘청이며 쓰러진다는 뜻이 아니다. 오히려 그 흔들림 속에서 자신의 감정을 들여다보고, 그 안에서 배우며 성장해 가는 존재라는 의미다. 흔들리지 않으려 애쓰다 보면 오히려 감정을 억누르게 되고, 결국 타인의 아픔에도 연민을 느끼지 못하게 될 때가 있다. 실제로 학교 안에서 고압적인 리더들을 보면, 교사였음에도 사람의 내면을 읽지 못하는 경우가 많다. 그것은 어느 순간부터 자신의 감정을 들여다보는 연습을 멈추고, 강한 자신만을 앞세우려 하다가 타인의 고통에 공감하는 능력을 잃어버렸기 때문이다.

꽃은 흔들리며 피고, 나무도 흔들리며 뿌리를 내린다. 교사도 마찬가지다. 하지만 저절로 깊어지는 것은 아니다. 감정의 흔들림 속에서도 자기 마음을 다정하게 안아주고, 어떤 순간에도 자존을 놓지 않는 교사만이 꽃을 피우고 그 뿌리를 깊게 한다. 그래서 우리는 감정의 균열 속에서 자신의 마음을 들여다보는 연습을 해야 한다. 감정의 파도가 밀려왔다가 빠져나가는 그 시간 동안, 우리는 조금씩 더 깊어지고, 더 교사다워지고 있다. 중요한 것은 무너지지 않는 것이 아니라, 무너졌을 때 다시 일어설 힘을 기르는 일이다. 그리고 그 힘은 대단한 기술에서 오는 것이 아니라, 감정의 균열을 솔직히 바라보고 나 자신을 다정하게 안아주는 소소한 연습에서부터 시작된다. 오늘 나 자신에게, 다정하게 말을 건네 보자.

"태현아, 완벽하지 않아도 충분해.
이제는 눈치 보지 말고, 솔직한 네 마음도 표현하며 살아.
너는 너대로 멋진 교사야. 정말 매력적인 교사야!"

성찰 질문
- 교사로서 최근 나를 가장 크게 흔들었던 말이나 상황, 사건은 무엇이었나요?
- 그 흔들림의 순간에 내 마음 깊은 곳에서는 어떤 두려움이나 불안이 자리 잡고 있었나요?
- 흔들리는 순간을 통해 나에 대해 새롭게 발견한 점이나 배움이 있다면 무엇인가요?

실천 과제
- **흔들림의 순간 기록하기**: 한 주 동안 자존감이 흔들리거나 마음이 동요했던 순간을 구체적으로 기록하고 그 원인을 탐색해 봅니다.
- **솔직한 감정 나누기**: 믿을 수 있는 동료 교사나 친구에게 내 마음의 흔들림을 솔직하게 털어놓고 공감과 지지를 경험해 봅니다.
- **자기 위로 문장 만들기**: "흔들려도 괜찮아, 그것도 나의 일부니까"와 같은 자기 위로 문장을 만들어 힘든 순간에 떠올려 봅니다.

오늘의 그림

장 앙투안 와토, 피에로 질, 1719년경.
캔버스에 유채, 184.5×149.5cm, 루브르 박물관(Musée du Louvre, Paris)

06

지성, 수업을 탐색하는 아름다운 호기심

17세기 네덜란드 화가 요하네스 페르메이르(Johannes Vermeer)의 작품 〈회화의 기술〉을 보면, 단순한 그림 한 장을 넘어 삶과 예술에 대한 깊은 고요가 느껴진다. 창문을 통해 들어오는 부드러운 빛, 조용히 집중하는 화가의 뒷모습, 고요하게 서 있는 모델의 표정. 이 모든 장면은 단순한 '관찰'이 아니라, 일상에 스며든 빛의 아름다움을 어떻게 담아낼 수 있을지 끊임없이 고민한 한 사람의 여정이었다. 사실 이 그림은 페르메이르가 자신의 화실에 걸어두기 위해 그린 작품이자, 그림을 요청하는 의뢰인들에게 자신의 실력을 보여주기 위한 일종의 '작가의 선언' 같은 그림이었다. 그래서 그는 자신의 모든 역량을 동원해 이 한 장면을 완성했다. 그가 정말 그리고 싶었던 것은 실내를 감싸고 흐르는 '빛'이었다. 그는 빛이 만들어내는 순간의 아름다움을 붙잡고 싶어 했고, 그 질문에 천천히, 고요하게 응답하듯 이 그림을 그려낸 것이다.

페르메이르는 당시로선 낯설고 생소했던 카메라 옵스큐라(암상자)라는 도구를 사용해 빛의 움직임을 관찰했다. 그는 하나의 공간에서 수개월 동안 머물며, 아침과 오후, 흐린 날과 맑은 날, 시간에 따라 달라지는 빛의 결과 그림자의 감도를 조용히 기록했다. 그렇게 쌓인 반복의 시간이, 그의 그림에 단순한 재현을 넘어선 생명감을 불어넣었다. 그의 예술은 결국, 한 장면을 오래 바라보는 연습에서 시작된 '실천의 미학'이었다.

나는 이 페르메이르의 태도가 교사의 삶, 그중에서도 '자존을 실천하는 방식'과 참 많이 닮아있다고 느낀다. 우리는 종종 자존감을 '나를 사랑하는 마음' 쯤으로 가볍게 여길 때가 있다. 하지만 교사에게 자존은 마음속에만 머물 수 없다. 그것은 반드시 삶으로 '실천' 되어야 진짜 힘을 가진다.

앞서 우리는 나를 흔들리게 하는 내면의 소리에 귀 기울이고, 그 감정들을 어떻게 받아들이고 회복할 수 있을지 함께 살펴보았다. 번아웃과 완벽주의, 감정의 균열 속에서 내 마음을 다정하게 지키는 길을 고민해 보는 시간이었다.

이제 그 자존을 마음에만 머무르게 하지 않고, 삶 속에서 실천으로 이어가야 할 때다. '나는 나를 가치롭게 생각한다'는 고백이 단지 생각이나 느낌에 그치지 않고, 내가 살아가는 하루하루 속에서 구체적으로 드러날 때, 자존은 비로소 진짜 힘을 발휘한다.

지금부터 우리는 그 자존이 수업에서, 관계에서, 그리고 나 자신을 돌보는 일상에서 어떻게 조금씩 드러나고 쌓여갈 수 있는지를 함께 탐색해 보려 한다. 나는 그 실천의 방향을 지성, 감성, 신체, 그리고 영성이라는 네 가지 길로 정리했다. 그리고 지금, 우리는 그 첫 번째 여정인 '지성'의 길 앞에 서 있다.

교사의 지성이란 단지 지식을 많이 아는 것을 뜻하지 않는다. 그보다는 삶을 탐구하며, 끊임없이 질문을 품고, 배움을 통해 자신의 사고와 태도를 조금씩 깊어지게 하는 태도에 가깝다. 교사는 단순히 지식을 전달하는 사람이라기보다, 스스로 배우고 탐색하는 존재일 수 있다. 익숙한 내용을 반복해서 설명하는 데 머무르지 않고, 그 안에 담긴 의미와 원리를 곱씹으며, 그 질문을 학생들과 함께 나누는 순간 속에서 수업은 더 깊어지고, 교사 자신도 함께 성장하게 된다.

이처럼 수업 안에서 교사가 배우고 자라나는 경험은 단순한 기쁨을 넘어, 교사로서의 존재를 다시 세우는 정서적 토대가 된다. 설명만 하는 사람이 아니라, 학생과 함께 질문을 품고 배우는 존재라는 사실은 교사에게 내면의 힘을 선물한다. 감정을 회복하거나 위로받는 것만으로는 자존이 단단히 세워지기 어렵다. 진짜 단단한 자존은, 교사로서 끊임없이 배우고 탐구하려는 태도, 다시 말해 지성과 깊이 연결되어 있다. 궁금해하고 배우려는 마음은 단순히 전문성을 높이는 것을 넘어, '나는 성장하고 있다'는 내면의 확신을 만들어준다. 그리고 그 확신은 교사로 하여금 더 깊은 안정감과 자존 속에서 아이들을 바라보고, 수업을 꾸려가게 만든다.

하지만 많은 교사들이 '지성'이라는 말을 들으면 심오한 연구나 논문을 떠올리며 스스로와 거리를 둔다. '나는 그런 걸 할 여유가 없어', '그건 특별한 사람들 이야기야'라고 말하며, 자신은 그저 현장을 지키는 교사일 뿐이라고 여긴다.

철학자 마이클 폴라니(Michael Polanyi)는 지식이란 반드시 말로 설명되거나 객관화될 수 있는 정보만을 뜻하지 않는다고 말한다. 그는 오히려 말로 설명하기는 어렵지만 몸과 경험으로 쌓은 '암묵적 지식'의 중요성을 강조한다. 자전거 타는 법처럼, 말로는 잘 설명하지 못해도 몸이 기억하고 반응하는 지식이 있다는 것이다.

교사의 지성도 이와 다르지 않다. 아이들의 집중이 흐트러지는 순간을 단번에 알아채는 감각, 질문을 망설이는 학생에게 조심스럽게 다가가는 태도, 수업 흐름이 어긋났을 때 본능적으로 전환하는 방식. 이것들은 모두 수많은 경험을 통해 몸과 마음에 스며든 나만의 지식이자 감각이다. 우리는 이미 '암묵적 지식'을 품은 교사로 살고 있다.

이제 중요한 건, 그 경험을 그냥 지나치지 않고 조용히 되돌아보며 질문을 던져보는 일이다. '왜 나는 이 상황에서 그렇게 반응했을까?', '어떤 장면에서 나는 깊이 몰입했을까?'라는 질문은 나만의 탐구 주제를 발견하는 단서가 된다. 그 작은 궁금증에서부터 시작되는 탐색이 바로, 교사로서의 자존을 실천하는 지성의 첫걸음이 될 수 있다.

교직 초기, 나 역시 교육에 대한 열정을 품고 교실에 들어섰다. 아이들과 깊이 연결되고, 수업을 통해 삶을 나누고 싶었다. 그러나 시간이 흐르면서 반복되는 수업과 끝없는 행정 업무는 그 열정을 조금씩 갉아먹었다. 어느 순간, 수업은 더 이상 학생의 마음을 여는 창이 아니라, 지식을 전달하고 암기를 시키는 지루한 과업으로 변해 있었다.

그때 느낀 감정은 단순한 피로를 넘어선 깊은 좌절이었다. 내 안에는 자신에 대한 작고 날카로운 분노가 자라고 있었다. 무엇보다 견디기 어려웠던 건, 이런 문제를 스스로 해결하지 못한 채 수동적으로 살고 있는 내 삶에 대한 회의감과 자책감이었다. 그러다 문득, 내 안에서 질문이 솟구쳤다.

"왜 교사는 늘 위에서 내려오는 지시만 따라야 할까?"

"왜 교사는 자기만의 시선으로 수업을 탐구하지 못할까?"

그 질문들이 내 안에 울리던 날, 나는 더 이상 외면하지 않기로 결심했다. 그 물음을 따라가 보기로 했다. 그렇게 시작된 여정은 나를 '좋은교사 수업코칭연구소'라는 새로운 시도로 이끌었고, 그곳에서 나는 동료들과 함께 수업을 '교사의 시선'으로 바라보고 연구하기 시작했다.

그 과정에서 나는 일반 교육 서적에선 잘 다루지 않는, 교사만이 볼 수 있는 세계가 분명히 존재한다는 것을 알게 되었다. 교사의 흔들림, 실존, 불안, 그리고 희망 등, 이것이야말로 우리가 진심으로 탐구하고 싶은 주제라는 것을 깨닫게 되었다. 그래서 우리는 함께 교사의 내면을 세우는 수업나눔을 연구하기 시작했다. 4장에서 다루겠지만, '이해-격려-직면-도전'의 새로운 수업나눔 프로세스를 제안하기도 했다.

나는 점차 수동적인 교사에서, 스스로 문제를 인식하고 해결할 수 있는 교사로 변해갔다. 변화는 단지 수업에만 머물지 않았다. 나의 자존을 다시 세우는 그 경험은, 교사의 삶 자체를 회복시키는 또 하나의 길로 이어졌다. 그래서 나는 뜻이 맞는 교사들과 함께 '소소한 책방'이라는 교사 감성 책방 모임을 만들고, 여기서 교사들을 위한 예술감성 프로그램을 만들기 시작했다. 글쓰기, 독서, 음악 감상, 미술관 여행 등을 통해 교사들이 감성을 회복하고, 자기 안의 상처와 회의로부터 조금씩 벗어날 수 있도록 돕는 여정이었다. 감정과 감각, 언어와 이미지가 만나는 이 프로그램을 통해 교사들은 단지 수업을 잘하는 데 멈추지 않고, 한 사람의 존재로 성장하기 시작했다.

이런 지성의 여정은 결코 나만의 이야기가 아니었다. 한 도덕 교사는 '어떻게 하면 학생들에게 따뜻한 감성을 전할 수 있을까?' 라는 질문에서 출발해 그림책을 탐구했고, 처음엔 혼자였지만 수백 명이 함께하는 공동체로 길을 확장해 갔다. 또 한 교사는 '학교폭력, 정말 처벌만이 답일까?' 라는 질문에서 시작해 회복적 생활교육의 전문가로 성장했다. 또 한 교사는 학업 능력이 부족한 학생들을 '배움 찬찬이'라 명명하면서, 느린 학습자 연구를 시작했고, 그들을 위한 학습 교재를 만들고 모임을 이끌게 되었다. 이 모두가 교사로서 경험하는 작은 질문이 연구의 출발점이 되었고, 그 탐색이 교사로서의 자존을 더 깊게 만들었다.

이와 같이 교사의 지성이란, 질문을 질문으로만 남겨두지 않고, 그 질문과 함께 공부하고 탐구하며, 교육적 답을 찾아가는 태도이다. 수업 중에 마음을 흔든 작은 의문 하나를 흘려보내지 않고 곱씹어 보는 것. 그것을 작게라도 적어 보고, 누군가와 나누며 수업을 조금씩 바꿔보는 일. 그런 작고 조용한 실천들이 쌓일수록, 교사로서의 자존은 더욱 깊고 단단하게 자라난다.

교사는 단지 교과서를 넘겨주는 지식 전달자가 아니다. 자신의 질문과 문제의식을 바탕으로 삶과 수업을 끊임없이 '연구'하며, 동료들과 함께 새로운 '실천'을 만들어가는 '교육 탐험가'다. 수업코칭, 교육 정책, 독서 교육, 수업 놀이, 교육과정 등, 어떤 주제라도 괜찮다. 중요한 것은 그 주제가 사람들의 관심을 끌 만한가가 아니라, 내 마음이 진심으로 반응하고 있는가 하는 점이다.

물론 연구는 부담스럽게 느껴질 수 있다. 하지만 네덜란드 화가 페르메이르가 평생을 바쳐 실내를 비추는 빛의 아름다움을 탐구했듯, 교사도 교실의 작고 사소한 순간들 속에서 의미를 발견하고, 그것을 꾸준히 실천해 나간다면, 결국 자신만의 색과 빛으로 가득한 교육 세계를 만들어갈 수 있다.

지성이란 대단한 학문에서 오는 것이 아니라 내 마음이 끌리는 방향으로 묵묵히 걸어가며, 그 걸음 하나하나를 삶과 연결해 나가는 용기다. 그리고 그 용기를 낼 때 우리는 교사로서 자존의 길 위에, 더 단단하고도 따뜻하게 서 있을 수 있다.

성찰 질문

- 교육자로서 내 안에 품고 있는 가장 큰 지적 호기심이나 탐구하고 싶은 주제는 무엇인가요?
- 학교 일상 속에서 나의 지적 성장과 탐구를 방해하는 요소는 무엇인가요?
- 더 나은 교사가 되기 위해 배우고 싶은 한 가지 지식이나 기술이 있다면 무엇인가요?

실천 과제

- **작은 연구 주제 정하기:** 수업 중 발견한 질문이나 고민 중 하나를 선택해 한 달간 집중적으로 탐구할 소규모 연구 주제로 삼아봅니다.
- **10분 읽고 생각 정리하기:** 매일 아침이나 저녁에 10분씩 교육 관련 책이나 논문을 읽고 핵심 아이디어를 한 문장으로 정리해 봅니다.
- **연구 친구 만들기:** 비슷한 교육적 관심사를 가진 동료 교사와 정기적으로 만나 서로의 생각과 발견을 나누는 소규모 학습 공동체를 시작해 봅니다.

오늘의 그림

요하네스 페르메이르, 회화의 기술, 1666-1668년경.
캔버스에 유채, 120 × 100cm, 빈 미술사 박물관(Kunsthistorisches Museum, Vienna)

07

감성, 삶을 아름답게 느끼는 심미안

교사의 하루는 수많은 일과로 빼곡히 채워져 있다. 수업하고 학생과 상담하고 평가와 행정 업무를 처리하다 보면, 어느 순간 문득 자신 안의 감정이 말라붙어 있는 걸 발견하게 된다. 웃고 있지만 웃는 게 아니고, 말을 건네고 있지만 마음은 멀리 있는 듯한 상태. 그 공허함은 단지 개인적인 피로에서 끝나지 않는다.

감정이 닫히기 시작하면, 교실의 공기마저 건조해진다. 정서적 소통은 끊기고, 학생과 교사 사이의 온도는 점점 낮아진다. 그리고 그 틈 사이로, 교사는 자신에게 묻기 시작한다. '나는 왜 이 자리에 서 있는 걸까?', '이 길을 계속 걸어갈 수 있을까?' 감정의 고갈은 곧 존재의 흔들림으로 이어지고, 교사의 자존을 지탱하던 뿌리마저 위태로워진다.

그래서 교사가 자신의 감성을 돌보는 일은 단지 개인의 감정 관리 차원을 넘는다. 그것은 교실을 다시 살아 있는 공간으로 되살리고, 교육의 본질을 지켜내는 데 꼭 필요한 과정이다. 감정을 회복한다는 것은, 교사로서의 존재를 다시 살리는 일이다.

철학자 임마누엘 칸트(Immanuel Kant)는 심미적 경험이 인간의 삶을 깊고 풍요롭게 만든다고 말했다. 그는 '아름다움'이란, 특정한 목적이나 이익과 무관하게, 대상을 있는 그대로 감상할 때 비로소 경험할 수 있다고 보았다. 이를 그는 '무관심적 감상'이라 불렀다. 어떤 성과도 기대하지 않고 어떤 판단도 개입시키지 않은 채, 순수하게 머무는 시간. 바로 그 안에서 마음은 다시 숨 쉬고, 존재는 천천히 회복된다.

교사에게도 그런 시간이 절실하다. 아무것도 이루지 않아도 괜찮은 시간. 그냥 마음이 끌리는 풍경 하나에 멈춰 서고, 익숙한 음악 한 줄에 눈을 감을 수 있는 여백. 그것이 곧 잊고 지냈던 '나'를 다시 만나는 시간이 되고, 교사로서의 자존을 일으켜 세우는 감성의 시간이 된다.

며칠 전, 집 근처의 작은 카페에 들른 적이 있다. 문을 열고 들어서는 순간, 잔잔한 재즈 선율이 귓가를 감싸고, 부드럽게 내려앉은 조명과 갓 내린 커피의 향이 그 공간을 가득 채우고 있었다. 말 그대로, 오감으로 감성을 어루만지는 시간. 음악, 향기, 조용한 대화들이 어우러진 그 안에서, 나는 문득 마음 한쪽에서 여유가 피어오르는 것을 느꼈다. 바쁘게 흘러가는 일상에서도 감성은 여전히 내 안에 살아 있었고, 나는 그것을 잃지 않았다는 사실에 왠지 모를 안도감을 느꼈다.

예술을 감상하는 순간은 세상의 틀에서 벗어나 '있는 그대로의 나'를 마주하는 시간이다. 우리는 평소 외부의 기준과 시선에 따라 자신을 판단하며 살아간다. 잘하고 있는지, 부족하진 않은지, 끊임없이 평가하고 비교한다. 하지만 예술 앞에서는 그 모든 틀이 사라진다. 오직 나의 감각과 감정만이 남는다. 그 순간, 나는 어떤 틀에도 갇히지 않은 '순수한 존재'로 돌아간다.

아서 해커(Arthur Hacker)의 작품 〈갇혀 버린 봄〉을 본 적이 있다. 그림 속 여인은 아무 말 없이 서 있지만, 그 담담한 표정에는 설명할 수 없는 감정이 고요하게 흐르고 있었다. 나는 그 얼굴 앞에서 문득 내 안의 감정이 울림처럼 되살아나는 것을 느꼈다. '나는 지금 어떤 감정에 갇혀 있는가?' 그 질문 하나가 그림과 나 사이의 거리를 허물고, 잊고 있던 내면의 풍경을 천천히 드러내기 시작했다.

예술은 우리에게 정답을 요구하지 않는다. 무엇을 느끼든 어떻게 반응하든, 그대로 괜찮다고 말해준다. 그래서 우리는 예술 앞에서 자유로워질 수 있다. 삶이라는 무대에서 잠시 내려와, 가면을 벗고 '진짜 나'로 숨쉴 수 있는 시간. 그 시간 안에서 우리는 다시, 스스로를 조금씩 회복해 간다.

영화 〈퍼펙트 데이즈(Perfect Days)〉의 주인공은 매일 공중화장실을 청소하는 단조로운 일상에서도, 하루 두 번 하늘을 올려다본다. 아주 짧은 시간, 하지만 그 단순한 행위 하나가 그의 삶을 맑게 정화시킨다. 고된 노동과 반복되는 하루 사이, 그는 하늘을 바라보며 자신을 회복하는 법을 알고 있었다.

그처럼 우리도, 영화 속 인물처럼 잠시 시간을 내어 하늘을 올려다보는 그 짧은 순간, 철학자 칸트가 말한 '무관심적 감상'과 맞닿게 된다. 아무 목적도 성취도 없이, 그저 바라보는 시간. 바람에 흔들리는 나무, 유유히 떠가는 구름, 쓸쓸히 지는 노을. 이 모든 풍경은 우리에게 삶의 속도를 잠시 늦추고, 내 호흡을 다시 찾게 해 준다.

나 역시 해 질 무렵, 서해의 썰물이 멀어지는 풍경을 바라볼 때면 마음이 조용히 정리되는 것을 느낀다. 붉게 물든 하늘 아래, 하루의 무게를 천천히 내려놓고, 그날의 감정을 되새기며 스스로에게 말 없이 안부를 묻는다. 자연은 우리를 위로하는 가장 오래된 친구다. 봄의 꽃잎, 여름의 초록, 가을의 단풍, 겨울의 눈, 그 모든 계절의 얼굴은 우리의 감정을 어루만지고 내면의 결을 따라 천천히 번져간다.

존 듀이(John Dewey)는 예술이란 삶의 특별한 순간에만 나타나는 것이 아니라, 일상에서 감각을 통해 세상과 교감하는 방식이라 말한다. 그는 예술을 미술관 속에 갇힌 작품이 아닌, 우리가 살아가는 모든 순간 속에 깃든 '깊이 있는 경험'으로 보았다. 아침 햇살이 창가에 내려앉을 때 그 따스함을 느끼는 감각, 교실 창밖으로 흐르는 구름을 바라보며 마음 한편이 젖는 순간, 이런 일상의 사소한 감응이 바로 예술이라는 것이다.

교사에게 이 감각은 곧 감성이다. 감성은 교실 안의 모든 존재와 순간에 반응하는 능력이다. 학생의 말투 속에 숨겨진 감정을 읽어내고, 하루 종일 말이 없던 아이의 표정에 잠시 눈을 머무는 일. 교실 구석에 쌓인 조용한 기운조차 느낄 수 있는 섬세함. 이 살아 있는 감성은 교사의 내면을 적시고, 어느새 지친 마음의 틈을 채워 자존을 회복시키는 따뜻한 에너지가 된다.

오귀스트 로댕(Auguste Rodin)은 "아름다움은 어디에나 있다. 단지 우리가 그것을 볼 준비가 되어 있어야 할 뿐"이라고 말했다. 이때 그 준비란 무엇일까? 바로 심미안(審美眼)이다. 심미안이란 단순히 예쁜 것을 보는 눈이 아니라, 일상의 사소한 순간 속에서도 숨어 있는 아름다움을 감지해 내는 눈, 삶의 감각과 결을 포착하는 섬세한 안목이다.

감성은 바로 이 심미안을 길러내는 렌즈다. 교사가 세상을 감각적으로 경험하고 해석할 수 있을 때, 교육의 풍경도 그만큼 더 섬세하고 온기 있게 그려진다. 교사의 감성은 단순히 개인적 감정에 머무르지 않는다. 내 감성이 깨어날 때 나는 내 수업을 다시 사랑하게 되고, 내가 걷는 교사의 길에 대해 자부심을 느끼게 된다. 자존이 회복되는 것이다. 그리고 그 자존은 고스란히 학생들에게로 흘러간다.

가끔은 묻게 된다.
우리의 사회는 왜 이토록 차갑고 메마른가?
지식과 기술은 넘쳐나는데, 그 안에는 왜 따뜻한 환대와 포용, 연대가 이토록 부족한가?

요즘 우리는 서로를 혐오하고 적대하며, 점점 더 감정의 문을 닫은 채 살아간다. 지식이 많아질수록 더 쉽게 구분 짓고 더 자주 냉소하게 된다. 하지만 진정한 앎이란, 결국 사랑하는 일이다. 그 사랑은 지금 우리의 수업안에서 어디로 사라진 걸까? 어쩌면 지금 교육에 가장 필요한 것은, 아름다움을 보고 느끼는 감성, 다시 말해 '심미안' 인지도 모른다. 우리가 가르쳐야 할 것은 지식을 넘어 사람과 세상을 사랑하는 법이다.

아서 해커의 그림을 다시 들여다본다. 창가에 소녀는 말없이 바깥을 응시하고 있다. 식탁 위엔 덜 먹은 빵과 비어 있는 접시, 그리고 멈춰 선

몸짓. 하지만 그 정적인 장면을 깨우는 건 창밖에서 스며드는 부드러운 햇살이다. 그녀의 시선은 바깥을 향하지만, 그 빛은 오히려 그녀 안으로 들어오고 있다. 그 장면은 교사의 모습과도 닮았다. 무언가 멈춘 듯한 시간 속에서도 감성은 조용히 곁에 머문다. 교사가 그 감성에 마음을 열 때, 일상에도 다시 빛이 스며들고 교사의 존재는 따뜻하게 깨어난다. 그 빛은 교실로 번져가 아이들의 마음을 물들인다.

수업은 무의미한 지식을 전달하는 곳이 아니라, '보는 눈'과 '느끼는 마음'에서 비롯되는 사랑을 연습하는 공간이다. 감성을 지닌 교사야말로, 아이들에게 사랑할 만한 세상을 보여주는 가장 아름다운 안내자이다. 어쩌면 교사란, 학교 안에 갇혀 있는 학생들을 아름다운 세상으로 이끄는 봄 햇살일지도 모른다.

성찰 질문

- 최근 교실이나 학교에서 경험한 가장 아름답거나 감동적인 순간은 무엇이었나요?
- 바쁜 교직 생활 속에서 나의 감성과 감수성이 메말라가고 있다고 느낀 적이 있나요?
- 학생들에게 지식뿐 아니라 삶의 아름다움과 감성을 전하기 위해 어떤 노력을 하고 있나요?

실천 과제

- **아름다움 기록하기:** 일주일 동안 매일 교실과 학교에서 발견한 작은 아름다움이나 감동의 순간을 사진이나 글로 남겨봅니다.
- **예술 감상하기:** 주말에 한 시간은 좋아하는 음악, 그림, 시, 영화 등을 감상하며 내 감성을 깨우는 시간을 가집니다.
- **감성 표현하기:** 다음 수업에 인문학, 예술, 자연 등 감성을 자극하는 요소를 의도적으로 하나 이상 포함해 봅니다.

오늘의 그림

아서 해커, 갇혀 버린 봄, 1911년.
캔버스에 유채, 크기 미상, 개인 소장

08

신체, 몸을 돌보며 마음을 가꾸는 일상

요즘 들어 부쩍, 피로가 단순한 무게를 넘어 몸 이곳저곳에서 이상 신호로 나타나기 시작했다. 흐릿해진 시야는 교과서의 활자를 제대로 붙들지 못하게 만들고, 안경을 벗었다 썼다 반복해야 겨우 글씨가 눈에 들어온다. 왼쪽 어깨는 팔을 들어 올리는 것조차 힘들 만큼 저리고, 오랜 시간 서서 수업을 하다 보면 다리의 감각이 사라진다. 밤이면 쥐가 나고, 잠결에 흠칫 놀라 깨어나기를 반복한다. 이처럼 몸이 보내는 작은 신호들은 단지 일상의 불편을 넘어서, '나'라는 존재 자체를 조용히 잠식해 들어온다. 문득 스치는 생각.

'나는 이제 무엇을 하기에도 버거운 사람이 되어버렸구나.'

몸이 무너지면 마음도 함께 무너진다. 학생들 앞에 서는 일이 두려워지고, 이전엔 설레던 새로운 시도조차 마음속에서 빛을 잃는다. 아픈 몸을 이끌고 교실에 들어서는 순간, 나는 더 이상 창의적인 아이디어로 수업을 설계하는 교사가 아니라, 그저 하루를 간신히 버텨내야 하는 사람처럼 느껴진다. '이 수업을 어떻게 이끌어갈까?' 보다 먼저 드는 생각은 '이 시간을 어떻게 견뎌낼까?' 라는 절박한 물음이다. 몸이 지치면 자존도 함께 바닥으로 가라앉는다.

신체의 건강은 단순히 수업의 질이나 준비성의 문제가 아니다. 이는 스스로가 자신을 어떻게 바라보는지, 교사로서 어떤 정체성과 존엄을 품고 살아가는지 좌우하는 가장 근본적인 조건이다. 몸이 약해지면 자존도 함께 깎인다. 아이들과 신나게 어울리고 싶은 마음은 희미해지고, 수업을 디자인하던 열정은 서서히 사라진다. 어느새 내 안으로 질문이 스며든다.

'나는 지금도 교사로서 쓸모 있는 존재일까?'

그 질문은 점점 더 깊이 파고들어 삶을 갉아먹는다. 무기력한 몸은 일상과 관계, 감정과 의미를 점차 흐릿하게 만들고, 교사로서의 나를 조금씩 지워간다. 그렇게 몸의 고단함은 결국, 교사의 존재 전체를 위협하기에 이른다.

우리는 종종 '건강이 최고'라는 말을 입버릇처럼 되뇌지만, 정작 건강을 위한 실천은 항상 다음 순서로 밀려난다. 교사라는 직업은 그 자체로 겹겹의 노동을 요구한다. 지적 노동과 감정 노동, 행정 업무와 개인 상담, 그리고 그 모든 일과 후에도 여전히 남아 있는 가족의 돌봄과 가사 노동. 하루가 끝날 즈음이면 운동은커녕 가만히 누워 숨을 고르기도 버겁다. 그래서 우리는 자주 말한다. "나중에, 방학 때, 다음 달부터는 꼭…." 그러나 그 '나중'은 좀처럼 오지 않는다. 그사이 몸은 천천히 무너지고 마음은 점점 멀어진다. 삶의 생기는 사라지고 감각은 둔해진다.

무라카미 하루키는 이런 말을 했다. "나는 소설가가 되기 위해 달리기를 시작한 것이 아니라, 달리기를 통해 소설가가 되었다." 그는 마흔이 넘은 나이에 달리기와 수영을 시작했다. 매일 아침 일정한 시간에 일어나 몸을 움직이고, 그 흐름 속에서 글을 썼다. 그는 글쓰기를 위해 몸을 새는 대신, 건강한 몸의 리듬을 통해 창작의 에너지를 길어 올렸다. 몸의 움직임 속에서 문장을 찾은 것이다. 어쩌면 그의 글은 단지 생각에서 비롯된 것이 아니라 뛰는 심장과 달리는 근육에서 비롯된 것이다.

현존하는 가장 비싼 화가 중 한 사람인 데이비드 호크니(David Hockney) 또한 80대가 넘은 지금까지 매일 아침 수영으로 하루를 시작한다. 계절과 날씨, 도시를 가리지 않고 물속에 몸을 던지는 그에게 수영은 단순한 운동이 아니다. 수영으로 각성한 감각은 호크니의 화면에 생생한 색채로 살아난다. 몸을 움직이는 삶은 그에게 예술로 이어지는 문이었다.

나 역시 바쁜 교직 속에서 수영을 만나며 내 몸이 다시 살아나는 경험을 했다. 이제는 적어도 일주일에 두 번, 물속으로 들어간다. 자유형으로 천천히 물살을 가를 때, 굳어 있던 어깨와 무릎이 조금씩 풀리고, 잊고 있던 숨소리와 심장 박동이 나를 되찾게 한다. 그 순간, 나는 교사도, 아빠도, 어떤 역할도 아닌 '그저 나'라는 존재가 된다. 무중력의 자유 속에서 오늘 하루의 스트레스와 긴장은 물결에 흩어지고, 나는 다시 가벼워진다.

오늘은 개학 첫날이었다. 그것도 진로진학부장이라는 새로운 역할로 처음 맞이한 하루. 교실과 교무실을 쉼 없이 오가며 숨 돌릴 틈 없이 바쁘게 흘러간 하루였다. 그렇게 집에 돌아왔을 때, 너무나도 당연하게 침대가 날 불렀다. 몸은 천근만근이었고, 마음엔 묵직한 피로가 내려앉아 있었다. 나는 그 무거운 다리를 억지로 일으켜 수영장으로 향했다. 수십 번이나 '오늘은 그냥 쉬자'고 마음을 접을 뻔했지만, 끝내 물속에 몸을 맡긴 순간, 나도 모르게 웃음이 났다.

'이렇게 좋은 걸, 왜 안 오려고 했을까?'

몸이 물에 뜨자 마음도 함께 풀렸다. 숨이 길어지고 긴장이 녹아내리며, 나는 오늘 하루의 피로를 물속 어딘가로 천천히 흘려보냈다. 그 짧은 시간이 내게 말해주었다. 몸을 돌보는 일은 단순히 피로를 푸는 차원을 넘어서, 교사로서의 '존재'를 회복하는 일이라는 것을.

요즘 나는 식습관도 조금씩 바꾸고 있다. 정제된 탄수화물을 줄이고, 채소와 단백질을 먼저 먹는 '거꾸로 식사법'을 실천하면서 몸의 컨디션이 눈에 띄게 달라졌다. 김밥 대신 삶은 달걀과 아몬드, 신선한 채소를 챙겨 먹기 시작했더니, 오후 수업의 피로가 줄고 머릿속도 맑아졌다. 작은 변화였지만 그 변화는 고스란히 내 일상에 스며들었고, 수업에도 자연스레 반영되었다. 이전보다 더 또렷한 눈으로 아이들을 바라볼 수 있게 되었고, 말 한마디에도 여유와 따뜻함이 담기기 시작했다.

호아킨 소로야(Joaquín Sorolla)의 작품 〈해변을 달리는 아이들〉을 보면, 그림 속 아이들은 아무것도 신경 쓰지 않는 듯 맨발로 바닷가를 달리고 있다 바람을 가르며 파도를 스치며, 그들은 환하게 웃고 있다. 어떤 불안도 없이 오롯이 '지금'의 몸으로 살아가는 그 모습은, 마치 우리가 잃어버린 생명의 박동처럼 느껴진다.

몸이 무거우면 마음도 주저앉는다. 하지만 몸이 살아나면, 마음도 따라 일어난다. 교사의 자존은 그렇게, 몸의 회복에서 다시 시작된다. 건강해진 몸은 수업을 '견디게' 하는 것이 아니라, 수업을 '살아내게' 만든다. 그리고 그 살아 있는 교사는, 아이들에게도 생명의 박동을 전한다. 작은 실천이 일상을 바꾸고, 그 변화는 결국 수업에 생기를 불어 넣는다. 어쩌면 내 몸을 건강하게 잘 지키는 것이 최고의 교수법일지도 모른다.

성찰 질문

- 교사로서 내 몸의 신호를 무시한 채 업무를 지속했던 경험이 있나요? 그 결과는 어땠나요?
- 피로감, 두통, 목 통증 등 내 몸이 보내는 신호 중 가장 자주 경험하는 것은 무엇인가요?
- 수업과 업무 사이에 내 몸을 돌보기 위한 작은 습관이나 루틴이 있나요?

실천 과제

- **수업 중 신체 점검하기:** 수업 중 자주 긴장되는 신체 부위(어깨, 목, 턱 등)를 인식하고 의식적으로 이완하는 습관을 들입니다.
- **움직임 시간 확보하기:** 하루에 최소 30분은 걷기, 스트레칭, 요가 등 몸을 움직이는 시간을 확보합니다.
- **물 마시는 습관 기르기:** 교무실과 교실에 물병을 두고 규칙적으로 물을 마시며 신체 수분을 유지합니다.

오늘의 그림

호아킨 소로야, 해변을 달리는 아이들, 1908년.
캔버스에 오일, 90×166cm, 프라도 미술관(Museo Nacional del Prado, Madrid)

09

영성, 고요한 내면을 마주하는 호흡

교사는 쉴 새 없이 돌아가는 수업과 업무의 소용돌이 속에서 문득, 자신도 모르게 멈춰 서게 되는 순간을 맞이한다. 어느덧 반복되는 일상에 젖어, 자신이 수업의 기계적인 '전달자'로 전락한 것은 아닌지, 문득 질문이 밀려온다.

"나는 왜 이 길을 택했고, 무엇을 위해 학생들과 마주하고 있는가?"

이런 근본적인 물음은 바쁜 현실 속에서 자주 희미해지지만, 사라지는 법은 없다. 오히려 가장 중요할 때, 우리를 조용히 다시 중심으로 이끌어 주는 나침반이 된다. 그리고 바로 그때, 필요한 것이 '영성'이다.

여기서 말하는 영성이란, 종교적 신념이나 형식에 국한된 것이 아니다. 헨리 나우웬(Henri Nouwen)이 말했듯, 진정한 영성이란 자기 자신을 깊이 들여다보고 존재의 뿌리를 탐색하며, 그 내면에서 발견한 진실을 삶과 관계 속에서 정직하게 드러내는 용기이다. 영성은 교사로서의 자존을 지탱하는 조용한 빛이며, 흔들리는 삶을 뿌리처럼 깊이 붙드는 내면의 힘이다.

나우웬은 영성의 여정을 세 가지 길로 설명한다. 첫 번째는 고요한 성찰의 시간이다. 혼자만의 조용한 시간 속에서, '지금 내 마음은 어떤 상태인가?'라는 질문을 자신에게 던져보는 것. 그 침묵의 순간은 바쁜 일상에서 거의 유일하게, 교사로서의 나 자신과 정직하게 마주할 수 있는 소중한 틈이다.

두 번째는 수용의 시간으로, 그 안에서 마주한 상처와 부족함, 두려움을 외면하지 않고 있는 그대로 받아들이는 태도이다. 우리는 종종, 교사라는 이름 아래 강해 보이려 애쓰고, 누군가에게 말할 수 없는 고민을 꾹 눌러 담고 살아간다. 그러나 진심으로 타인과 연결되기 위해선, 먼저 나 자신을 있는 그대로 받아들여야 한다. 나우웬은 이렇게 말한다. "우리가 서로를 깊이 사랑하려면, 먼저 나 자신이 완전하지 않다는 사실을 받아들여야 한다." 이 수용의 태도는 나를 연약한 존재로 만드는 것이 아니라, 진정한 만남으로 향하게 하는 문이 된다.

세 번째 여정은 환대의 시간이다. 자신을 있는 그대로 품을 수 있게 되었을 때, 비로소 타인을 있는 그대로 받아들이는 사랑으로 나아가는 길이다. 내가 옳다는 마음을 잠시 내려놓고, 우리 모두 성장하는 중이라는 사실에 눈을 뜨는 순간, 교사로서의 내면도 조금씩 빛나기 시작한다. 사랑은 완벽한 자에게만 허락된 것이 아니라, 서로의 결핍 속에서 진심으로 손을 내미는 이들에게 주어지는 길이다.

결국, 영성이란 교사로 하여금 다시금 질문하게 하고, 스스로의 내면을 돌아보게 하며, 아이들과의 관계 속에 진정성과 온기를 불어넣는 숨결이다. 교사의 자존은 그 영성의 깊이에서 다시 세워진다.

예술가들의 영적 여정은 우리 교사들에게도 깊은 울림을 전해준다. 미켈란젤로(Michelangelo)의 작품 〈론다니니의 피에타〉는 그가 생을 마감하기 직전까지 손에서 놓지 않았던 조각이다. 초기의 피에타가 섬세한 기교와 균형 속에서 인간의 고통을 아름답게 형상화했다면, 이 마지막 피에타는 모든 장식과 완결을 거둔 채, 오히려 침묵과 절제 속에 본질만을 남겼다.

거친 미완의 그 조각은 마치 돌 속에 갇힌 영혼을 조심스럽게 꺼내려는 여정처럼 느껴진다. 그것은 더 이상 '보여주기' 위한 예술이 아니라, 자기 자신에게로 깊이 '다가가는' 예술이었다.

문득, 교사로서 나의 수업이 떠올랐다. 나 역시 수업을 준비하면서 점점 화려한 기교를 덜고 진심을 더하게 되었다. 예전에는 눈길을 끌기 위한 자료와 기발한 활동을 고민했지만, 요즘 나는 오히려 교실 속 '대화'에 더 마음이 끌린다. 영상 자료의 분량을 줄이고, 활동은 단순하게 정리했다. 그 자리에 학생들의 진솔한 말이 피어나기 시작했다.

"선생님, 저는 이렇게 생각해요." 그렇게 한 아이가 조심스레 입을 열고, 그 말을 들으며 고개를 끄덕이는 친구들의 표정 속에서 나는 배움이 자라고 있다는 것을 느꼈다. 짧은 예시 하나에도 마음을 담으려는 나의 태도, 그 조용한 진심이 교실의 공기를 조금씩 바꾸기 시작했다. 수업은 더 이상 지식의 전달만이 아니라, 서로의 생각이 만나는 시간이 되어 갔다.

이렇게 시간이 지나면서, 내 수업은 미켈란젤로의 조각상처럼 점점 단순해지고 있었다. 그러나 그 단순함은 결코 비어 있지 않았다. 화려한 자료나 기발한 활동 대신, 말과 말 사이에서 진짜 배움이 피어났다. 겉으로 드러나는 장식은 줄어들었지만, 나와 아이들의 마음은 더 깊이 이어지고 있었다.

수업을 덜어낼수록 나는 점점 더 분명히 알게 되었다. 수업의 변화는 단지 기술을 조정하는 문제가 아니라, 나 자신의 내면을 다듬는 과정이라는 것을. 아이들의 말을 듣고 조용히 고개를 끄덕이는 그 시간들 속에서, 나는 수업의 진짜 얼굴을 다시 마주하고 있었다.

그렇게 천천히 다가선 끝에, 나는 깨달았다. 수업도 결국은 '영성'이었다. 더하기보다 덜어내는 일, 화려함보다 본질을 향해 나아가는 여정. 나는 그렇게 영성의 결을 따라 수업을 조금씩 바꿔가고 있었다. 그래서 요즘 나는 수업 밖에서도 내 영성을 키워가기 위해 작은 고요를 만드는 연습을 계속하고 있다.

헨리 나우웬은 진심으로 누군가를 사랑하기 위해선 먼저 '혼자 있는 법'을 배워야 한다고 말했다. 그는 '외로움(loneliness)'과 '고독(solitude)'을 분명히 구분했다. 둘 다 혼자 있는 상태이지만, 그 감정의 결은 전혀 다르다. 외로움은 누군가와 연결되지 못했다는 결핍에서 오는 감정이다. 마음은 허전하고 머릿속은 복잡한데, 정작 내 안은 텅 비어 있는 듯한 쓸쓸함이 맴돈다.

반면, 고독은 스스로 혼자 있는 시간을 선택할 수 있을 만큼 내면이 단단한 상태다. 고독 속에서 우리는 세상과 단절되는 것이 아니라, 오히려 나 자신과 다시 연결되는 경험을 하게 된다. 외부의 소음을 잠시 내려놓고, 내면의 목소리에 귀 기울이는 시간. 그 고요함 속에서 마음은 차분히 채워지고, 감각은 서서히 깨어난다.

요즘 나는 영성이란 거창하거나 특별한 순간에 깃드는 것이 아니라, 바로 이런 평범한 일상에 스며드는 것이라는 사실을 천천히 깨닫게 된다. 토마스 머튼(Thomas Merton)이 말했듯, 영성은 성당 안에만 머무는 것이 아니라, 출근길의 바람, 식사 준비를 하는 손길, 이메일을 확인하는 그 짧은 찰나에도 뿌리내릴 수 있다. 그는 영성을 '깨어 있는 삶'이라 불렀다. 삶의 흐름 속에서 자신을 잃지 않고, 순간순간 존재의 본질에 닿으려는 태도. 교사에게 그 깨어 있음은 교탁에 서기 전 잠시 숨을 고르는 멈춤일 수 있고, 아이의 질문에 진심으로 귀 기울이는 마음가짐일 수도 있다. 우리가 하루를 어떻게 열고, 어떻게 닫는지가 곧 영성의 모습이 된다.

결국 교사의 영성이란, 교사와 학생이 서로의 존재를 진심으로 마주하며 함께 성장해 나가는 여정이다. 그리고 그 여정의 출발점은 언제나, 자기 자신을 정직하게 바라보는 용기에서 시작된다. 수업은 더 이상 지식을 일방적으로 전달하는 흐름이 아니라, 마음과 마음, 영혼과 영혼이 서로를 비추는 깊은 만남의 공간이 된다. 교사가 내면의 고요함 속에서 스스로와 진실하게 마주할 수 있을 때, 그 수업은 삶의 본질과 존재의 아름다움을 향해 나아가는 깊고도 충만한 배움의 시간이 된다.

가르침은 곧 영성이다. 이 깨달음은 교사가 단지 역할을 수행하는 사람이 아니라, 삶의 어둠 속에 잔잔한 빛을 밝히는 존재가 될 수 있다는 조용한 확신을 안겨준다. 그 빛은 결코 거창하거나 눈부시지 않다. 하지만 날마다 교실을 은은하게 비추며, 학생들의 마음 깊은 곳에 따뜻한 흔적을 남긴다. 그리고 그 빛은, 다름 아닌 당신의 마음 가장 깊은 곳에서 천천히 피어오르는 내면의 빛이다.

미켈란젤로는 말했다.

"나는 대리석 속에서 천사를 보았다. 그리고 그 천사가 자유롭게 나오도록 대리석을 깎아냈을 뿐이다."

교사의 영성이란 바로 이 천사를 보는 눈에서 시작된다. 눈에 보이는 모습 너머, 학생 안에 숨어 있는 빛을 감지하고, 그 빛이 세상으로 나올 수 있도록 자기 내면의 빛으로 다가가는 것. 결국 가르침이란, 내 안의 영성으로 타인의 영혼을 깨우고 자유롭게 하는 일이다. 그 영성이야말로 교사가 가장 깊고 따뜻하게 빛나는 힘이다.

성찰 질문

- 일상의 교직 생활 속에서 내면의 고요함과 평화를 경험하는 순간이 있나요?
- 교사로서의 삶에 더 큰 의미와 목적을 부여하는 가치나 신념은 무엇인가요?
- 영적 성장이 교사로서의 성장과 어떻게 연결된다고 생각하나요?

실천 과제

- **아침 묵상 시작하기**: 출근 전 5분간 조용히 앉아 호흡에 집중하며 하루를 시작하는 묵상 습관을 들입니다.
- **자연 속 시간 갖기**: 주말에는 공원, 산책로, 바다 등 자연 속에서 걷거나 머무르는 시간을 가집니다.
- **감사 일기 쓰기**: 잠들기 전 오늘 하루 감사한 세 가지를 간단히 적어 보는 습관을 통해 영적 풍요로움을 키웁니다.

오늘의 그림

미켈란젤로, 론다니니의 피에타, 1552~1564년.
대리석, 높이 195cm, 밀라노 스포르체스코 성 미술관(Castello Sforzesco, Milan)

10

사랑, 나를 일으키는 가장 따뜻한 힘

 교직 생활 20년을 돌아보며 마음속에 또렷하게 남는 하나의 결론이 있다. 수업은 결국, '나'로부터 시작된다는 것이다. 아이들을 가르치는 일은 내 안의 절망과 슬픔, 외면하고 싶었던 그림자들과 조용히 마주하는 데서 출발한다는 사실을 나는 이제야 뼈저리게 깨닫는다. 그것이야말로 교사로서 단단히 서게 만드는 가장 근본적인 힘이었다.

 신입 교사 시절, 교단 앞에 서면 늘 작은 섬 위에 홀로 선 것 같은 기분이었다. 아이들의 눈빛 하나, 작게 새어 나오는 한숨 하나에도 마음이 덜컥 흔들렸고, 수업이 끝난 텅 빈 교실에 앉아 스스로를 탓하며 한없이 무너졌다. '이 길이 맞는 걸까?', '나는 정말 잘하고 있는 걸까?' 어둡고 희미한 길 위에서 수없이 묻고 또 물었다. 무엇을 붙잡아야 할지도 몰라, 그저 오래도록 서성이던 날들. 그리고 이제 그 길의 끝에서 돌아보니, 내 손에 조용히 남아 있는 것은 결국, '나 자신'이었다.

 수많은 평가와 기준 앞에서 끊임없이 자신을 채찍질하면서도, 정작 가장 귀한 '나'를 어떻게 돌봐야 하는지는 배우지 못한 채 살아왔다. 그러나 교단 위에서 수많은 계절을 보내고 나서야 알게 되었다. 나를 지켜준 것은 칭찬받을 만한 수업안, 누가 봐도 완벽한 교수법도 아니었다. 그 모든 것을 뛰어넘어 나를 버티게 한 진짜 힘은, 다름 아닌 나 자신을 믿고 사랑하려는 마음, 바로 '자존'이었다.

그래서 우리는 이번 장에서 교사의 '자존'을 이야기했다. 왜 교사는 스스로를 돌보고 지켜야 하는지, 그 물음의 뿌리를 함께 찾고자 했다. 그 여정의 첫걸음은 '자존'을 성찰하는 일이었다. 자존은 단순한 자기 확신이 아니다. 그것은 '나는 왜 이 길을 걷고 있는가?'라는 질문에, 타인의 목소리가 아닌 나만의 언어로 답할 수 있는 내적인 힘이었다. 이어서 우리는 교사가 자존을 잃게 되는 수많은 순간을 하나씩 들여다보았다. 완벽해야 한다는 압박, 실패에 대한 두려움, 끝이 보이지 않는 감정 노동, 나를 솔직히 드러내기 어려운 현실, 그리고 나를 계속해서 비교하게 만드는 교육 시스템. 그 안에서 우리는 어느새 혼잣말처럼 묻고 있다.
'나는 괜찮은 교사일까?'

그러나 그 질문에 무너지지 않기 위해, 우리는 다시 '균형'이라는 키워드에 주목했다. 지성과 감성, 신체와 영성이라는 네 개의 축. 배우고 탐구하려는 지적인 열정, 타인을 향한 따뜻한 감정의 근육, 몸의 리듬을 돌보는 일상, 그리고 존재의 중심을 붙드는 영적인 고요함. 그 하나하나가 교사의 자존을 지탱하는 든든한 기둥이 되어주었다. 어느 것 하나 소홀히 할 수 없는, 우리가 교사로 살아가기 위해 꼭 품어야 할 소중한 실천들이었다.

물론 자존을 지켜낸다는 것은 결코 쉬운 일이 아니다. 과도한 업무에 시달리고, 수업 외적인 요구가 점점 많아지는 현실 속에서 우리는 종종 자신을 잃어버린다. 넘쳐나는 정보와 기준 속에서 자신만의 수업 언어를 잊고, 나도 모르게 남들과 비교하며 스스로를 점점 더 밀어붙이게 된다.

그러나 이 책에서 함께 나눈 실천들은 그런 복잡한 삶 속에서도 우리가 다시 중심을 회복할 수 있도록 도와주는 작고 소박한 시작점이 된다. 하루 10분 글쓰기, 5분 묵상, 가벼운 스트레칭, 감정의 기록. 겉으로는 사소해 보일지 모르지만, 이 작은 습관들이 쌓일수록 우리는 더 단단하게, 더 따뜻하게 교단 위에 설 수 있게 된다. 결국 중요한 건 거창한 결심보다, 매일의 작은 실천이다. 이러한 교사의 실천을 네 가지 행위로 정리한다면, 나는 이렇게 말하고 싶다.

"읽고, 쓰고, 그리고, 사랑하라."

이 문장은 단순한 구호가 아니다. 교사로 살아가는 우리에게 내면을 지키고 삶을 회복하는 길을 조용히 안내하는 다정한 선언이다.

'읽는다' 는 것은 단지 책을 읽는 일이 아니다. 삶 속에서 스쳐 지나가는 장면들, 아이들의 표정 하나, 내 마음에 잠시 머물렀던 감정들, 그 모든 것을 가만히 바라보며, 거기서 의미를 찾아내는 일이다. 읽기를 통해 우리는 세상과 다시 연결되고, 동시에 내 안의 진짜 나와 마주하게 된다.

'쓴다' 는 것은 내 마음과 대화를 나누는 일이다. 하루를 돌아보며 짧게라도 글을 써보면, 생각이 정리되고 감정이 조금 가라앉는다. 말로는 잘 설명되지 않던 내면의 소리가 문장 속에서 천천히 모습을 드러낼 때, 우리는 자신에게 조금 더 정직해진다. 긴 글이 아니어도 좋다. 노트 한 귀퉁이에 적어둔 메모 한 줄일 수도 있다. 표현되는 모든 것들이 나를 알아가는 작은 창이 되어준다.

'그린다'는 창조적으로 나를 표현하는 예술의 과정이다. 슬픔과 불안, 말로 다 설명되지 않는 감정들을 그림, 색, 소리, 움직임으로 꺼내놓는 순간, 우리는 억누르지 않고, 오히려 감정을 다루는 새로운 방식을 배우게 된다. 마음이 복잡한 날, 조용히 색연필을 꺼내 한 장을 칠해보거나, 아무 의미 없이 선을 그어보는 것만으로도 나 자신이 조금 정돈되는 걸 느낄 수 있다. 예술은 내 감정을 외면하지 않도록 도와주는 다정한 통로다.

그리고 마지막으로 '사랑한다'는 것은 있는 그대로의 나를 바라보고 받아들이는 태도다. 실수했던 오늘, 버거웠던 하루, 완벽하지 않았던 나를 미워하지 않고 그냥 품어주는 마음. "괜찮아, 그래도 잘했어."라고 나에게 말해줄 수 있는 용기. 자존은 바로 거기서 시작되고, 그 사랑 안에서 깊어지고 단단해진다. 내가 나를 사랑할 수 있어야, 타인에게도 진심으로 다가갈 수 있다.

우리 교사들은 종종 원하지 않았던 상황 속에 놓여 있다고 느낀다. 시대의 흐름, 교육 정책, 학교 안팎의 변화는 늘 예고 없이 찾아오고, 우리는 그 속에서 준비되지 않은 채 버티고 견뎌야 할 때가 많다. 이때 철학자 마르틴 하이데거(Martin Heidegger)의 말이 떠오른다.

그는 인간을 '던져진 존재'라 표현했다. 나의 의지와는 상관없이, 설명할 수 없는 삶의 한복판에 놓여 있다는 뜻이다. 교사로서도 마찬가지다. 우리는 종종 통제할 수 없는 조건 속에 서 있고, 불확실한 현실 앞에 놓여 있다.

하지만 하이데거는 거기서 한 걸음 더 나아간다. 그는 중요한 것은 던져진 현실에 그저 머무르는 것이 아니라, 그 자리에서 미래를 향해 다시 걸어 나가려는 태도에 있다고 했다. 하이데거는 이를 '기투(企投, Entwurf)'라고 불렀다.

한자로 기투(企投)는 '꾀할 기(企)'와 '던질 투(投)'로 이루어져 있다. '企'는 마음을 세우고 무엇인가를 꾀하며 나아가려는 자세를 뜻하고, '投'는 힘껏 던지다, 앞으로 내던진다는 의미가 있다. 이 둘이 합쳐진 '기투'는 단순한 계획이나 목표 세우기가 아니라, 나를 앞으로 던지듯 열어두며 가능성을 만들어가려는 존재의 움직임을 가리킨다. 독일어 'Entwurf'는 영어로 'projection' 또는 'projective understanding'으로 번역되지만, 단순한 '계획'이나 '프로젝트' 같은 의미를 넘어, 존재가 미래를 향해 열리는 방식, 내가 나를 무엇이 될 수 있는 존재로 미리 그려보며 내던지는 근본적인 태도를 말한다.

즉 매일 반복되는 수업 속에서도 '어제보다 조금 더 나은 수업을 어떻게 하면 할 수 있을까?' 고민하는 순간, 그것이 기투다. 아이들 한 명 한 명의 얼굴을 떠올리며 '내가 저 아이의 마음을 어떻게 하면 더 이해할 수 있을까?'라고 스스로에게 묻는 것, 그것 또한 기투다. 때로 수업이 실패로 끝났을 때도, 낙담 속에서 멈추지 않고 내일을 향해 다시 수업을 설계하려는 마음, 그 역시 기투다. 이런 점에서 교사의 삶은 단순한 반복이 아니라, 던져진 현실을 받아들이면서도 그 안에서 매일 새로운 의미를 만들어가려는 기투의 연속이다.

결국 교사는 자신의 존재를 닫아버리지 않고, 내면을 열어 미래로 향해 가려는 존재다. 던져진 자리에서 멈추지 않고, 가능성을 향해 한 걸음씩 나아가려 애쓰는 마음. 그 안에서 교사는 단순한 지식 전달자가 아닌, 사랑하고 살아가는 존재로 서게 된다. 교사의 기투는 아이들에게 새로운 세계를 열어주고, 자신에게도 더 깊은 존재의 의미를 일깨우는 섬세한 실천이다. 그리고 그 실천이 이어질 때, 교사는 비로소 삶을 깨우치며 삶을 통해 가르치는 사람이 된다.

빌헬름 함메르쇠이(Vilhelm Hammershøi)의 그림을 들여다본다. 아무도 없는 텅 빈 방. 소박하고 조용한 공간 한가운데, 작은 촛불이 은은히 빛나고 있다. 말도 소리도 없는 그 장면은 얼핏 쓸쓸해 보이지만, 오래 바라보고 있으면 그 안에 아주 깊고 단단한 온기가 느껴진다. 아무것도 없어 보이는 그 방 안에도 빛이 있고, 따뜻함이 있다.

우리의 교실도, 우리의 마음도 그렇다. 무엇인가 가득 채워지지 않았을 때, 오히려 그 빈자리에 작지만 귀한 빛이 피어오른다. 지쳐서 멈추고 말없이 앉아 있을 때도, 그 고요한 틈에 다시 시작할 힘이 깃든다. 그러니 너무 두려워하지 말자. 교실이 텅 비어 보이는 날에도, 마음이 공허하게 느껴지는 순간에도, 그 안에는 여전히 당신의 온기와 빛이 있다.

기억하자. 당신은 누군가를 비추는 조용한 빛이고, 따뜻한 숨결이다. 그리고 그 빛은, 언제나 나의 자존으로부터 시작된다.

성찰 질문

- 교사로서 힘든 시간을 견디게 해준 사랑의 원천은 무엇이었나요? (가족, 동료, 학생, 자기 자신 등)
- 자기 자신을 사랑하고 돌보는 것이 교사로서의 역할에 어떤 영향을 미친다고 생각하나요?
- 학생들에게 지식 이상의 것, 곧 사랑과 관심을 어떻게 전하고 있나요?

실천 과제

- **자기 사랑 시간 확보하기:** 매일 15분이라도 온전히 나를 위한, 내가 좋아하는 활동을 하는 시간을 만듭니다.
- **나에게 편지 쓰기:** 내가 나에게 마음을 담은 감사 편지를 써봅니다. 교사로서 잘 버티고 있다고 스스로 격려해 봅니다.
- **교실 속 사랑 실천하기:** 매일 한 명의 학생에게 특별한 관심과 격려를 표현하는 작은 사랑의 행동을 실천합니다.

오늘의 그림

빌헬름 함메르쇠이, 두 개의 촛불이 있는 실내, 1904년.
캔버스에 유채, 67.7 × 55.2cm, 개인 소장

영감을 준 인물들

마르틴 하이데거(Martin Heidegger), 『존재와 시간』(동서문화사, 2016)
하이데거의 핵심 개념은 '현존재(Dasein)'와 '피투성(Geworfenheit)'입니다. 인간은 선택하지 않은 상황에 던져진 존재이며, 그 안에서 자기 고유의 가능성을 실현해야 합니다. 일상의 존재에서 벗어나 '나는 왜 이 일을 하는가'를 묻고, 본래적 존재로 살아가야 한다고 강조합니다. 교사에게 하이데거는 제도와 평가의 무게 속에서도 끊임없이 자기 존재의 의미를 묻고, 자신만의 교육철학을 세울 용기를 줍니다.

무라카미 하루키(Haruki Murakami), 『직업으로서의 소설가』(현대문학, 2016)
하루키는 '일상의 리듬을 통한 창조'와 '내재적 동기에 의한 지속'을 강조합니다. 그는 매일 글을 쓰고 달리며, 창작은 영감이 아니라 꾸준한 훈련에서 나온다고 믿습니다. 교사에게 하루키는 매일의 수업과 준비가 단순한 반복이 아니라 자신만의 교육적 체력을 키우는 훈련임을 일깨워줍니다.

브레네 브라운(Brené Brown), 『마음가면』(웅진지식하우스, 2023)
브라운의 핵심 이론은 '취약성(Vulnerability)'과 '수치심 회복력(Shame Resilience)'입니다. 용기와 창의성은 완벽함이 아니라 불완전함을 받아들이는 데서 시작됩니다. 수치심은 '나는 잘못했다'가 아니라 '나는 잘못된 존재다'라는 파괴적 감정이며, 이를 극복하기 위해 취약성을 인정할 필요가 있습니다. 교사들은 실수하지 않으려 애쓰고 모든 상황을 통제하려 하지만, 오히려 자신의 취약함을 솔직히 드러낼 때 학생들과 진짜 신뢰가 형성됩니다. 브라운의 연구를 통해 교사는 완벽함 뒤에 숨지 않고 진실된 자신으로 교실에 설 용기를 배울 수 있습니다.

수전 데이비드(Susan David), 『감정이라는 무기』(북하우스, 2017)
데이비드의 '감정적 민첩성(Emotional Agility)'은 감정을 억누르거나 휘둘리지 않고 인식하고 수용하며 현명하게 다루는 능력입니다. 감정은 단순한 문제가 아니라 내면의 중요한 신이며, 그 안에는 우리의 가치와 우선순위가 담겨 있습니다. 교사는 좌절, 분노, 질투 같은 감정에 쉽게 휩싸이거나 억누르곤 합니다. 데이비드의 이론은 이런 감정을 무조건 밀어내지 않고, 그 안에서 자신이 소중히 여기는 것들을 찾아보라고 권합니다. 이를 통해 교사는 감정적 소진에서 벗어나 지속가능한 교육자의 삶을 만들어갈 수 있습니다.

알버트 반두라(Albert Bandura), 『자기효능감』(박시옥, 박영스토리, 2018)

반두라의 '자기효능감(Self-Efficacy)' 이론은 자신이 특정한 일을 성공적으로 해낼 수 있다는 믿음이 행동의 질과 결과를 바꾼다고 말합니다. 이 믿음은 성취경험, 타인의 성공 관찰, 격려, 긍정적 정서에서 형성됩니다. 교사들은 '내가 잘할 수 있을까'라는 의문에 흔들리기 쉽지만, 자기효능감을 높이면 더 많은 도전을 시도하고 실패 앞에서도 쉽게 포기하지 않습니다. 반두라의 이론은 작은 성공을 차곡차곡 쌓으며 자신을 격려하고, 동료들의 성공을 관찰하며 배우는 과정을 통해 교사로서의 힘을 기르는 구체적 전략을 제공합니다.

에리히 프롬(Erich Fromm), 『소유냐 존재냐』(까치글방, 2020)

프롬은 삶을 '소유 양식(Having Mode)'과 '존재 양식(Being Mode)'으로 구분합니다. 소유 양식은 무엇을 얼마나 가졌는지로 삶을 평가하고, 존재 양식은 관계와 성장에서 의미를 찾습니다. 교사에게 이 구분은 성과나 평가에 집착하지 않고, 학생과의 만남과 성장 과정 자체에서 기쁨을 느끼라고 권합니다. 프롬의 '생산적 사랑' 개념을 통해 교사는 학생을 통제하려 하기보다, 그들의 가능성을 존중하며 함께 성장하는 방식의 교육을 실천할 수 있습니다.

울리히 벡(Ulrich Beck), 『울리히 벡』(홍찬숙, 커뮤니케이션북스, 2016)

벡은 '위험사회(Risk Society)' 개념을 통해 현대 사회가 불확실성과 위험으로 가득 차 있음을 설명합니다. 누구도 이런 위험에서 완전히 자유로울 수 없으며, 변화에 적응하고 성찰하는 자세가 필요합니다. 교사들은 교육 정책 변화, 학생 문화의 빠른 변화 속에서 불안을 느낍니다. 벡의 사상은 불안을 없애려 애쓰기보다, 그 안에서 새로운 가능성을 발견하고 자기 교육 방식을 성찰하며 개선하는 힘을 기를 것을 제안합니다.

임마누엘 칸트(Immanuel Kant), 『판단력 비판』(박영사, 2017)
칸트의 '미적 판단'과 '반성적 판단력' 개념은 외부 규칙에만 의존하지 않고 개별 상황에서 보편적 의미를 찾아내는 인간의 능력을 강조합니다. 아름다움은 목적을 따르지 않지만 깊은 기쁨을 주며, 상상력과 이해력이 조화를 이룰 때 생겨납니다. 교사는 완벽한 수업 틀에 갇히지 않고, 학생들과 마주하는 순간마다 창의적으로 판단하고 교육적 결정을 내리는 힘을 길러야 합니다. 칸트의 사유는 수업을 하나의 예술로, 학생과의 만남을 창조적 작업으로 바라보게 하는 관점을 제공합니다.

찰스 테일러(Charles Taylor), 『찰스 테일러』(이연희, 커뮤니케이션북스, 2023)
테일러의 핵심은 '진정성(Authenticity)'입니다. 그는 인간이 외부 기준이나 타인의 기대가 아니라 자기 내면의 목소리에 따라 살아야 한다고 강조합니다. 진정성은 자기 인생의 주인으로서 스스로의 가치를 탐색하고 선택하는 데서 비롯됩니다. 교사들은 사회적 기대나 제도적 압박에 끌려가기 쉽지만, 테일러의 사상은 '나는 왜 가르치는가'라는 질문을 통해 자기 신념을 되찾게 합니다. 진정성 있는 교사는 학생들 앞에서 진심으로 설 수 있으며, 자신의 가치관에 따라 일관성 있게 행동할 수 있습니다.

파커 J. 파머(Parker J. Palmer), 『가르칠 수 있는 용기』(한문화, 2024)
파머는 교육은 교사의 내면에서 시작된다고 말합니다. 교사가 자신의 상처와 두려움을 직면하고 치유할 때, 학생들에게도 진정한 영향을 미칠 수 있습니다. 교사들에게 파머의 사상은 '교육은 기술이 아니라 존재에서 나온다'는 통찰을 줍니다. 내면의 용기는 강한 척하는 것이 아니라, 진실한 마음으로 학생들을 마주하는 데서 생겨납니다. 자기 돌봄과 성찰은 교육의 필수 요소임을 일깨워줍니다.

피에르 쌍소(Pierre Sansot), 『느리게 산다는 것』(드림셀러, 2023)

쌍소는 빠름과 성과 중심의 사회에서 '느림'을 통해 삶의 깊이와 의미를 회복할 수 있다고 말합니다. 느림은 시간을 소유하려 하지 않고, 그저 함께 흘러가며 음미하는 태도입니다. 교사들은 바쁜 일상에 쫓겨 중요한 순간들을 놓치기 쉽습니다. 쌍소의 느림 철학은 '교육은 기다림의 예술'이라는 통찰을 줍니다.

헨리 나우웬(Henri Nouwen), 『영적 발돋움』(두란노, 2022)

나우웬은 '상처받은 치유자(Wounded Healer)' 개념을 통해, 상처 입은 사람이 오히려 더 깊은 공감과 도움을 줄 수 있음을 말합니다. 교사들은 완벽해야 한다는 부담을 가질 때가 많지만, 나우웬은 자신의 연약함을 인정할 때 학생들과 진정한 만남이 가능하다고 알려줍니다. 교육은 문제 해결이 아니라, 함께 있어주고 기다려주는 사랑에서 시작된다는 따뜻한 통찰을 줍니다.

2장

디자인
나만의 수업을
예술로 그려가다

01
창조, 수업의 공간을 세워가는 능력

바르셀로나를 떠올릴 때 가장 먼저 떠오르는 이름은 단연 안토니 가우디(Antoni Gaudí)다. 사그라다 파밀리아 성당, 카사 바트요, 카사 밀라, 구엘 공원까지 도시 곳곳에 살아 숨 쉬는 그의 건축물은 단순한 건축을 넘어 예술이 되고, 예술을 넘어 신앙이 된다. 가우디는 곡선과 기하학의 원리를 유기적으로 결합해 '건축'과 '예술'의 경계를 허물었고, 곡선형 기둥과 나선형 계단, 화려한 모자이크 장식은 보는 이의 감각을 일깨우는 그만의 독창적 언어가 되었다.

가우디의 디자인 철학은 자연이라는 위대한 스승에서 출발한다. 그는 자연을 단순히 흉내 내는 것이 아니라, 그 안에 깃든 질서와 생명력, 그리고 신비로움을 과학적인 눈과 신앙의 마음으로 깊이 바라보았다.

그의 대표작인 사그라다 파밀리아 성당 안을 걷다 보면, 나무처럼 뻗은 기둥들이 마치 숲속을 걷는 듯한 착각을 불러일으킨다. 또 스테인드글라스를 통해 들어오는 빛은 하루의 시간과 날씨에 따라 색과 분위기를 달리하며, 마치 살아 있는 공간처럼 변한다. 단지 보기 좋은 장식이나 단단하게 세운 구조가 따로 있는 것이 아니라 하나로 녹아 있다.

일반적인 건물은 벽은 벽대로, 장식은 장식대로 따로 만들어 붙인다. 하지만 가우디의 건축에서는 기둥 하나, 곡선 하나가 모두 구조이면서 동시에 장식이다. 아름다운 디자인에도 기능이 담겨 있으며, 기능을 위한 설계가 아름답다. 그래서 그의 건축은 '보는 것'이 아니라 '경험하는 것'이 된다. 그의 작품은 단순한 건물을 넘어, 그 자체로 자연과 조화를 이루려는 한 인간의 철학이 담긴 '살아 있는 시(詩)'와도 같다.

교사의 수업 디자인 역시 이와 닮았다. 디자인은 단단한 자존의 뿌리 위에서 피어나는 창조의 작업. 교실이라는 빈 캔버스 위에 나만의 철학과 감각, 삶의 이야기를 담아내는 예술 행위다. 하지만 '수업을 디자인하라'는 말을 들었을 때, 많은 교사는 어딘가 멈칫한다. '그럴 시간이 어디 있지?', '그냥 교과서대로 가르치면 안 되나?', '이미 잘 만들어진 자료도 넘치는데' 등 현실적인 고민이 수업 디자인을 거창하고 어려운 일로 느끼게 한다. 그러나 우리는 알고 있다. 내 마음이 들어간 수업과 그렇지 않은 수업은 분명 다르다는 것을.

인간은 본능적으로 자신의 손때가 묻은 것에 애착을 느낀다. 수업도 마찬가지다. 처음엔 남의 수업을 그대로 옮겨 쓰지만, 시간이 지나면서 내 언어, 내 리듬, 내 색감이 묻어나기 시작한다. 그렇게 내 수업에도 점점 '나'라는 교사의 흔적이 배어들고, 그 안에서 비로소 나만의 교육 철학이 자라난다.

위대한 예술가들도 처음부터 자기만의 완성된 스타일을 갖고 있었던 것은 아니다. 피카소가 청색 시대를 지나 장미 시대로, 다시 입체파로 나아갔던 그 여정은, 한 사람의 예술가가 자기만의 색을 찾아가는 과정을 보여준다. 반 고흐 역시 처음에는 어두운 네덜란드 실내의 그림을 그리다가, 점차 강렬한 햇빛이 가득한 남프랑스의 풍경으로 옮겨가며 자신만의 빛을 찾아갔다. 모네도 수없이 같은 풍경을 그려가며, 빛과 색의 변화를 집요하게 탐색했다.

이처럼 '자기 색깔'은 어느 날 갑자기 찾아지는 것이 아니다. 수많은 시도와 실험을 통해, 조금씩 다듬어지고 만들어지는 것이다. 수업도 마찬가지다. 처음부터 성공할 필요는 없다. 중요한 것은 멈추지 않고 계속 시도하는 것, 그 속에서 나만의 길을 만들어가는 것이다.

'나다운 수업'은 아주 작은 순간들을 천천히 되짚어보는 데서 시작된다. 어떤 수업 장면에서 내가 가장 살아 있음을 느꼈는지, 어떤 주제를 가르칠 때 내 말투와 표정이 자연스러워졌는지, 학생들과 감정이 잘 연결되었던 순간은 언제였는지. 그런 기억들을 하나씩 떠올려 보면, 그 안에 이미 나만의 수업 철학이 자라고 있음을 알게 된다.

물론, 자기만의 색깔을 찾아가는 여정은 쉽지 않다. 때로는 길을 잃기도 하고, 다시 시작해야 할 때도 있다. 하지만 그 모든 과정의 바탕에는 한 가지 믿음이 있다. 아직 말로는 다 표현되지 않지만, 내 안에는 분명히 '전하고 싶은 무언가'가 있다는 것. 그것이 바로 교사로서의 창조성이다.

진짜 중요한 것들은 교실에서 아이들과 함께 부딪히고, 겪어내고, 실패해 보는 과정에서 천천히 드러난다. 그래서 우리는 수업 속에서 조금씩 내 목소리를 담아보는 연습을 계속해야 한다. 내가 아끼는 문장을 하나 꺼내어 설명해 보고, 나의 경험이 녹아 있는 이야기를 들려주고, 어떤 순간에는 마음 깊은 곳에서 올라온 질문을 아이들과 함께 나누어보는 것. 그렇게 한 걸음씩 나를 담아낼 때, 수업은 점점 더 '나다운 수업'으로 깊어져 간다.

모든 수업을 완벽하게 디자인할 필요는 없다. 하나의 단원, 하나의 수업에 나의 마음을 온전히 담는 것, 그것이면 충분하다. 일 년에 두세 개의 수업만 내가 직접 설계하더라도 괜찮다. 처음에는 서툴고, 미완성일지라도 진심이 담긴 수업은 그 자체로 충분히 아름답다. 가우디의 사그라다 파밀리아 성당이 아직도 완성되지 않았지만, 그 미완성이 오히려 더 많은 이들의 마음을 움직이듯이 말이다.

그렇게 하나둘 내 손으로 디자인한 수업을 이어가다 보면, 처음에는 보이지 않던 나만의 색이 서서히 드러나기 시작한다. 한 수업만으로는 잘 느껴지지 않았던 나의 성향이, 여러 수업을 이어서 마주하는 순간, 하나의 방향으로 자연스럽게 모여든다.

'아, 나는 이런 수업을 좋아하는 사람이었구나.'
'나는 이렇게 수업하고 싶어 했던 교사였구나.'

그렇게 우리는 수업을 통해 나를 다시 만나고, 시간이 흐르며 내 마음이 향하는 수업을 조금씩 알아차리게 된다. 중요한 것은 디자인의 완성도가 아니다. 교사로서 내 철학과 열정을 담아 수업을 끝까지 끈기 있게 계속해 나가는 것. 그것이야말로 진짜 중요한 일이다.

빌헬름 함메르쇠이에게도 그만의 색깔이 있다. 그의 그림은 조용하고 단정하다. 장식은 없지만 공간이 말한다. '정중동(靜中動)'의 미학. 덜어낼수록 더욱 선명해지는 그의 작품처럼, 수업 디자인 또한 군더더기보다 중심이 살아있을 때 더욱 빛난다. 정보가 아닌 온기, 기술이 아닌 진심. 내가 정말 전하고 싶은 것, 내가 진정으로 믿는 가치가 담겨 있을 때, 수업은 하나의 예술이 된다.

자존이 '나는 누구인가'를 묻는 여정이었다면, 수업 디자인은 '나는 무엇을, 어떻게 가르칠 것인가'를 묻는 실천의 여정이다. 자존이 뿌리라면, 수업 디자인은 그 뿌리에서 피어나는 꽃이다. 단단한 자존감을 갖춘 교사는 유행에 흔들리지 않고 자신의 교육 철학에 따라 수업을 빚어갈 수 있다. 이제 우리는 교육과정의 흐름과 최신 수업 운동을 살펴보며, 교사가 주도적으로 수업을 재구성하는 구체적 방법들을 탐색할 것이다. 내용, 방법, 평가 디자인의 전략을 함께 고민하며, 학생들이 스스로 질문하고 탐구할 수 있도록 이끄는 수업의 가능성을 열어볼 것이다.

이 여정에서 우리는 더 이상 수업의 '모방자'가 아니라, 진정한 '디자이너'가 되어갈 것이다. 그리고 조만간 조용히 깨닫게 될 것이다. 교사가 되기로 마음먹었던 바로 그 순간부터, 당신은 이미 누군가의 마음에 서서히 스며들고 있었다는 사실을. 그것은 기술이 아니라 따뜻한 마음이었고, 단순한 가르침이 아니라, 아이들과 함께 눈을 맞추고 마음을 나누며 만들어간 진실한 시간이었다.

    수업의 디자인은 특별한 능력이 있는 사람들만의 것이 아니다. 사람은 누구나 자신만의 창조성을 지니고 있고, 교사라면 누구나 수업을 디자인할 수 있는 능력이 있다. 마치 모든 사람에게 고유의 목소리와 스타일이 있듯이, 우리에게도 저마다의 교육적 색깔이 있다.
    다시 빌헬름 함메르쇠이의 그림, 〈햇살 속에 춤추는 먼지 입자들〉을 보자. 작품 속 방들은 거의 텅 빈 공간이다. 가구도 사람도 보이지 않지만, 창문 틈으로 스며드는 햇살 속에 먼지 입자들이 은은히 춤춘다. 그 미세한 빛의 움직임이 텅 빈 방에 생명을 불어넣고, 숨겨진 아름다움을 만들어낸다.

    교사의 창조성이란 바로 그런 것이다. 거창하거나 화려한 무엇이 아니라, 일상에서 은은히 퍼지는 빛, 작지만 섬세하게 숨겨진 움직임. 아이의 답변에 귀 기울이는 고요한 순간, 칠판에 천천히 적어 내려가는 손길, 질문 하나를 던지며 교실의 숨결을 살피는 눈빛. 그 모든 작은 몸짓들이 교실을 채우고, 당신만의 수업에 고유한 온기를 불어넣는다.

    교사의 창조성은 멀리서 오는 것이 아니다. 내가 가진 것, 내가 느끼는 것, 내가 매일 교실에서 바라보는 것에서부터 피어난다. 서툴다고 멈출 이유는 없다. 조금 느리고 엉성해도 그 안에서 우리는 배운다. 어쩌면 그 빛은 이미 당신 안에서, 조용히 숨 쉬며 교실을 물들이고 있는지도 모른다.

그러니 이제, 용기를 내어 나만의 수업을 상상하고 만들어보자. 내 안에 이미 있는 그 창조성, 그 디자인 능력을 향해 한 걸음 내디뎌보자. 거기서부터 당신만의 이야기가, 당신만의 수업이 시작된다.

성찰 질문

- 수업 중 어떤 순간에 가장 '살아있다'고 느끼나요? 그때 내 수업은 어떤 모습이었나요?
- 학생들의 마음에 가장 오래 남기를 바라는 내 수업의 핵심 가치나 메시지는 무엇인가요?
- 건축가가 공간에 자신의 철학을 담듯, 내 교육 철학이 가장 잘 드러나는 수업 요소는 무엇인가요?

실천 과제

- **수업 청사진 그리기:** 교과서나 교육과정의 틀을 잠시 내려두고, 이상적인 내 수업의 모습을 자유롭게 그림이나 글로 표현해 봅니다.
- **영감 얻기:** 건축, 예술, 디자인 분야에서 나에게 영감을 주는 인물의 작품과 철학을 탐색하고, 수업에 적용할 아이디어를 발견합니다.
- **수업 디자인하기:** 수업 내용과 목적에 맞게 수업 디자인을 새롭게 구성해 보고, 이 변화가 수업에 어떤 영향을 미치는지 관찰합니다.

오늘의 그림

빌헬름 함메르쇠이, 햇살 속에 춤추는 먼지 입자들, 1900년.
캔버스에 유채, 70 x 59cm, 덴마크 국립미술관(National Gallery of Denmark)

02
빈틈, 틈 속에서 새로운 길을 찾는 발걸음

　안도 다다오의 대표작 중 하나인 '빛의 교회'는 일본 오사카 외곽의 한적한 동네에 자리 잡고 있다. 회색 콘크리트로 지어진 이 건물은 겉으로 보기엔 무채색의 단순한 건축물처럼 보인다. 장식도 없고 화려함도 없다. 하지만 문을 열고 안으로 들어서는 순간, 분위기는 완전히 달라진다. 십자가 모양으로 잘린 벽 틈 사이로 들어오는 빛이 어둠 속을 뚫고 들어오면서, 공간 전체에 말로 표현하기 어려운 경건함과 숭고한 침묵이 감돈다. 차갑게 느껴졌던 콘크리트는 그 빛에 의해 따뜻하게 살아나고, 사람들은 어느새 조용히 숨을 고르게 된다.

　이 작품은 사실 매우 제한된 조건 속에서 만들어졌다. 예산은 넉넉하지 않았고, 건축 규제도 까다로웠으며, 종교 공간이라는 특별한 기능도 갖춰야 했다. 그야말로 삼중의 제약 속에 놓인 상황이었다. 하지만 안도 다다오는 그 제약을 억지로 넘어서려고 하지 않았다. 오히려 그 틀을 깊이 이해하고, 그 안에서 자신만의 언어를 찾아냈다. 그는 '제약을 돌파'한 것이 아니라, 그 안에 머물며 '의미를 새겨 넣는' 방식을 선택한 것이다.

이 장면은 마치 교사들이 교육과정이라는 단단한 틀 안에서 수업을 만들어가는 풍경과 닮아있다. 교사에게는 언제나 따라야 할 기준이 있다. 국가 교육과정, 평가 지표, 행정 지침 같은 것들. 이런 요소들은 수업의 방향과 형식을 일정 부분 제한한다.

많은 교사가 자기만의 색깔을 담은 수업을 꿈꾸지만, 현실에서는 쉽지 않다. 피로와 불안 속에서, 우리는 종종 '창조자'가 아닌 '이행자'의 자리를 선택하게 된다. 그 길이 더 안전하고, 덜 복잡하고 문제에 휘말릴 가능성도 적기 때문이다. 그래서 우리는 예술가가 되기를 바라면서도, 시스템의 부속처럼 살아가는 모순된 현실 속에 서게 된다.

하지만 안도 다다오가 콘크리트와 규제라는 제한된 조건 속에서도 찬란한 빛의 공간을 만들어냈듯, 우리 역시 교육과정이라는 구조 안에서도 충분히 철학적이고 창의적인 수업을 디자인할 수 있다. 중요한 것은 그 틀을 무시하거나 거부하는 것이 아니다. 오히려 그 틀을 깊이 이해하고, 그 안에서 나만의 교육 철학과 언어를 어떻게 펼쳐나가느냐에 달려 있다.

안도 다다오는 법을 어기지 않았다. 그는 주어진 조건 안에서 오히려 더 본질적인 질문을 던졌고, 공간과 인간 사이의 관계를 섬세하게 해석하며 감동적인 경험을 만들어냈다. 이처럼 교육과정도 교사에게 억압이 아니라 창조의 출발점이 될 수 있다. 틀 속에 숨겨진 작은 틈, 그 빈틈을 발견하고 그 안에 의미의 '빛'을 흘려보낼 수 있다면 말이다.

물론 현실은 여전히 쉽지 않다. 우리나라 교육과정은 수십 년 동안 여러 차례 바뀌어 왔지만, 교사들은 여전히 "늘 같은 말만 반복된다"는 피로감을 호소한다. 왜일까? 그것은 교육과정이 교사의 삶이나 교실의 이야기가 아니라, 정책과 행정의 언어로 쓰여 있기 때문이다. 교사들의 경험, 아이들의 목소리, 수업 속 생생한 순간들은 좀처럼 그 문서 속에 담기지 않는다. 그래서 많은 교사에게 교육과정은 '읽고 따라야 할 문서'라기보다, '피하고 싶은 문서'가 되어버린 것이다.

그런데도, 우리가 교육과정을 꼭 읽어야 하는 이유는 분명하다. 교육과정은 단지 국가가 정한 지침이나 명령문이 아니다. 그것은 시대가 교육에 던지는 질문이다. 지금 우리는 '어떤 세상을 살아가고 있고, 앞으로 어떤 삶을 준비해야 하는가?', '아이들에게 필요한 진짜 힘은 무엇인가?' 교육과정 안에는 이런 질문들이 담겨 있다. 그래서 우리는 그것을 '지침'으로만 볼 것이 아니라, '대화'로 읽어야 한다. 그 안에 담긴 흐름을 곱씹고, 그 의미를 나만의 교실 언어로 다시 풀어내는 것, 그것이 수업 디자인의 시작이다.

「2009 개정 교육과정」에서는 '핵심역량'이라는 개념이 등장했다. 단순히 지식을 많이 아는 것이 아니라, '그 지식을 어떻게 활용하고, 타인과 관계 맺고, 실제 삶에 연결할 수 있는가'가 중요해지기 시작한 것이다. 이 흐름은 「2015 개정 교육과정」에서 더 구체화된다. 이 교육과정은 '백워드 설계(Backward Design)'라는 수업 방식에 주목하며, 교사들에게 이런 질문을 던졌다.

"이 수업을 통해 학생들이 정말로 이해해야 할 것은 무엇인가?"

"내가 가르치는 내용을 통해, 학생들은 실제로 어떤 '변화'를 겪어야 하는가?"

백워드 설계는 단지 무엇을 가르칠지를 먼저 정하는 것이 아니라, 무엇을 평가할 것인가, 즉 학생이 진짜로 '할 수 있어야 하는 것'이 무엇인가를 먼저 고민하라고 말한다. 이로써 수업은 단순히 '지식을 전달하는 시간'을 넘어서, 학생이 삶을 살아갈 수 있는 이해와 역량을 기르는, '의미 있는 경험'으로 다시 태어나야 한다는 방향이 제시된 것이다.

「2022 개정 교육과정」은 이전 교육과정의 방향을 한층 더 깊이 있게 확장하며, '개념 기반 교육과정(Concept-based Curriculum)'이라는 관점을 제안하고 있다. 이제는 단순히 많은 지식을 가르치는 것이 목표가 아니다. 오히려 각 교과가 품고 있는 본질적인 생각의 틀, 즉 '핵심 개념'과 '핵심 아이디어'를 중심으로 수업을 설계하자는 것이다.

먼저 '핵심 개념'이란, 한 교과가 세상을 바라보는 가장 중심이 되는 생각의 뼈대를 말한다. 마치 나무의 줄기처럼, 이 개념을 중심으로 수많은 가지처럼 지식이 연결되어 확장된다. 예를 들어, 과학에서는 '에너지', 수학에서는 '패턴', 사회에서는 '민주주의', 국어에서는 '소통'과 같은 개념들이 여기에 해당한다. 이 개념들은 단순한 지식이 아니라, 그 교과가 세상을 해석하는 고유한 방식이다.

'핵심 아이디어'는 무엇일까? 이는 그 개념이 삶의 맥락 속에서 어떤 의미를 가지는지를 드러내는 깊이 있는 문장이다. 단지 '무엇인지'를 아는 것이 아니라, '왜 그것이 중요한지', '어떻게 다른 개념들과 연결되는지', '삶에서 어떤 의미를 가질 수 있는지'를 생각하게 만드는 통찰의 문장이다. 쉽게 말해, 핵심 개념이 씨앗이라면, 핵심 아이디어는 그 씨앗이 자라나 맺는 열매라고 할 수 있다.

'민주주의'라는 개념을 가르친다면, 이에 대한 핵심 아이디어는 이렇게 표현할 수 있다. "시민의 참여는 사회를 변화시킨다." 이 문장은 민주주의를 단순히 정치 체제로 외우는 데서 멈추게 하지 않고, 학생 스스로가 삶과 연결하여 이해할 수 있는 사고의 틀을 제공해 준다. 교사는 이런 문장을 중심으로 수업을 설계하며, 아이들이 그 개념을 진짜로 살아 있는 것처럼 경험하게 돕는다.

이러한 핵심 개념과 아이디어는 한 교과에만 머무르지 않는다. 오히려 교과 간의 연결과 통합을 이끌어내는 실마리가 된다. '민주주의'라는 개념은 국어 시간의 토론 수업 속에서, 사회 시간의 시민 혁명 사례 속에서, 음악 시간의 조화로운 화성 원리 속에서도 다양한 방식으로 살아난다. 하나의 아이디어가 교과마다 다른 빛깔로 구현될 때, 아이들은 세상을 더 입체적이고 유기적으로 이해하게 된다. 그리고 이런 경험은 결국 우리 안에 오래 남는 배움, '영속적 이해(enduring understanding)'로 다가가게 만든다.

이처럼 핵심 개념과 아이디어는 교사에게도 단순한 수업 주제가 아니다. 그것은 수업 전체를 이끄는 철학적 중심축이자, 교사 자신의 교육 언어를 만들어가는 시작점이다. 우리는 아이들이 단지 많이 아는 사람이 아니라, 깊이 이해하고 연결하며, 삶에 적용할 수 있는 사람으로 자라나기를 바란다. 그리고 바로 그 지점에서, 교육과정이 던지는 질문과 교사의 수업 언어가 만나게 된다.

하지만 문서 위에 쓰인 철학이 교실 안의 현실이 되는 일은, 결코 쉽지 않다. 예를 들어 '백워드 설계'는 평가부터 출발해 수업을 설계하라는 의미 있는 제안이다. 하지만 막상 현장에서는 '무엇을 평가할 것인가'에만 집중하다 보면, 학생의 창의성과 탐구력을 이끌어내는 수업을 구상하기 어렵다. 평가가 수업을 이끄는 구조 속에서는, 쉽게 측정되지 않는 배움은 설 자리를 잃기 때문이다.

'핵심 개념'과 '핵심 아이디어' 역시 교육과정 문서에는 명확히 제시되어 있지만, 막상 교사들은 그것을 어떻게 해석하고 수업에 담아낼지 고민하게 된다. 같은 단원을 가르쳐도 교사마다 해석이 다르다 보니, 혼란을 줄이기 위해 많은 이들이 결국 교육과정 예시안을 그대로 따르게 된다. 그렇게 자율성이 주어질수록 오히려 불안은 더 커진다. '틀'에서 자유로워졌지만, 정작 무엇을 어떻게 해야 할지 막막해지는 상황. 자유롭지만 불안하고, 열려 있지만 오히려 길이 보이지 않는, 우리는 그런 복잡한 순간을 맞이하게 되었다. 그래서 우리는 교육과정의 틀을 뛰어 넘기보다는 그 틀 안에서 각자의 방법으로 수업하는 법을 익혀야 했다.

이에 현장의 교사들은 수많은 제약 속에서도 자신만의 경험과 고민을 바탕으로 수업을 새롭게 만들어 왔다. 수업나눔, 하브루타, 비주얼 씽킹, 질문이 있는 수업, 비경쟁 독서토론과 같은 수업 운동들이 바로 그런 것이다. 이런 운동들은 교사들이 교육과정의 틀 안에서 수업에 대한 고민을 멈추지 않은 결과였다.

"나는 지금 무엇을 가르치고 있는 걸까?"
"이 수업이 진짜 학생들에게 의미 있는 시간일까?"

이러한 질문들을 교사들이 어느 날 갑자기 던진 것이 아니다. 현실은 늘 만만치 않았고, 여건은 제한되어 있었으며, 교육과정은 때때로 삶과 동떨어져 있었다. 그럼에도 교사들은 그 틀을 그냥 무시하기보다는, 그 안에서 자신의 질문을 던지고, 자신의 목소리를 더해가며 작은 시도들을 이어왔다. 그것은 정해진 수업을 따라가는 것보다 훨씬 많은 시간과 에너지를 요구하는 일이었지만, 포기할 수 없는 어떤 갈망에서 비롯되었다.

그 갈망은 단순히 '잘해보고 싶다'는 차원이 아니다. 그것은 인간이기에 지닌 창조에 대한 본능, 그리고 교사로서 내 색깔을 찾고 싶다는 존재적 열망에서 비롯된 것이다. 아무리 주어진 구조가 견고해도, 그 안에 조금이라도 내 색깔을 더하고 싶은 마음, 내가 진심으로 믿는 가치를 담고 싶은 소망, 그 마음이 수업 디자인이라는 실천으로 이어진 것이다.

그래서 수업 디자인은 특별한 능력이나 자격을 갖춘 교사들만의 일이 아니다. 그건 교사라면 누구나 마음속에 품고 있는 아주 기본적인 질문에서 시작된다.

'나는 무엇을 가르치고 싶을까?'

'내가 학생들에게 주고 싶은 배움은 무엇일까?'

이런 질문을 잊지 않는 것, 그리고 매일의 교실 속에서 조금씩 나만의 방식으로 수업을 바꿔가려는 노력, 바로 거기서 수업 디자인은 시작된다. 현실은 늘 바쁘고 여유가 없지만, 그 안에서도 내가 진심을 담을 수 있는 작은 가능성을 붙잡아보려는 마음, 그게 바로 교사로서 살아 있다는 증거다.

카스파르 다비드 프리드리히(Caspar David Friedrich)의 그림을 보면, 끝없이 펼쳐진 바다와 흐린 하늘 아래, 한 사람이 조용히 서 있는 모습을 볼 수 있다. 그는 작고 연약해 보이지만, 그 자리에 묵묵히 서 있는 것만으로도 깊은 울림을 준다. 마치, 교육과정이라는 크고 단단한 구조 앞에 선 교사의 모습과도 같다.

교사에게도 '혼자'인 순간이 많다. 수많은 기준과 요구 속에서 흔들릴 수밖에 없다. 하지만 그럼에도 질문을 품고, 아이들을 바라보며, 어떻게든 더 나은 수업을 만들어보려는 마음으로 하루를 살아낸다. 바로 그 순간, 우리는 단순히 주어진 지침을 따르는 사람이 아니라 살아 있는 수업의 창조자가 된다.

내 수업이 아직 완벽하지 않아도 괜찮다. 단 한 차시, 한 단원부터 시작해도 충분하다. 교육과정을 지키면서도, 그 안의 빈틈을 발견하고 그 틈에 나의 목소리, 나의 감정, 나의 상상력을 조금씩 불어넣는 것. 그렇게 시작된 수업이야말로, 진짜 '내 수업'이 된다. 교육과정은 결국 교사들이 써 내려가는 이야기이고, 그 이야기를 가장 따뜻하고 진심 어린 언어로 채워갈 수 있는 사람은 바로 우리 교사다. 그렇게 우리는 빈틈에서 빛난다.

성찰 질문
- 교육과정과 내 교육 철학 사이에서 느끼는 가장 큰 간극이나 고민은 무엇인가요?
- 국가 교육과정의 틀 안에서도 내 수업만의 고유한 색깔을 지키는 비결은 무엇인가요?
- 시간, 공간, 자료의 제약 속에서도 창의적 수업을 위해 발견한 '빈틈'은 무엇인가요?

실천 과제
- **교육과정 원문과 해설서 다시 읽기:** 가르치는 교과의 교육과정 해설서를 읽으며 숨겨진 의도와 가능성을 발견하고, 나만의 해석을 메모합니다.
- **수업 재구성 실험하기:** 한 단원을 선택해 순서를 바꾸거나, 통합하거나, 심화하는 방식으로 재구성해 봅니다.
- **숨은 자원 찾기:** 교육과정 외 수업안에서 활용할 수 있는 내 경험을 한 가지 발견해 수업에 통합해 봅니다.

교육과정 개정의 흐름

수업 혁신 운동 정리

오늘의 그림

카스파르 다비드 프리드리히, 바닷가의 수도승, 1808-1810년.
캔버스에 유채, 110 x 171.5cm, 베를린 국립미술관(Alte Nationalgalerie, Berlin)

오늘의 그림

03
리듬, 수업의 흐름을 만들어내는 기획

나는 교사를 '수업 예술가', '수업 디자이너'라 부르고 싶다. 매일 아침 교실 문을 열고 들어서며, 아이들의 호기심을 자극하고 지식의 세계로 이끄는 창조적 여정을 시작하는 우리는, 그 누구보다도 창의적인 존재다. 그러나 막상 그 '수업'을 '디자인'하라고 하면 마음속에 가장 먼저 떠오르는 감정은 막막함이다. 디자인이란 도대체 무엇일까? 디자이너들이 사용하는 사고방식이나 도구들이 과연 나에게도 있는 걸까? 이런 질문을 품은 채 진도표를 확인하고, 평가 계획을 세우고, 교육과정에 맞춰 수업안을 작성하는 일상을 반복하다 보면, '디자인'이라는 단어는 점점 현실과 멀어지는 듯한 느낌을 준다. 정해진 시간표와 빼곡한 교육과정, 매일 이어지는 루틴 속에서 어느새 창조자가 아니라 기능공처럼 느껴지기도 한다. 하지만 그런 일상 한가운데서도, 나는 여전히 내가 '디자이너'라는 정체성을 놓치고 싶지 않았다. 그래서 스스로에게 묻기 시작했다.

'디자인의 본질은 무엇이며, 그것은 어떻게 나의 수업 안에 살아 숨 쉬고 있는가?'

디자인은 단순한 꾸밈이 아니다. 그것은 목적과 기능, 형태가 조화를 이루며 경험을 만들어내는 창조 행위다. 음악가는 음표와 리듬, 멜로디로 세계를 구축하고, 화가는 색과 형태, 질감으로 마음을 흔든다. 건축가는 공간과 빛, 재료를 통해 사람의 감각을 설계한다. 그렇다면 교사인 우리는 무엇으로 수업을 디자인할까? 나는 시간의 배분, 발문의 배열, 활동의 깊이와 넓이 같은 요소들, 역시 하나의 예술 언어라고 생각했다. 그래서 자연스레 예술 작품과 수업의 언어를 비교하는 작업을 해나갔다.

영화는 어떻게 장면을 배열하고 건축은 어떻게 공간을 설계하며, 미술은 어떻게 색과 형태로 이야기를 담고 음악은 어떻게 리듬과 긴장을 풀어내는지. 그 모든 예술의 방식들을 들여다보는 일은, 곧 내가 수업을 디자인하는 실마리를 찾아가는 여정이기도 했다.

그중에서도 나는 영화감독 쿠엔틴 타란티노에게서 큰 영감을 받았다. 그의 대표작 〈펄프 픽션(Pulp Fiction)〉은 전통적인 시간 순서를 거스르고, 장면들을 자유롭게 배열해 독특한 서사적 구조를 만들어냈다. 관객은 흩어진 장면들을 조합하고 연결하며 이야기를 스스로 완성하는 창의적 경험을 하게 된다. 이는 감독이 관객의 참여를 염두에 두고 치밀하게 설계한 예술적 전략이었다.

건축가 안도 다다오 역시 자신만의 고유한 건축 언어를 통해 공간을 연출했다. 그의 공간은 직선적으로 배열된 구조가 아니라, 시퀀스(sequence)를 가진 시간의 건축이었다. 그는 좁은 통로, 닫힌 벽, 극적인 빛의 대비를 통해 사람들이 같은 공간을 전혀 다르게 느끼도록 이끌었다. 익숙한 길인데도 걷는 동안 감각이 달라지게 하고, 익숙한 장소조차 낯설고 새로운 경험이 되게 한다.

    교사도 예술가처럼 '수업'이라는 시퀀스를 설계하는 창조자다. 우리가 만드는 수업은 단순히 지식을 전달하는 시간이 아니라, 리듬이 있고 장면이 있으며, 감정과 공간이 흐르는 하나의 예술이다. 교사의 수업은 음악처럼 고유한 박자를 가지고 있고, 영화처럼 장면의 전환이 있으며, 건축처럼 공간을 설계한다. 같은 교과서 내용을 다루더라도, 어떤 순서로 이야기를 풀고, 어떤 질문을 던지며, 어떤 방식으로 학생과 만날지는 오직 교사만이 만들어낼 수 있는 감각이다. 그 감각이 바로 수업을 살아 숨 쉬게 만든다.

    이처럼 수업을 디자인한다는 건, 복잡한 기술을 익히는 일이 아니다. 오히려 그것은 나만의 감각을 따라가는 일이다. 그 감각은 거창한 이론에서 오지 않는다. 오랜 시간 아이들과 부딪히고 실패하고 다시 시도하면서, 내 안에 조금씩 쌓여온 삶의 리듬과 생각의 흐름에서 비롯된다. 누군가의 수업 모형을 그대로 따라 하는 것이 아니라, 나의 방식대로, 나의 언어로 수업을 만들어 가는 것. 그게 진짜 수업 디자인의 시작이다.

    나 역시 처음에는 남들이 권하는 방식들을 따라 해보았다. 교육학 책에 나오는 단계들을 외워서 적용해 보고, 워크북을 따라 수업을 구성해 보기도 했다. 하지만 마음 한구석은 늘 어딘가 불편했다. 마치 잘 만들어진 옷인데 내 몸엔 잘 맞지 않는 느낌. 그래서 나는 조금씩 나의 감각을 믿기로 했다. 그렇게 여러 해 동안의 시행착오 끝에, 나는 『교사, 수업에서 나를 만나다』라는 책에서 '마음 열기 – 생각 쌓기 – 날개 달기 – 접속 하기'라는 나만의 수업 흐름을 꺼내놓게 되었다. 이 네 가지는 단순한 수업 단계가 아니다. 수업 속에서 아이들의 마음이 열리고 생각이 깊어지면서, 상상력에 날개가 달려 서로의 삶과 접속되는 여정이다.

수업의 첫걸음인 '마음 열기'는 학생들 안에 잠들어 있던 호기심을 살며시 깨우는 시간이다. 갑작스레 등장한 놀라운 현상, 생각의 틀을 흔드는 질문, 감각을 자극하는 짧은 활동 하나만으로도 학생들의 눈빛은 반짝이기 시작한다. 이때 교실은 더 이상 지식을 주입하는 공간이 아니다. 감정과 상상이 살아나는 작은 놀이터가 된다. 마음이 열린 학생들은 자연스럽게 다음 단계로 걸음을 옮긴다.

'생각 쌓기'는 서로의 생각을 주고받으며, 하나의 주제를 깊이 있게 탐색하는 시간이다. 정답을 맞히는 데서 그치는 것이 아니라 자신의 언어로 개념을 말해보고, 친구의 생각에 귀 기울이며 배움의 지도를 함께 그려나간다. 마치 벽돌을 하나씩 정성스럽게 쌓아 집을 짓듯, 학생들은 스스로 사고의 기반을 다져간다.

그 위에 이어지는 '날개 달기'는 상상의 힘을 더해 자유롭게 비상하는 시간이다. 창의적인 프로젝트에 몰두하고 도전적인 문제를 해결해 보며, 때로는 예술로 자신을 표현하는 과정에서 학생들은 지식의 경계를 넘어서게 된다. 배움은 더 이상 누가 시켜서가 아니라 내가 하고 싶어서 하는 것이 되고, 점점 더 '나답게' 확장된다.

마지막 단계인 '접속 하기'는 배운 것을 삶과 연결하는 시간이다. 오늘의 수업이 내 일상과 어떻게 이어지는지, 사회와 미래에는 어떤 의미로 닿는지를 스스로 찾아보며, 학생들은 배움의 깊이를 더해간다. 수업은 이제 교과서 속 지식을 넘어 자신의 이야기가 된다.

나는 스페인 화가 호아킨 소로야(Joaquín Sorolla)의 작품에서도 수업과 닮은 흐름을 느낀다. 그의 대표작 〈해변 산책〉을 보면, 바람에 흩날리는 흰 드레스가 먼저 시선을 사로잡는다. 이어서 천천히 옆을 걷는 인물들의 움직임, 부드러운 바닷바람, 파도 소리, 햇살이 스치는 결까지, 화면 속 모든 요소가 연속적인 흐름으로 이어진다. 소로야는 하나의 장면 안에 시간과 감정을 함께 녹여내며, 보는 이로 하여금 마치 그 풍경 속을 걷는 듯한 감각을 느끼게 만든다. 나는 수업도 이와 같다고 생각한다. 수업은 단순히 지식을 나열하는 정적인 시간이 아니라, 감정과 생각이 자연스럽게 이어지는 살아 있는 예술이다.

'수업 예술가' 라는 말이 때론 부담스럽게 느껴질 때도 있다. "나는 예술적 감각이 없는데요", "그냥 평범한 교사일 뿐이에요"라고 말하고 싶은 때도 있다. 나만의 수업 흐름을 만든다는 것이, 왠지 특별한 사람만 할 수 있는 일처럼 느껴지기 때문이다. 그래서 시작조차 어려울 때가 많다.

하지만 우리는 이미 나만의 리듬을 가지고 살아가고 있다. 매일 아침 어떤 순서로 커피를 내리는지, 책을 어떻게 읽고 정리하는지, 학생들과 어떤 호흡으로 대화를 이어가는지, 이런 평범한 일상에도 나만의 흐름이 스며 있다. 수업 디자인도 마찬가지다. 거창한 이론에서 출발하는 것이 아니라, 오히려 그런 일상의 감각에서 시작된다. 수업 중 학생의 눈빛이 반짝였던 어느 순간을 기억하고, 그 순간을 어떻게 더 자주 만들 수 있을까를 고민하는 마음. 그것이야말로 진짜 수업 디자인의 시작이다.

그렇다면, 나만의 수업 흐름을 만들어가기 위해 무엇을 고민해야 할까?

모든 교사가 같은 리듬, 같은 모형을 따를 필요는 없다. 나는 문학을 주로 가르치기 때문에 글을 읽고 사유하는 과정을 중심에 두었다. 그래서 '마음 열기 - 생각 쌓기 - 날개 달기 - 접속하기'라는 네 가지 흐름으로 수업을 설계했다. 학생들이 먼저 감정을 열고 텍스트를 통해 생각을 쌓으며, 상상력의 날개를 펼치고 마지막에는 서로의 생각을 연결해 보도록 하는 과정이다.

수학은 또 다르다. 수학에서는 문제 해결의 과정, 즉 '이해 - 시도 - 실패 - 조정 - 해결' 같은 단계가 핵심이 된다. 과학은 '문제 인식 - 가설 설정 - 탐구 설계 - 실험과 관찰 - 결론 도출'이라는 탐구적 리듬을 따라야 한다. 미술은 감정을 발견하고 그것을 표현하는 흐름, 즉 '감각 열기 - 주제 몰입 - 표현으로 옮기기 - 창작 경험 말하기'로 흘러간다. 그리고 역사에서는 '사건 이해 - 원인 탐색 - 결과 분석 - 다른 사건과의 비교 - 현재적 의미 찾기' 같은 분석적 과정이 중요하다.

중요한 것은, 단순히 지식을 나열하는 것이 아니라, 그 교과와 교사에게 맞는 일정한 호흡과 리듬을 만드는 일이다. 그 리듬이 있어야 학생들도 수업 안에서 자연스럽게 몰입할 수 있고, 교사 자신도 흐름을 타며 수업을 만들어갈 수 있다.

수업의 리듬이란 누군가의 틀을 따르는 것이 아니라, 나다운 흐름을 발견하고 만들어가는 여정이다. 그리고 학생들은 그 리듬 속에서 교사의 진정성을 느낀다. 함께 웃고 때로는 울며, 수업이라는 이야기를 함께 완성해 간다. 그것이야말로 교사가 만들어낼 수 있는 가장 고유한 예술이며 교사만이 줄 수 있는 감동이다.

결국 모든 교사는 저마다의 속도와 감각으로 자신만의 길을 걸어간다. 어떤 이는 쿠엔틴 타란티노처럼 파격적인 전개로 수업의 긴장감을 조율하고, 또 어떤 이는 안도 다다오처럼 절제된 구조 속에서 본질을 드러내며, 또 어떤 이는 호아킨 소로야처럼 따뜻한 색채로 학생들의 감정을 물들인다. 그 어떤 모습이라도, 수업이 당신의 진심에서 시작되었다면, 이미 그것은 가장 아름다운 디자인이다.

잠시 멈춰 서서 지나왔던 내 수업을 돌이켜보자. 가장 신이 났던 그 순간 마음이 뜨겁게 뛰었던 그 흐름을 복기해보자. 그 속에 이미, 당신이 좋아하는 수업의 리듬이 있고 당신만의 고유한 길이 있다. 오늘 그 길 위에서 다시 한 걸음 내딛는 당신이야말로, 교실에서 가장 빛나는 예술가다.

성찰 질문

- 나의 수업에는 어떤 흐름과 리듬이 있으며, 그것이 학생들의 에너지와 집중에 어떤 영향을 주나요?
- 수업 중 에너지가 떨어지거나 주의력이 분산될 때 사용하는 나만의 전환 전략은 무엇인가요?
- 영화나 음악처럼 수업에도 '클라이맥스'가 필요하다고 생각하나요? 내 수업의 클라이맥스는 언제인가요?

실천 과제

- **수업 타임라인 그리기**: 최근 한 차시 수업의 흐름을 시간별로 그래프화하고, 학생들의 집중도와 활동 변화를 분석합니다.
- **수업 흐름 다양화하기**: 다음 수업에서 동적 활동과 정적 활동, 개인 작업과 모둠 활동을 의도적으로 번갈아 배치해 봅니다.
- **수업 전환점 설계하기**: 수업에서 학생들의 주의를 새롭게 환기할 2~3개의 전환점을 계획하고 실행해 봅니다.

4단계 수업 모형의 예

교과별 대표적인 수업 모형 안내서

오늘의 그림

호아킨 소로야, 해변 산책, 1909년.
캔버스에 유채, 205 x 200cm, 소로야 미술관(Museo Sorolla, Madrid)

04

질문, 살아 있는 수업을 여는 문

셰프들은 음식의 풍미를 끌어올리기 위해 '킥(kick)'이라는 요소를 사용한다. 킥이란 감각을 깨우는 특별한 한순간. 전체 맛을 단숨에 끌어올리는 작지만 결정적인 마법이다. 소금 한 꼬집, 레몬즙 몇 방울, 향신료 한 스푼. 사소해 보이는 그 한 끗 차이가 평범한 요리를 특별한 경험으로 변모시킨다. 한 유명 요리사는 "완벽한 요리는 마지막 순간에 더해진 그 무엇에 의해 완성된다"고 말한다. 킥은 본질을 흐트러뜨리지 않으면서도, 감각을 일깨우고 새로운 차원으로 이끄는 다리가 된다.

영화에도 킥이 있다. 〈매트릭스〉에서 네오가 빨간 약을 삼키는 순간, 〈기생충〉에서 숨겨진 지하 공간이 드러나는 순간, 〈식스 센스〉에서 주인공이 자신이 유령임을 깨닫는 순간. 이야기의 흐름을 송두리째 뒤흔드는 그 한순간의 충격이 관객의 인식을 전환시킨다. 이런 장면들은 영화를 다 본 후에도 오래도록 마음에 남아, 무엇을 보았고 무엇을 느꼈는지를 끊임없이 되새기게 만든다.

수업 안에서도 킥이 필요하다. 수업의 킥은 '질문'이다. 질문은 학생들의 사고를 깨우는 결정적인 한 방이자, 수업의 리듬과 깊이를 송두리째 바꾸는 촉매제다. 잘 던져진 하나의 질문은 교실 전체의 공기를 바꾸고, 학생들의 생각을 한층 더 높은 차원으로 확장시킨다.

"왜 하늘은 파란색일까?"

색에 대한 이 질문은 빛의 산란, 대기의 구성, 인간의 시각 구조에 이르기까지 폭넓은 탐구로 이어진다. 하나의 질문이 작은 문을 열고, 그 문은 다시 무수한 길로 이어진다. 수업의 킥은, 교실 안에 앉아 있던 학생들을 지식의 우주로 순간이동 시키는 마법이다.

좋은 질문은 단순히 정보를 묻는 것이 아니라, 흩어져 있던 지식의 조각들을 꿰어 하나의 의미 있는 그림을 만들게 해주는 실과도 같다. 또 수업이라는 긴 여정에서 우리가 어디로 가고 있는지 알려주는 나침반이 되기도 한다.

예를 들어 "제1차 세계대전은 언제 일어났나요?"라는 질문은 사실을 확인하는 데는 도움이 된다. 물론 이런 질문도 필요하다. 하지만 수업의 흐름을 바꾸고, 아이들의 사고를 한층 깊게 만드는 질문은 조금 다르다. "전쟁은 사회를 어떻게 바꿨을까?"라는 질문을 던졌을 때, 학생들은 단순한 사건을 넘어 전쟁이 인간의 삶과 사회 구조에 어떤 영향을 주었는지를 생각하게 된다. 이런 열린 질문은 시대를 뛰어넘어, 세상을 바라보는 눈을 키워준다.

그렇다면 이렇게 의미 있는 질문을 만들려면 어떻게 해야 할까? 그 중심에는 '개념적 렌즈'가 있다. 개념적 렌즈란 교사가 세상을 바라보는 특정한 관점, 즉 어떤 현상을 더 깊이 이해하게 해주는 '시각'이다. 그냥 단순히 지식을 분류하는 도구가 아니라, 세상을 어떻게 해석할지 안내해 주는 깊은 틀이라고 할 수 있다. 마치 흐릿한 장면이 안경을 쓰는 순간 선명해지듯, 이 렌즈를 통해 우리는 교과서 속 지식의 진짜 의미를 또렷하게 볼 수 있다.

이 렌즈는 결코 멀리 있는 것이 아니다. 우리는 이미 일상에서 다양한 렌즈를 통해 세상을 보고 있다. 예를 들어, 경제학자는 '효율성'이라는 렌즈로 사회를 분석하고, 생태학자는 '상호의존성'이라는 렌즈로 자연과 인간의 관계를 들여다본다. 인류학자는 '문화'라는 렌즈를 통해 서로 다른 사회를 이해하려 한다.

영화감독 봉준호의 작품에서도 이런 렌즈를 뚜렷하게 볼 수 있다. 그는 '계급'이라는 개념적 렌즈로 세상을 바라본다. 〈기생충〉에서는 반지하에 사는 가족과 부유한 집안의 대비를 통해 사회 안의 빈부 격차를 그려낸다. 〈설국열차〉에서는 열차의 칸마다 계급이 나뉘고, 〈옥자〉에서는 세계적인 대기업과 작은 농가 사이의 극명한 대조를 보여준다. 그가 던지는 핵심 질문은 이렇다. "부와 빈곤이 공존하는 사회에서는 어떤 갈등이 생기는가?" 이 질문은 단지 이야기의 줄거리를 넘어, 그의 세계관과 철학을 담은 탐구의 중심이 된다.

교사도 마찬가지다. 우리가 과학을 '변화와 안정성'이라는 렌즈로 바라본다면, 자연 현상이 어떻게 시간 속에서 유지되고 또 달라지는지를 함께 탐구하게 된다. 수학을 '패턴과 관계'라는 시선으로 보면, 단순한 계산이나 공식을 넘어서 관계의 구조와 그 안에 숨은 질서의 아름다움이 드러난다. 체육을 '도전과 협력'의 렌즈로 본다면, 단지 몸을 움직이는 수업이 아니라, 인간의 내면과 공동체적 성장을 품은 이야기가 펼쳐진다.

이렇게 렌즈가 달라지면 수업도 달라진다. 던지는 질문이 달라지고, 학생들이 수업을 받아들이는 방식도 달라진다. 결국 렌즈는, 우리가 무엇을 묻고 어떻게 생각을 이끌어낼지 결정짓는 깊은 틀이다. 수업 전에 교사가 해야 할 일은 바로 이 '렌즈'를 통해 질문을 준비하는 것이다.

'이 단원의 핵심 개념은 무엇일까?', '이 개념은 삶과 어떻게 연결될 수 있을까?', '학생들이 어떤 관점에서 세상을 바라보면 좋을까?'를 스스로 물어보는 일. 그리고 그 질문을 교실로 가지고 들어가는 일이다. 예를 들어, 과학 수업에서 '물의 순환'을 다룬다면 "물이 어떻게 순환하는가?"라는 질문을 넘어서, "자연은 왜 순환을 멈추지 않을까?", "순환은 우리 삶 속 어디에 있을까?" 같은 질문을 던져보는 것이다. 역사 수업이라면 "조선은 언제 개항했는가?"에서 그치지 않고 "개항은 우리에게 어떤 가능성과 두려움을 열어주었을까?"를 묻는 것이다. 이런 질문들은 지식 그 자체보다 더 깊이, '생각하는 힘'으로 학생들을 이끈다.

그런데 좋은 질문은 쉽게 만들어지지 않는다. 많은 교사가 수업 준비 중 이런 고민을 한다. '이 단원에서 어떤 질문을 해야 하지?', '이 내용을 어떻게 물어야 학생들이 깊이 들어올까?' 하지만 진짜 질문은 수업 직전에 억지로 끌어내려 할 때보다, 교사 스스로 그 주제에 대해 마음이 움직일 때 자라난다.

"이 단원을 보며, 나는 무엇이 궁금한가?"

"이 주제를 통해 나는 어떤 이야기를 펼치고 싶은가?"

이처럼 교사의 순수한 지적 호기심에서 시작된 질문은, 단순한 수업 활동을 넘어서 수업의 흐름과 구조, 리듬을 바꾸어 놓는다. 그 질문은 교과의 핵심 개념을 관통하는 렌즈가 되고, 학생들의 사유를 열어주는 열쇠가 된다. 결국, 좋은 질문은 학생에게 도달하기 전에 교사의 마음속에서 먼저 태어나야 한다. 그 진심 어린 시작이 수업을 깊이 있게 만들고, 교사와 학생이 함께 살아 있는 배움으로 걸어가게 한다.

이런 질문의 속성을 잘 알려주는 그림이 있다. 바로 피터 펜디(Peter Fendi)의 그림 〈엿보기〉이다. 이 그림은 문틈 사이로 살짝 세상을 들여다 보는 호기심이 가득한 소녀를 보여준다. 그림 속 소녀는 문틈 너머로 조용히 시선을 보낸다. 무엇이 있는지 다 알지 못해도, 무언가 신비한 힘에 이끌리듯, 마음은 이미 그 안으로 향해 있다.

질문이란 바로 그런 것이다. 강요하거나 다그치지 않아도, 마음을 살짝 건드려 더 보고 싶게 하고, 더 알고 싶게 만드는 힘. 질문은 답을 향해 달려가는 것이 아니라, 마음을 여는 작은 틈이다. 그 시작은 거창하지 않다. 학생들에게 질문하기 전에, 교사인 내가 먼저, 내 수업에서 실문을 던지는 작은 시도. 그 한 걸음에서부터, 교실은 다시 살아난다. 그것이야말로 나만의 수업을 디자인하는 진짜 시작이다.

성찰 질문

- 내 수업안에서 가장 활발한 대화와 사고를 이끌어낸 질문은 무엇이었나요?
- 학생들의 호기심과 질문을 억누르는 내 수업의 요소가 있다면 무엇일까요?
- 질문이 중심이 되는 수업을 위해 교사로서 가장 필요한 태도나 기술은 무엇이라고 생각하나요?

실천 과제

- **핵심 질문 만들기:** 다음 주 수업 단원에서 학생들의 깊은 사고를 자극할 수 있는 본질적 질문 세 가지를 미리 준비합니다.
- **질문 후 기다림 연습하기:** 질문 후 최소 5초 이상 기다리는 연습을 하며, 학생들의 사고와 참여 변화를 관찰합니다.
- **학생 질문 시간 만들기:** 수업안에서 '질문 시간'을 만들어 학생들이 수업 중 떠오른 질문을 자유롭게 기록하고 서로 이야기할 수 있게 합니다.

오늘의 그림

피터 펜디, 엿보기, 1833년.
종이에 수채화, 27 x 20.5cm, 개인 소장.

• 부록 •

좋은 질문 만들기 안내서

❖ **효과적인 질문을 만들기 위한 팁**

1. **열린 질문 사용하기:** '예/아니오'로 답할 수 있는 닫힌 질문보다는 다양한 답변이 가능한 열린 질문을 활용하세요.
2. **생각할 시간 제공하기:** 질문 후 즉각적인 답변을 기대하기보다 학생들이 충분히 사고할 수 있는 시간을 제공하세요.
3. **의미 있는 피드백 제공하기:** 단순히 '맞다/틀리다'라고 평가하기보다 학생의 사고 과정에 대한 통찰력 있는 피드백을 제공하세요.
4. **학생들의 생각 연결하기:** "○○가 좋은 이야기를 했어요. 더 보완해서 이야기하고 싶은 사람?"과 같은 표현으로 학생들 간의 사고를 연결해 주세요.
5. **점진적 질문 발전시키기:** 간단한 질문에서 시작하여 점차 복잡하고 깊이 있는 질문으로 발전시켜 나가세요.
6. **모범 사례 보여주기:** 교사 자신도 질문에 답하며 질문과 답변의 과정을 두려워하지 않는 모습을 보여주세요.

❖ **질문의 다섯 가지 유형과 활용 예시**

※ 활용 원리
- 다음의 질문 단계에 맞춰 구성하면 학습의 깊이를 더할 수 있습니다.
- 기본적으로는 '사실-추론-비판-창의-성찰' 순서대로 진행하는 것이 자연스러운 사고의 흐름을 만들어주지만, 수업 상황이나 선생님의 교육 철학에 따라 순서를 조정하셔도 좋습니다.
- 수업 계획 단계에서 단계별로 질문을 미리 준비해 두면 체계적인 수업 진행에 큰 도움이 됩니다.

1. 사실적 질문

사실적 질문은 학생들의 기초 지식을 확인하는 데 유용합니다. 수업 초반에 이전 학습 내용을 상기시키거나 핵심 개념을 점검할 때 활용하세요. 예를 들어 "이 사건이 일어난 연도는 언제인가요?" 또는 "등장인물의 이름은 무엇인가요?"와 같은 질문으로 학습 기반을 다질 수 있습니다.

2. 추론적 질문

추론적 질문은 학생들이 주어진 정보를 넘어 더 깊이 생각하도록 돕습니다. "주인공이 그 행동을 선택한 이유는 무엇이라고 생각하나요?" 또는 "이 사건이 이후 역사에 어떤 영향을 미쳤을까요?"와 같은 질문으로 학생들의 사고를 확장시킬 수 있습니다.

3. 비판적 질문

비판적 질문은 학생들이 정보나 주장의 타당성을 평가하도록 유도합니다. "이 인물의 결정은 옳은 것이었나요?"나 "저자의 주장에 동의하는 이유 또는 동의하지 않는 이유는 무엇인가요?"와 같은 질문으로 학생들의 분석 능력을 기를 수 있습니다.

4. 창의적인 질문

창의적인 질문은 학생들의 상상력과 독창성을 자극합니다. "만약 주인공이 다른 선택을 했다면 어떤 결과가 벌어졌을까요?" 또는 "이 개념을 현대 사회나 다른 상황에 적용하면 어떤 모습일까요?"와 같은 질문으로 새로운 관점을 탐색하도록 할 수 있습니다.

5. 성찰적인 질문

성찰적인 질문은 학습 내용을 학생들의 개인적 경험과 연결시킵니다. "오늘 배운 내용을 내 삶에 어떻게 적용할 수 있을까요?" 또는 "이 학습을 통해 내 생각이나 행동에 어떤 변화가 있었나요?"와 같은 질문으로 의미 있는 학습 경험을 만들 수 있습니다.

❖ 단계별 질문 만들기 예시

1. 역사 교과: 산업혁명
   - 사실적 질문: "산업혁명이 시작된 시기와 장소는 어디인가요?"
   - 추론적 질문: "산업혁명이 영국에서 시작된 이유는 무엇일까요?"
   - 비판적 질문: "산업혁명이 가져온 변화는 모두에게 긍정적이었을까요?"
   - 창의적 질문: "산업혁명이 현대에 다시 일어난다면, 그 과정은 어떻게 달라질까요?"
   - 성찰적 질문: "산업혁명으로 인한 기술 발전이 내 삶에 미치는 영향 중 가장 중요한 것은 무엇인가요?"

2. 국어 교과: 소설 읽고 토론하기
   - 사실적 질문: "소설 속 주인공의 주요 고민은 무엇인가요?"
   - 추론적 질문: "이 인물이 그런 행동을 한 이유는 무엇일까요?"
   - 비판적 질문: "이 인물의 선택은 과연 옳았을까요? 그렇게 생각하는 이유는 무엇인가요?"
   - 창의적 질문: "주인공이 다른 상황에서 태어났다면, 이야기는 어떻게 달라졌을까요?"
   - 성찰적 질문: "이 인물과 내가 비슷한 상황에 놓인다면 나는 어떻게 행동할 것인가요?"

3. 과학 교과: 생태계 보호
   - 사실적 질문: "생태계에서 생산자의 역할은 무엇인가요?"
   - 추론적 질문: "특정 생물이 사라졌을 때, 생태계에는 어떤 변화가 일어날까요?"
   - 비판적 질문: "현재 우리 사회가 생태계 보존을 위해 하고 있는 노력은 충분하다고 생각하나요?"
   - 창의적 질문: "생태계를 보호하기 위한 미래의 새로운 기술은 어떤 것들이 있을까요?"
   - 성찰적 질문: "나의 일상생활에서 생태계를 보호하기 위해 구체적으로 실천할 수 있는 방법은 무엇인가요?"

05

이야기, 작은 세계를 수업 속에 펼치는 장면

"저는 항상 가장 개인적인 것이 가장 창의적인 것이라고 믿습니다."

봉준호 감독이 아카데미 시상식에서 수상 소감을 전하며 한 이 말은, 창작의 본질을 단순하고도 깊게 보여준다. 그는 마틴 스코세이지 감독을 인용하며, 자신에게 영감을 주는 것은 멋진 이론이 아니라 오히려 일상의 관찰과 개인적인 경험이라고 이야기했다.

실제로 그의 영화들은 그런 작은 순간들에서 시작되었다. 〈괴물〉은 한강에서 이상한 생명체를 목격했다는 뉴스에서, 〈기생충〉은 대학 시절 과외를 하며 직접 겪은 계층 간의 간극에서 영감을 얻었다. 〈설국열차〉는 프랑스의 그래픽 노블에서, 〈옥자〉는 공장식 축산을 다룬 다큐멘터리에서 출발했다. 봉준호 감독은 이렇게 다양한 이야기들을 자신만의 시선으로 다시 엮어, 완전히 새로운 이야기로 재탄생시킨다. 그리고 그 이야기들은 하나같이 우리에게 날카롭고도 깊은 질문을 던진다.

핵심 개념으로 이야기 수집하기

교사의 수업 설계도 이와 다르지 않다. 다양한 이야기는 수업을 풍요롭게 만드는 시작점이다. 그러나 이야기를 모으기에 앞서 반드시 선행

되어야 할 것은 핵심 개념과 핵심 질문의 설정이다. 이 두 가지가 없으면 방향 없는 이야기, 단지 흥미 위주의 자료들만 모이게 되어 자칫 배움이 희미한 수업이 될 수 있다.

좋은 이야기를 모으기 위해서는 교육과정에 제시된 성취 기준, 그 안에 담긴 핵심 개념, 그리고 그것을 중심으로 한 핵심 질문을 잘 설정해야 한다. 그러나 이 작업은 많은 교사들에게 쉽지 않은 과정이다. 앞서 이야기했듯, 아직 개념 렌즈가 충분히 갖춰지지 않은 경우, 핵심 개념을 바탕으로 질문을 만드는 일이 막막하게 느껴지기도 한다. 이럴 때는 대략적인 질문의 틀만 세워 놓고, 다양한 이야기를 수집해 가며 점차 탐구 질문을 구체화해 나가는 것도 좋은 방법이다.

이렇게 수집된 이야기들은 단순한 보조자료가 아니다. 이야기가 담긴 수업은 학생들이 교과서 밖의 세계를 탐험하게 하고, 사고를 자극하며, 새로운 사유의 문을 여는 출발점이 된다. 그리고 그 자극은 학생에게만 일어나는 일이 아니다. 교사 역시 이야기를 수집하면서, 자신의 지적 호기심을 따라 다시 배우고 다시 탐구하게 된다. 그 과정에서 교사는 더 깊고 본질적인 질문을 만나게 된다. 이야기를 모아가는 일은 교사에게도 또 하나의 배움 여정이 되는 것이다.

이때 이야기 수집은 크게 네 가지 방향으로 접근할 수 있다. 바로 나(교사 자신의 삶과 경험), 학생(학생들의 관심과 현실), 미디어(영상, 기사, 책 등 다양한 자료), 교과(개념과 지식의 흐름)이다. 이 네 방향에서 채워지는 이야기들은 수업을 더욱 풍성하게 하고, 학생의 배움을 살아 있는 경험으로 이끈다.

먼저, '나의 이야기'. 교사로서 개인적인 경험과 고민은 가장 깊고 진실한 수업 자원이 된다. 한 번쯤 잊고 지냈던 기억 속의 장면, 우연히 마음을 건드렸던 책 한 줄, 거리를 걷다 문득 떠오른 생각 하나도 모두 이야기가 될 수 있다. 예를 들어 "권력은 어떻게 행사되어야 하는가?"라는 질문을 수업의 중심에 두었다면, 아파트 주민 회의에서 갈등을 조율했던 경험이나, 학창 시절 학급 임원으로 활동하며 느꼈던 책임과 갈등이 수업에 생기를 불어넣는 살아 있는 소재가 될 수 있다.

두 번째는 '학생의 이야기'다. 교사는 학생들의 일상과 관심사 속에서 배움의 언어를 발견할 수 있어야 한다. 아이들이 요즘 즐겨보는 콘텐츠, 쉬는 시간에 나누는 대화, 학교 안에서 벌어지는 소소한 사건들. 그 안에 그들만의 세계가 있다. '민주주의'를 다룰 때, 학급 규칙을 만드는 과정, 학생회 선거, 친구들 간의 갈등을 풀어가는 방식 같은 실제 경험은 아이들에게 배움이 '지금, 여기'의 일이 되게 만든다.

세 번째는 '미디어의 이야기'다. 영화, 드라마, 뉴스, SNS 등은 언제나 현재를 비추는 창이다. 교사는 이 창을 통해 사회와 세계의 흐름을 수업 안으로 끌어올 수 있다. '권력'과 '민주주의'를 다룬다면, 최근의 선거 뉴스, 역사적 연설 영상, 드라마 속 정치적 갈등 장면 같은 콘텐츠는 교실에 깊은 생각과 날카로운 질문을 불러온다.

마지막은 '교과의 이야기'다. 교육과정 안에는 수많은 개념과 지식이 있지만, 그것을 질문과 연결하는 순간 교과는 다시 살아난다. '민주주의'를 주제로 삼았다면, 사회 교과의 정치 제도 개념, 역사 속의 민주화 운동, 문학 작품 속 저항과 자유의 이야기 등을 엮어 수업의 맥락을 더 깊고 넓게 확장할 수 있다. 타 교과와의 연결도 훌륭한 이야기 자원이 된다.

이야기 연결하고 탐구 질문 다시 만들기

수업을 만든다는 것은 단순히 정보를 배열하는 일이 아니다. 그것은 마치 하나의 이야기를 엮어가는 작업이며, 작은 영화를 편집하는 일과도 같다. 교사가 수업을 디자인한다는 것은, 흩어진 이야기들을 자신만의 시선으로 연결해 학생들의 사고와 감정이 자연스럽게 흐를 수 있도록 하나의 여정을 만들어내는 일이다. 그 여정은 단순한 지식의 전달이 아니라, 학생이 자신의 삶과 생각을 연결하며 의미를 발견하는 과정이 되어야 한다.

이런 수업 설계의 본질을 잘 드러내는 그림이 르네 마그리트(René Magritte)의 〈인간 조건〉이다. 이 그림 속에는 창문 앞에 놓인 캔버스가 등장하는데, 그 안에는 창밖의 풍경이 고스란히 그려져 있다. 흥미로운 점은, 우리가 보고 있는 것이 실제 풍경인지, 아니면 그림 속 그림인지를 분간할 수 없다는 데 있다. 마그리트는 이 작품을 통해 현실과 상상, 사실과 재현의 경계를 허문다.

수업도 마찬가지다. 단순히 교과서 지식을 나열하는 것이 아니라, 현실과 상상, 일상과 교과, 감정과 개념이 유기적으로 연결되는 장이 되어야 한다. 수업의 진짜 힘은, 서로 다른 요소들을 어떻게 새롭게 연결하느냐에 달려 있다.

광고인 이제석도 "창의성은 서로 다른 두 가지를 연결하는 능력"이라고 말했다. 그의 광고는 평범한 일상 속 대상을 새롭게 바라보게 만들며, 익숙함 속에서 전혀 새로운 메시지를 끌어낸다. 교사 역시 수업에서 전혀 다른 이야기들을 자신만의 감각으로 연결해 낼 수 있다. 여기서 중요한 것은, 단순히 낯선 소재를 끌어오는 것이 아니라 서로 다른 것들 사이에서 공통된 의미나 차이를 발견하는 감각이다. 두 이야기가 만나는 접점에서 질문이 재탄생한다. 이야기를 모으기 위해 던졌던 최초의 '핵심 질문'은 이야기들이 창의적으로 결합하는 과정에서 점차 더 깊고 흥미로운 '탐구 질문'으로 확장된다. 아래는 이야기가 창의적으로 연결되어 만들어진 탐구 질문들이다.

※ 이야기가 연결된 탐구 질문 예시

- 미술의 자화상 + 현대인들의 셀카
    → "우리는 왜 나 자신을 기록하려 하는가?"
- 2차 세계대전 동맹 관계 + 교실 친구 관계 지도
    → "관계의 연결망은 갈등을 어떻게 확대하거나 완화하는가?"
- 학급 자리 배치 문제 + 한국 도시 형성 과정
    → "공간 배치는 인간 관계에 어떤 영향을 미치는가?"

탐구 질문으로 수업 흐름 만들기

'핵심 질문 만들기 → 이야기 다양하게 수집하기 → 이야기 창의적으로 연결하기 → 탐구 질문 다시 만들기'로 이어지는 과정에서, 교사는 자신이 하고 싶은 수업 활동을 점점 더 정교하게 다듬게 된다. 그리고 이 과정은 자연스럽게 한 단원의 수업을 구성해 가는 아이디어를 주고, 교사는 탐구 질문을 중심으로 자신만의 수업 흐름으로 수업 활동을 디자인할 수 있게 된다.

※ 4단계 수업 흐름 예시
핵심 질문: "공간은 어떻게 우리를 변화시키는가?"

① 마음 열기
   자리에 따른 내 마음 살피기
   → 지금 내가 앉아 있는 자리에서 느끼는 감정과 생각을 가만히 들여다본다. 앞자리라 부담스러운지, 뒷자리라 편한지, 창가라 외로운지, 친구 옆이라 안심되는지 등. 자리는 단순히 공간이 아니라 나의 감정과 연결된다는 사실을 깨닫는다.

② 생각 쌓기
   한국의 도시 변화에 따른 사람의 의식 구조 변화 살피기
   → 조선시대 한양의 권력 중심 도시, 산업화 시기의 강남·강북 분화, 신도시의 설계와 현실 격차를 통해, 도시의 공간 구조가 그곳 사람들의 의식과 관계 방식을 어떻게 변화시켜왔는지 살펴본다.

③ 날개 달기
   교실 공간 배치를 달리 해서 우리 관계가 어떻게 다른지 생각해보기
   → 모둠별로 교실 공간을 새롭게 디자인해본다. 예를 들어 토론 중심 원형 배치, 혼자 몰입하는 개인 공간, 자유롭게 이동하는 열린 구조 등. 그 배치 속에서 우리가 어떻게 행동하고 서로를 대할지

상상해본다.

④ 접속하기

우리 반이 협력할 수 있는 가장 이상적인 공간 배치 토의하기

→ 지금 우리 학급에 필요한 것은 무엇일까? 더 잘 소통할 수 있는 자리일까, 모두가 존중받는 자리일까? 모둠별로 가장 이상적인 학급 공간 배치를 설계해보고, 그 안에 담긴 가치와 이유를 토의한 뒤 함께 나눈다.

이처럼 탐구 활동은 수업의 한 코너나 흥미 요소에만 머무는 것이 아니라, 교사가 설계하는 수업 전체의 흐름 안에서 유기적으로 자리 잡아야 한다. 질문을 중심에 두고, 다양한 이야기들을 찾고 창의적으로 연결해 학생들이 점점 더 깊이 사고하고, 더 넓게 상상하며, 더 가까운 일상과 접속할 수 있도록 만드는 것. 그것이야말로 교사의 창조적 설계의 본질이다.

여기서 중요한 점은 여러 활동 중에서도 가장 중심이 되는 탐구 활동을 먼저 구성해 주면, 수업 디자인이 조금은 수월하다는 점이다. 나의 경우 교과의 이야기와 삶의 이야기를 결합해 2단계(생각 쌓기)에 배치한 뒤, 이를 중심으로 1단계(마음 열기)에서는 준비 질문을, 3·4단계(날개 달기, 접속하기)에서는 생각의 확장과 삶의 연결을 디자인한다. 이렇게 중심축이 세워지면 복잡해 보이던 수업 설계가 생각보다 자연스럽게 흘러가고, 다른 활동들도 하나의 단원으로 매끄럽게 연결된다.

결국 강력한 활동이 중심에 놓일 때, 수업 디자인은 어렵기만 한 일이 아니라 즐겁고 창조적인 작업으로 변한다. 그리고 바로 그때, 교실은 살아 있는 탐구와 배움의 공간으로 환하게 빛난다.

위대한 예술가들도 처음부터 특별했던 것은 아니다. 그들 역시 모방과 실험에서 시작했다. 피카소는 고전 미술의 기본기를 완벽히 익힌 후에야 자신의 독창적인 스타일을 만들어냈다. 봉준호 감독 또한 히치콕, 스필버그 같은 선배 감독들의 영화를 수백 번 보고, 분석하면서 비로소 자신만의 색깔을 찾아갔다. 그 과정은 빠르지도 않았고 화려하지도 않았다. 그러나 그 오랜 시간 속에서 창의성은 조금씩 단단하게 자라났다.

한국의 많은 선생님들이 가장 힘들어하는 질문이 있다.
"어떻게 하면 창의적인 수업, 재미난 수업, 몰입 있는 수업을 디자인할 수 있을까?"

하지만 그 답은 멀리 있지 않다. 그것은 교과서 속에서만 찾을 수 있는 것도 아니고, 화려한 수업 방법이나 세련된 수업 자료에서만 오는 것도 아니다. 결국 답은 교사 자신의 삶 안에 있다. 좋은 수업은 좋은 이야기를 내 삶에서 발견하고, 그것을 학생들과 연결해 의미 있는 활동으로 엮어내는 데서 시작된다.

수업은 이야기다. 완벽한 계획표나 세련된 자료가 교실을 움직이는 것이 아니라, 교사 자신의 이야기, 교사만의 시선, 교사의 진심 어린 마음이 교실을 움직인다. 그 이야기들이 잘 연결될 때, 학생들은 더 깊이 사고하고, 더 넓게 상상하며, 더 가까운 현실과 만나게 된다.

그래서 이 진실이 마지막에 조용히 빛난다.

"가장 개인적인 것이, 가장 창의적인 것이다."

결국 당신의 이야기로부터, 당신의 수업은 시작된다.

성찰 질문
- 내 일상 경험과 관심사가 수업에 자연스럽게 녹아든 순간은 언제였나요?
- 교과서와 실생활을 연결하는 나만의 독특한 접근법이 있다면 무엇인가요?
- 학생들의 일상과 교과 내용을 창의적으로 연결한 가장 성공적인 수업 사례는 무엇인가요?

실천 과제
- **일상-교과 연결 지도 그리기:** 내 취미, 관심사, 일상 경험과 교과 내용 사이의 연결점을 시각적으로 지도화해 봅니다.
- **학생 일상 탐색하기:** 학생들에게 그들의 관심사, 취미, 일상 등을 물어보고, 이를 수업 소재로 활용할 방법을 고민합니다.
- **미디어 연결하기:** 학생들이 좋아하는 영화, 음악, 게임, SNS 등과 교과 내용을 연결하는 수업 활동을 기획해 봅니다.

오늘의 그림

르네 마그리트, 인간 조건, 1933년.
캔버스에 유채, 100 x 81cm, 워싱턴 국립미술관(National Gallery of Art, Washington D.C.).

• 부록 •

창의적인 수업, 재미난 수업 만들기

❖ **창의적으로 수업 내용 만들기**

1. 낯익은 것을 낯설게 바라보기

이 원리는 익숙한 개념이나 사물을 새로운 관점에서 보는 것을 의미합니다. 학생들이 이미 알고 있는 지식이나 경험을 다른 맥락에서 재해석함으로써 고정관념을 깨고 새로운 사고의 길을 열게 됩니다. 예를 들어, 일상적인 물건의 용도를 완전히 다르게 상상해 보거나, 친숙한 이야기를 다른 시대나 배경에 옮겨 생각해 보는 활동이 이에 해당합니다.

2. 학생 경험과 교과 내용의 연결

학생들의 개인적 관심사와 일상 경험을 교과 내용과 연결할 때 학습은 더욱 의미 있게 됩니다. 이는 추상적인 개념을 구체적인 경험으로 변환하는 과정으로, 학생들이 "이것이 내 삶과 어떤 관련이 있는가?"라는 질문에 답을 찾도록 도와줍니다. 예를 들어, 수학 개념을 요리나 쇼핑과 같은 일상 활동에 적용하거나, 역사적 사건을 현대의 이슈와 연결하는 방식입니다.

3. 교과 간 융합과 다양한 상황 적용

서로 다른 교과 영역을 연결하거나 한 가지 개념을 다양한 상황에 적용해 보는 것은 학생들의 통합적 사고력을 키웁니다. 예를 들어, 문학 작품을 과학적 원리로 분석하거나, 미술 기법을 수학적 개념과 결합하는 활동은 학생들에게 지식의 경계를 넘나드는 경험을 제공합니다.

4. 학생 주도 탐구와 질문 생성

창의적 활동의 핵심은 학생들이 스스로 질문을 던지고 답을 찾아가는 과정에 있습니다. 교사가 모든 정보를 전달하기보다는, 학생들이 호기심을 가지고 질문을 생성하고 탐구할 수 있는 환경을 조성하는 것이 중요합니다. 이를 통해 학생들은 자연스럽게 비판적 사고와 문제 해결 능력을 기르게 됩니다.

❖ 창의적으로 활동 디자인하기

1. 다양한 표현 방식의 활용

프로젝트, 토론, 체험활동, 예술적 표현 등 다양한 방식으로 학습 내용을 표현하도록 하는 것은 학생들의 다중 지능을 개발하고 개인별 강점을 발휘할 기회를 제공합니다. 이는 또한 동일한 주제나 개념을 여러 각도에서 살펴볼 수 있게 함으로써 깊이 있는 이해를 촉진합니다.

2. 협업과 공유의 중요성

창의적 활동은 종종 협업적 환경에서 더욱 효과적으로 이루어집니다. 학생들이 서로의 아이디어에 영감을 받고, 다양한 관점을 경험하며, 함께 문제를 해결해 나가는 과정은 사회적 학습의 중요한 측면입니다. 이러한 협업은 창의적 사고뿐만 아니라 의사소통 능력과 사회적 기술도 함께 발달시킵니다.

이러한 원리들은 궁극적으로 학생들이 수동적 지식 수용자가 아닌 능동적 지식 창조자로 성장하도록 돕는 데 목적이 있습니다. 교사는 이 과정에서 지식 전달자보다는 안내자이자 촉진자로서 학생들의 창의적 여정을 지원하는 역할을 합니다.

3. 단계별 발판 만들기

창의적 활동은 한 번의 도전으로 완성되지 않습니다. 학생들에게 필요한 것은 스프링이 아닌 계단입니다. 쉬운 것에서부터 점점 어려운 활동으로 나아갈 수 있도록, 활동 간의 난이도와 인지적 요구 수준을 고려하여 '발판'을 마련하는 것이 중요합니다.

특히 '질문 만들기', '주장하기', '새로운 시나리오 구성하기'처럼 복잡한 활동은 그에 앞서 배경지식 정리, 사례 비교, 개념 정리 등의 사전 활동을 통해 점차 사고를 확장해야 합니다. 단계별 발판을 만들면 학생들은 도중에 포기하지 않고, 작은 성공을 통해 자신감을 얻으며, 결국 높은 인지적 도전에도 도달할 수 있습니다.

4. 배움의 장벽 제거하기

창의적 활동은 흥미롭지만, 모든 학생에게 쉬운 것은 아닙니다. 학습자의 관점에서 수업의 흐름을 미리 상상해 보고, 그들이 어려워할 만한 지점 예를 들어 낯선 단어, 배경지식 부족, 높은 수준의 추론 요구 등을 사전에 점검하고 대비하는 설계가 필요합니다. 중요한 개념어는 활동 전에 미리 정의해주고, 추론이 요구되는 질문은 그 전에 사실적 이해 활동을 충분히 제공해야 합니다. 학습의 문턱을 낮추는 일은 창의성을 포기하는 것이 아니라, 오히려 더 많은 학생이 그 창의성에 도달할 수 있도록 다리를 놓는 일입니다. 이는 교사의 섬세한 민감성과 배움에 대한 깊은 상상력에서 비롯됩니다.

06
단순함, 덜어내며 깊어지는 방법

파블로 피카소(Pablo Picasso)가 처음부터 단순한 그림을 그린 예술가는 아니었다. 오히려 그의 초기 작품들을 보면, 눈앞의 현실을 놀라울 만큼 정교하고 섬세하게 묘사한 그림들이 대부분이다. 사실에 가까운 묘사, 화려한 색채, 복잡한 구성이 그의 젊은 시절을 수놓았다. 하지만 시간이 흐르면서 피카소는 점점 다른 길을 걷기 시작했다. 그는 스스로에게 물었을 것이다.

"나는 지금 무엇을 그리고 있는가? 이 복잡함 속에서, 내가 정말 보여주고 싶은 본질은 무엇인가?"

그 질문 끝에 도달한 하나의 결실이 바로 〈황소〉 연작이다. 이 시리즈에서 피카소는 황소의 형상을 반복해서 그리면서도, 매 순간 조금씩 무언가를 덜어냈다. 처음의 황소는 근육과 뼈, 털의 결까지 생생하게 살아있었다. 그러나 피카소는 그 디테일을 하나씩 지워나갔다. 선을 줄이고 덩어리를 축소하고, 색을 빼기 시작했다. 그렇게 여러 번에 걸쳐 다시 그려진 황소는, 마지막에 이르러 단 몇 줄의 선으로만 남게 된다. 그런데 이상하게도 우리는 그 몇 줄 안에서 오히려 '황소다움'의 본질을 강하게 느낀다. 복잡함을 덜어낼수록 본질은 더 명확해진다.

이러한 미니멀리즘의 철학은 예술을 넘어 디자인에도 깊게 스며 있다. 독일의 산업 디자이너 디터 람스(Dieter Rams)는 "적게, 그러나 더 좋게(Less, but better)"라는 원칙을 평생 지켜온 사람이다. 그가 만든 오디오 플레이어를 보면, 겉으로는 매우 단순하고 차분하다. 딱 필요한 만큼의 버튼, 조용한 사각형의 구조, 눈에 띄는 장식은 없다. 그러나 그 속에는 기능의 본질에 대한 철저한 고민이 담겨 있다. 그래서 오히려 사용자는 더 편안하게 다가갈 수 있다. 복잡한 설명 없이도 어떻게 사용하는지 직관적으로 알 수 있다. 장식이 사라질수록 본질은 더욱 선명해진다. 그것이 바로 그의 디자인 철학이다. 피카소의 선 한 줄, 람스의 버튼 하나. 이 단순한 요소들은 우리에게 말해준다. 무엇을 더할지 고민하기보다, 무엇을 덜어낼지 고민하는 것이 더 중요하다고. 덜어낸다는 것은 단순히 비우는 것이 아니다. 오히려 덜어낼수록 처음부터 우리가 진짜 중요하게 생각했던 것이 무엇인지, 무엇을 위해 만들어야 하는지 점점 또렷해진다. 디자인의 핵심은 화려함이나 복잡함에 있지 않다. 본질을 향해 가까이 다가가는 그 마음, 그 태도에 있다. 결국 좋은 디자인은 용기 있게 덜어내는 데서부터 시작된다.

수업도 그렇다. 눈길을 끄는 화려한 수업 구성은 때로 교사의 열정과 깊은 고민이 빚어낸 결과일 수 있다. 하지만 그 화려함이 학생의 사고를 흐리게 하거나, 오히려 수업의 본질을 가리는 장막이 될 수도 있다. 수업의 본질은 언제나 한 가지로 귀결된다. 교사는 안내자이고, 학생은 자기 생각과 목소리를 찾아가는 주체라는 것. 교사가 사용하는 모든 교수법과 기술은 그 흐름을 도와주는 도구일 뿐이며, 결코 목적이 되어선 안 된다.

하지만 요즘 우리는 종종 그 순서를 잊곤 한다. 최신 에듀테크, 인공지능, 세련된 플랫폼들이 수업을 '좋아 보이게' 만들어줄 때가 많다. 겉보기에는 혁신적이고 멋져 보이지만, 정작 그 기술이 학생의 표현과 소통에 어떻게 기여하고 있는지에 대해서는 가려질 때가 있다.

며칠 전, 인공지능을 활용한 한 수업 장면을 본 적이 있다. 학생들 한 명 한 명에게 태블릿이 주어졌고, 교사는 사전에 준비된 영상과 에듀테크 툴을 활용해 수업을 이끌어갔다. 겉으로 보기엔 잘 구성된 수업처럼 보였지만, 그 교실 안에서는 교사와 학생 사이, 학생과 학생 사이에 창의적인 대화나 자발적인 질문이 거의 오가지 않았다. 아이들은 그저 각자의 화면을 바라본 채 조용히 주어진 활동을 수행하고 있었다.

나 역시 한때 디지털 앱과 온라인 플랫폼을 수업에 적극적으로 도입했던 적이 있다. 그때는 기술을 활용하면 아이들이 더 흥미를 갖고 몰입할 거라 믿었다. 하지만 어느 순간, 아이들이 그 기술을 다루는 데에 집중하느라 정작 자기 생각을 충분히 표현하지 못하는 모습을 보게 되었다. 그때 나는 중요한 것을 하나 깨달았다. '좋은 수업'은 겉으로 보이는 모습으로 판단할 수 있는 것이 아니라는 것.

좋은 수업이란, 결국 그 안에서 학생들이 얼마나 스스로 생각하고, 얼마나 진심으로 친구들과 소통하며, 얼마나 깊이 한 주제에 몰입하는가에 따라 빛을 발한다. 화려한 기술이나 멋진 방법, 많은 자료도 사실은 그것을 돕는 보조수단일 뿐이다. 왜냐하면 수업의 진짜 핵심은 언제나 학생들 마음속에 있는 생각을 끌어내는 데 있기 때문이다. 교사가 만들어주는 답이 아니라, 학생 안에서 피어나는 생각이야말로 배움의 중심에 있어야 한다.

그래서 나는 어느 순간부터 수업 기술을 화려하게 구사하는 것보다, 수업 내용을 잘 구성하는 데 더 많은 에너지를 쏟기 시작했다. 특히 '무엇을 가르칠 것인가'보다 더 중요한 질문은 '어떤 질문으로 시작할 것인가'였다. 핵심 질문을 중심으로 내용을 정리하고, 학생의 눈높이에 맞게 자료를 고르고, 이야기들을 하나의 흐름으로 배열하는 작업. 이것이 수업의 절반 이상을 차지한다고 해도 과언이 아니다.

이렇게 수업 내용이 정리되면, 이제 교사는 한 가지 중요한 고민에 마주하게 된다. 바로 이 정리된 내용을 교실 안에서 어떻게 풀어낼지, 수업을 진행하는 방법을 어떻게 디자인할지 고민해야 하는 것이다. 이때 필요한 것이 수업을 이끄는 네 가지 방식이다. 이 네 가지는 특별한 기법이나 새로운 활동 유형이 아니다. 앞서 구성한 내용을 학생 중심의 흐름 속에서 자연스럽게 살아 움직이게 해주는, 단순하지만 효과적인 진행 방식이다.

첫째는, 질문 던지기다. 수업은 언제나 질문에서 시작된다. 교사는 핵심 개념에 기반해 학생의 호기심을 자극할 수 있는 본질적인 질문을 던진다. 이 질문은 수업의 방향을 제시하고, 학생의 내면에서 사고가 시작되는 출발점이 된다. 질문이 잘 던져지는 순간, 학생은 수업으로 들어오게 된다.

둘째는, 생각의 구체화다. 질문에 반응한 학생들의 생각을 확장하고, 깊이 있게 하기 위해 다양한 자료와 활동을 제공한다. 짧은 텍스트, 이미지, 영상, 도표 등은 추상적 개념을 구체적 현실과 연결한다. 이때 중요한 것은 자료의 양보다 질이다. 자료는 학생이 생각을 더 분명하게 표현할 수 있도록 돕기 위한 도구이지, 수업을 채우는 장식이 되어서는 안 된다.

셋째는, 모둠 대화다. 학생들이 짝을 이루거나 소그룹으로 생각을 나누는 시간이다. 이 단계에서 학생들은 자기 생각을 정리해 말하고, 친구의 이야기를 듣고, 서로 다른 관점을 마주하면서 생각을 더욱 다듬게 된다. 이 과정은 단순한 정보 교환이 아니라, 사고가 진화하고 확장되는 순간이다. 교사는 이 흐름에 따라 부드럽게 조율하면서, 학생들이 편안하게 자신을 표현할 수 있는 분위기를 만들어줘야 한다.

마지막은, 전체 공유 및 정리다. 각 모둠에서 나눈 내용을 전체 앞에서 공유하며 수업을 하나로 엮는다. 이 시간은 다양한 목소리를 모아 하나의 학습 흐름으로 연결 짓는 순간이며, 교사는 학생들의 생각을 요약하고 핵심 개념을 다시 짚어준다. 때로는 추가 질문을 던지며 다음 탐구로 넘어가는 연결고리를 만들기도 한다. 이때 학생은 '나는 오늘 무엇을 배웠는가'를 자연스럽게 자각하게 된다.

결국 이 네 가지 방식은 수업을 새롭게 만드는 기술이 아니다. 오히려 수업 내용을 학생의 흐름을 따라 풀어내는 '단순한' 진행의 원리다. 잘 질문하고 잘 생각하게 돕고, 잘 나누게 하고 잘 정리하게 하면 된다. 그 단순한 흐름만으로도 수업은 살아 있고, 학생은 그 안에서 주체가 된다.

돌이켜보면 우리 교육 현장에서 유행처럼 지나간 수많은 교수법은 모두 그 지향점은 같았다. 학생 스스로 사고하고, 타인과의 소통을 통해 사고의 외연을 확장하는 것. 단지 그 방식이 조금씩 달랐을 뿐이다. 하브루타는 짝을 지어 질문과 답을 주고받으며 사고의 깊이를 더하고, 비주얼 씽킹은 복잡한 개념을 시각적으로 구조화함으로써 이해와 표현을 도와준다. 비경쟁 독서토론은 승패 없이 자유로운 발언의 장을 열어주고, 협동학습은 각자의 책임과 역할을 통해 함께 생각하는 힘을 길러준다. 이들은 모두 교실 속 대화를 자연스럽게 이끌고, 소통의 경로를 열어주는 소중한 구조적 장치들이다. 겉모습은 달라도 추구하는 방법의 본질은 같았다.

애플의 스티브 잡스는 독일 디자이너 디터 람스의 디자인 철학에서 큰 영감을 받았다. 그는 버튼의 수를 줄이고, 복잡한 기능들을 하나의 직관적인 인터페이스로 통합하면서, '단순함'이 얼마나 강력한 힘을 가질 수 있는지를 보여주었다. 잡스가 남기길 "단순함이야말로 궁극의 정교함이다"라는 말은 수업에도 그대로 적용될 수 있다. 우리는 다양한 교수법과 도구, 수많은 자료를 준비해야 좋은 수업이 된다고 믿곤 한다. 물론 그런 준비가 의미 없다는 건 아니다. 하지만 때때로, 너무 많은 것들이 오히려 수업의 본질을 가리고 있을지도 모른다. 정작 중요한 것은 복잡한 외형이 아니라, 학생들의 생각과 목소리가 살아 있는 수업의 중심이다.

덜어낸다는 것은 아무것도 하지 않는 것이 아니라, 진짜로 중요한 것에 집중한다는 뜻이다. 교사가 조금 덜 말하고 학생이 조금 더 말하게 하고, 정답보다 질문에 머무는 용기를 가질 때, 그때 비로소 수업은 살아난다. 그 단순한 구조 안에서 학생들은 자신의 목소리를 발견하고, 서로의 생각에 귀를 기울이며 함께 배우는 기쁨을 경험하게 된다. '좋은 수업'이란 화려하고 복잡한 것이 아니라, 서로를 진심으로 듣고 말할 수 있는 시간과 공간을 만들어주는 일일지도 모른다. 결국 수업은 가장 단순한 형태로 돌아갈수록 더 깊어질 수 있다.

성찰 질문

- 내 수업안에서 정말 필수적인 요소와 줄여도 될 요소를 구분한다면 무엇이 있을까요?
- 수업을 준비할 때 가장 많은 시간과 에너지를 쏟는 부분은 무엇인가요? 그것이 학생들의 배움에 정말 중요한가요?
- 피카소가 황소 그림을 단순화했듯이, 내 수업안에서 단순화를 통해 더 강력해질 수 있는 요소는 무엇일까요?

실천 과제

- **수업 요소 정리하기:** 다음 수업 계획에서 꼭 필요한 3가지 핵심 요소만 남기고 나머지는 과감히 줄여봅니다.
- **한 가지 '집중' 수업하기:** 다음 차시에는 개념 한 가지나 활동 한 가지에만 집중하여 깊이 있게 탐구하는 시간을 가져봅니다.
- **불필요한 자료 줄이기:** 수업 자료와 학습지를 검토하여 학생들의 핵심 배움에 직접 도움이 되지 않는 요소를 과감히 삭제합니다.

오늘의 그림

파블로 피카소, 황소 연작, 1945년.
석판화(Lithograph), 뉴욕현대미술관(Museum of Modern Art, New York)

• 부록 •

'단순한 수업'을 위한 10가지 전략

아래 체크리스트는 '단순하면서도 의미 있는 대화'에 집중한 수업을 설계·운영하기 위해 참고할 수 있는 가이드입니다. 화려한 교수 기법이나 첨단 기술에 치중하기보다는, 교사와 학생, 학생과 학생이 서로의 생각을 명확히 주고받는 본질에 집중하도록 돕습니다. 필요에 따라 항목을 추가·조정하여 활용해 보세요.

1. 본질을 살린 질문 설계
- 핵심 주제와 직결된 질문인가?
  - 질문이 '수업안에서 꼭 다뤄야 할 개념이나 문제'를 직접적으로 겨냥하고 있는지 점검합니다.
  - 피카소의 〈황소〉 연작처럼 '본질'에 집중한, 군더더기 없는 질문인가를 떠올리는 것도 좋습니다.
- 학생들의 호기심을 자극하는가?
  - 기술적·사소한 문제보다 "왜?" "어떻게?"가 자연스럽게 뒤따르는 개방형 질문인지 확인합니다.
- 간결하고 명료한가?
  - 불필요한 전문 용어나 복잡한 표현을 덜어내고, 누구나 쉽게 이해할 수 있도록 문장을 다듬습니다.

2. 꼭 필요한 자료만 엄선
- 수업의 목적 달성에 필수적인 자료인가?
  - 디터 람스의 "Less, but better" 정신을 떠올리며, 자료를 최소화합니다.
  - 자료를 제시하기 전에 "이 자료가 없으면 학습이 어려운가?"를 자문해 봅니다.

- 난이도와 양은 적절한가?
  - 지나치게 방대한 정보로 학생들의 집중력을 분산시키지 않도록 주의합니다.
  - 핵심 키워드나 개념을 먼저 제시해, 자료에 접근하기 쉽게 만듭니다.

3. 대화 중심 환경 조성

- 교사↔학생 간 대화 기반 확보
  - 교사가 학생들을 '일방적으로 가르치는' 시간이 아니라, 질문과 응답이 오가며 서로 소통하는 시간이 충분한지 살펴봅니다.
- 학생↔학생 간 대화 유도
  - 하브루타, 비주얼 씽킹, 협동학습 등의 구조를 활용하되, 복잡한 절차보다 '학생 대화'에 집중할 수 있도록 간단히 운영합니다.
- 물리적·심리적 장벽 제거
  - 교실 배치나 모둠 구성 등이 학생들이 편안하게 의견을 나눌 수 있는 환경인지 점검합니다.
  - 실수나 의견 차이에 대해 긍정적으로 받아들이는 분위기를 조성합니다.

4. 질문 던지기(교사-학생 대화 단계)

- 선행 지식이나 흥미와 연결
  - 질문이 학생들의 일상 경험·선행 학습과 어떻게 연결되는지 짧게 안내합니다.
  - 학생들이 질문을 '남의 일'이 아닌 '나의 생각'을 표현할 기회로 인식하도록 돕습니다.
- 질문을 통한 사고 촉진
  - 단순 암기나 정답 찾기가 아니라, 학생들로 하여금 '왜 이런 결론에 도달했는가?'를 생각하게끔 유도합니다.
  - 답보다 '과정'이 중요하다는 점을 계속해서 강조합니다.

5. 생각의 구체화(자료 활용 단계)
- 자료 제공 시 단계적 안내
    - 텍스트, 영상, 도표 등을 한꺼번에 제공하기보다, 핵심 포인트를 짚어주며 순차적으로 제시합니다.
    - 자료 해석이 어려운 학생에게는 간단한 배경 지식·키워드를 사전에 알려 줄 수 있습니다.
- 학생들의 이해·관점 확인
    - 자료를 보고 학생들이 느낀 점이나 떠오른 궁금증 등을 바로 공유할 수 있는 짧은 시간을 마련합니다.

6. 모둠 대화(학생-학생 대화 단계)
- 소규모 대화를 통한 사고 확장
    - 짝 혹은 4인 모둠을 구성해 서로의 아이디어를 비교·검증하도록 유도합니다.
    - 비주얼 씽킹(간단한 그림이나 도표), 포스트잇 메모, 개인 노트 정리 등으로 생각을 시각화할 수 있게 지원합니다.
- 적극적 참여와 역할 분담
    - 조원 중 '기록 담당', '발표 담당'을 정해 대화 내용을 놓치지 않고 기록하고 공유하게끔 설계합니다.
    - 누군가 발언 기회를 독점하거나, 소극적인 학생이 생기지 않도록 의도적으로 '발언 순환' 구조를 만듭니다.

7. 전체 공유 및 정리(모둠 → 전체 대화 단계)
- 모둠별 발표 기회 보장
    - 모든 모둠이 간단히라도 자신들의 논의 결과를 말할 수 있는 시간을 확보합니다.
    - 발표가 길어질 경우 핵심 키워드를 간단히 정리하는 '공유 템플릿' 등을 활용할 수 있습니다.

- 교사의 역할: 촉진자
  - 학생들의 의견을 요약·재확인해주고, 더 깊이 생각할 만한 추가 질문(확산형, 반성형)을 던집니다.
  - 교사의 설명이 지나치게 길어지지 않도록 주의합니다(학생들의 말이 중심).

8. 기술 활용 시 본질 확인

- 기술 사용 목적 점검
  - 에듀테크·온라인 플랫폼 등을 사용할 때, '이것이 학생들의 대화와 생각 표현을 돕는가?'를 먼저 따져봅니다.
  - 만약 학생들이 기술을 배우는 데 과도한 시간을 쏟는다면, 다른 방식으로 대화를 활성화할 방법을 고민합니다.
- 사용 방법의 간단화
  - 앱이나 플랫폼 사용법이 복잡하면, 학생들이 기술 자체에 몰두하여 본질을 놓칠 수 있습니다.
  - 최소한의 기능만 사용해도 수업 목표 달성이 가능하도록 안내합니다.

9. 마무리와 환류

- 학생들의 생각 재확인
  - "오늘 어떤 점이 새로웠는가?", "가장 기억에 남는 대화나 자료는 무엇인가?"처럼 간단한 질문으로 학습 내용을 되짚습니다.
  - 개인 혹은 모둠별로 짧은 서술형 피드백을 받는 것도 좋습니다.
- 교사 스스로의 평가
  - 수업 후 '수업의 본질(학생 대화·사고 자극)이 잘 살아났는가?', '화려함에 치중하지 않았는가?'를 스스로에게 물어봅니다.
  - 필요하다면 다음 수업안에서 덜어낼 요소와 더 강화할 요소를 구분해 기록합니다.

10. 단순함 속에서 깊어지는 학습

- 불필요한 요소를 과감히 덜어냈는가?
  - 수업 설계에서 재미 요소나 시각 자료가 지나치게 많아 '대화'라는 본질을 해치지 않았는지 다시 확인합니다.
- 학생 간 소통이 충분히 일어났는가?
  - 교사 설명 위주의 시간이 길어져서 학생 대화 시간이 줄어들지는 않았는지, 대화가 형식적으로 끝나지 않았는지 살펴봅니다.
- 다음 단계로의 연결 가능성
  - 이번 수업안에서 형성된 생각을 어떻게 다음 학습(과제, 프로젝트, 후속 토론)으로 자연스럽게 이어갈지 고민합니다.

교사들이 사용하는 대표적인 수업 기술

07

디지털, 기술 속에서도 본질을 지켜내는 태도

 이탈리아 미래파 화가 자코모 발라(Giacomo Balla)의 작품, 〈끈에 매인 개의 역동성〉을 보면, 짧은 산책길을 걷는 개와 사람의 모습이 반복된 선과 움직임으로 그려져 있다. 마치 하나의 정지된 장면이 아니라, 시간과 움직임이 겹쳐진 '흐름' 자체를 담아낸 듯하다. 발라가 속한 미래파 예술은 고정된 이미지를 벗어나, 속도와 기술, 기계, 도시의 리듬 같은 살아 있는 현대의 에너지를 화폭 위에 옮기려는 시도였다. 멈춰 있는 풍경이 아니라, 끊임없이 변화하는 세계를 그려내고자 한 것이다.

 오늘날 우리의 교실도 어쩌면 그와 같은 전환점을 지나고 있다. 기술의 힘이 교실 안으로 들어오면서, 전통적인 수업 방식은 새로운 풍경을 맞이하게 되었다. 에듀테크, 인공지능 같은 기술은 교실을 더 이상 '머무는 공간'이 아닌, 확장되고 연결되는 배움의 장으로 바꾸고 있다.

 그러나 여기서 중요한 것은, 에듀테크가 단순히 디지털 도구 몇 가지를 활용하는 것이 아니라는 점이다. 에듀테크는 교육(Education)과 기술(Technology)이 서로의 영역을 건드리며 탄생한 새로운 언어이다. 이 안에서 교사는 더 이상 지식을 '전달하는 사람'이 아니라, 수업을 구성하고 조율하는 하나의 예술가에 가깝다. 클라우드 기반의 협업 도구, AI 피드백 시스템, 실시간 반응 플랫폼 등은 학생 한 명 한 명의 배움에 더욱 정교하게 맞춰지는 공간을 가능하게 해준다. 하지만 우리는 스스로에게 물어야 한다.

'나는 왜 이 기술을 사용하려 하는가?'

이 질문 없이 기술을 도입하면, 수업은 금세 기술에 이끌려 가고 만다. 기술은 어디까지나 수업을 위한 수단이지, 그 자체가 목적이 될 수는 없다. 우리가 진짜로 바라봐야 할 목적은 언제나 같아야 한다. 바로 학생들의 성장을 위한 '의미 있는 경험'을 만드는 것이다.

좋은 수업은 언제나 좋은 질문에서 시작된다. 질문은 학생들의 생각을 움직이게 하고, 그 흐름 속에서 서로의 이야기를 나누며, 더 깊은 사유로 나아가게 한다. 기술은 이 과정을 촉진시켜 줄 수도 있고, 반대로 방해가 될 수도 있다. 결국 그 방향은 교사의 선택에 달려 있다.

문학 수업에서 『해리 포터와 마법사의 돌』을 다룰 때, 교사는 '패들렛(Padlet)'이라는 온라인 게시판 도구를 활용해 이렇게 질문할 수 있다. "여러분이 호그와트에 입학했다면 어떤 기숙사에 배정되고 싶은가요? 그리고 그 이유는 무엇인가요?" 학생들은 자신이 선택한 기숙사의 특징과 자신의 성격을 연결해 설명하고, AI 이미지 생성기를 활용해 자신이 그 기숙사의 교복을 입은 모습을 만들어 올리기도 한다. "그리핀도르보다 래번클로가 네 성격에 더 맞는 것 같아!", "너 해설자가 되면 슬리데린으로 추천할 듯!" 이런 댓글이 오가며, 학생들은 서로의 생각에 반응하고, 상상과 이야기 속으로 자연스럽게 빠져든다. 이 수업은 기술 중심이 아니다. 기술은 그저 질문과 상상, 그리고 나눔을 돕는 하나의 도구일 뿐이다. 진짜 중심은, 학생들의 생각이 움직이는 그 순간이고, 그 흐름을 섬세하게 이끄는 교사의 마음이다.

또한 멘티미터(Mentimeter)를 사용해 "소설 속 볼드모트가 추구하는 '순수한 마법사 혈통'이라는 개념이 현실 세계의 어떤 편견과 유사한가요?"라는 질문에 답변을 모으면, 즉각적으로 워드 클라우드가 형성되어 학생들의 사회적 인식과 비판적 사고를 시각적으로 보여준다. 이렇게 실시간으로 모인 학생들의 의견은 교사에게 문학 작품을 통한 사회적 이슈 토론으로 수업 방향을 전환할 수 있는 귀중한 단서가 된다. 이러한 과정은 학생들이 소극적인 참여에서 벗어나 자연스럽게 자신의 의견을 표출하고, 다양한 관점을 접하면서 사고의 폭을 확장하는 데 큰 도움을 준다.

더 나아가, 인공지능을 활용한 표현 및 창작 도구들도 주목할 만하다. 과학 수업에서 학생들이 '기후변화' 주제로 프로젝트를 진행할 때, 음악 생성 AI로 주제에 맞는 배경음악을 만들고, 이미지 생성 AI로 미래의 환경 변화를 시각화하며, 영상 편집 AI로 전문가 수준의 다큐멘터리를 제작할 수 있다.

물론, 모든 디지털 도구가 무조건 긍정적인 효과만을 가져오는 것은 아니다. 눈앞의 기술이 아무리 화려하고 매력적으로 보일지라도, 우리는 여전히 한 가지 질문을 스스로에게 던져야 한다. "나는 왜 이 도구를 사용하는가?" 그 질문에 대한 답이 분명하지 않다면, 아무리 첨단 기술이라 해도 오히려 수업의 흐름을 흐트러뜨릴 수 있다. 수업의 목적과 어긋나는 기능을 억지로 끼워 넣으면, 학생들은 도구의 재미에만 몰두하게 되고, 정작 배움의 핵심은 스쳐 지나갈 수 있다.

그래서 기술은 목적이 아니라 수단이어야 한다. 그것도 수업의 본질을 더욱 또렷하게 비추는 '돋보기' 같은 수단이어야 한다. 교사는 먼저 자신의 교육 철학과 수업의 지향점을 깊이 들여다보며, 그에 걸맞은 도구를 신중하게 선택해야 한다.

결국 교사가 에듀테크와 인공지능을 수업에 사용하는 일은, 수업을 더 잘하고 싶은 욕망에서 비롯된다. 내가 디지털 기술을 잘 사용하는 것을 학생들이나 동료 교사에게 인정받는 것은 부차적인 일이다. 진짜 중요한 이유는, 그 기술을 통해 수업 본래의 목적, 즉 학생들에게 의미 있는 변화를 만들어내려는 데 있다.

디지털 기술을 사용하면 처음 1~2차시 정도는 그 신선함 덕분에 학생들도 몰입하고, 교사도 신이 난다. 하지만 우리의 수업은 단발성이 아니다. 일 년 내내 이어진다. 기술의 신선함은 금세 사라지고, 결국 남는 건 수업의 본질이다. 만약 수업 내용이 학생들의 마음에 다가서지 못한다면, 깊은 배움은 일어나지 않는다.

그래서 여러 기술을 얕고 다양하게 쓰기보다, 내 수업 내용이나 내 기질에 맞는 몇 가지 기술을 깊이 다루며 수업에 적용하는 것이 더 현명하다. 무엇보다 중요한 건, 기술에 집중하다가 '내가 이 수업에서 주고자 하는 배움은 무엇인가?' 라는 질문을 놓치지 않는 것이다. 결국 우리는 디지털 기술을 사용하든 사용하지 않든, 늘 같은 질문 앞에 선다. 그 질문을 놓지 않을 때, 교사는 비로소 내 색깔이 있는 수업을 할 수 있다.

이런 점에서 나는 백남준을 떠올린다. 그는 여러 대의 텔레비전을 겹겹이 쌓아 만든 작품 〈TV 부처〉에서, 텔레비전을 바라보는 부처를 보여준다. 놀랍게도 화면 속에는 다름 아닌 부처 자신이 비치고 있다. 디지털 화면을 통해 외부의 정보를 보는 게 아니라, 자기 자신을 들여다보는 성찰의 장인 셈이다. 백남준은 말했다. "비디오는 캔버스가 아니라 마음이다." 그리고 또 이렇게 덧붙였다. "예술가는 TV를 이용하지만, TV에 이용당하지는 않는다."

그의 말은 오늘날 교사에게도 이렇게 들려온다. "교사는 기술을 이용하지만, 기술에 이용당하지는 않는다." 나 역시 이 말의 무게를 자주 되새기곤 한다. 기술을 사용하면 수업은 훨씬 편리하고, 학생들도 흥미를 느낀다. 하지만 화면에 집중하는 시간이 많아질수록, 교실 안의 눈빛과 숨결이 조금씩 멀어지는 것 같아 마음 한편이 허전해질 때가 있다. 기술을 쓰지 않으면 학생들의 참여가 떨어지는 것 같고, 쓰면 수업이 너무 빠르게 흘러가며 무언가 본질적인 것을 놓치는 느낌. 그 모순된 감정 사이에서 나도 여전히 길을 찾고 있다.

다만 한 가지는 분명하다. 수업에서 진짜 중요한 것은 '기술'이 아니라 '교사'라는 사실이다. 기술은 수업을 이루는 하나의 재료일 뿐이고, 그 재료를 어떤 온도로, 어떤 감각으로 다루느냐는 결국 교사의 손끝에 달려 있다. 교사는 기술의 소비자가 아니다. 우리는 교육과 기술 사이를 섬세하게 조율하며, 배움에 온기를 불어넣는 창조자다. 그 손끝에서 기술은 비로소 생명을 얻고, 배움은 다시 사람에게로, 마음에게로 돌아온다.

성찰 질문

- 디지털 도구가 내 수업의 본질과 목표 달성에 정말 도움이 된 사례는 무엇인가요?
- 기술을 활용하면서도 인간적 관계와 소통을 유지하기 위한 나만의 방법은 무엇인가요?
- 학생들의 디지털 역량을 키우면서도 디지털 기기의 의존도를 적절히 조절하는 방법은 무엇일까요?

실천 과제

- **디지털 도구 평가하기:** 사용 중인 디지털 도구나 앱을 교육적 효과, 사용 편의성, 학생 흥미 측면에서 평가하고 개선점을 찾습니다.
- **디지털-아날로그 균형 실험:** 한 주제에 대해 디지털 활동과 아날로그 활동을 모두 설계하여 학생 반응과 학습 효과를 비교합니다.
- **디지털 최소주의 시도하기:** 한 차시는 의도적으로 디지털 기기 없이 진행하고, 학생들과 그 경험에 대해 솔직히 대화해봅니다.

많이 사용하는
에듀테크 툴

오늘의 그림

자코모 발라, 끈에 매인 개의 역동성, 1912년
캔버스에 유채, 89.8 x 109.8cm,
미국 뉴욕 올브라이트-녹스 미술관(Albright-Knox Art Gallery, New York)

08

성장, 점수가 아닌 변화를 바라보는 시선

　수업을 디자인하는 여정은 언제나 창조적이다. 핵심 질문을 세우고, 다양한 이야기와 자료를 수집하고, 흥미로운 활동을 구상하며, 학생들의 반응과 흐름을 고려해 수업의 리듬과 구조를 구성한다. 그렇게 수업의 '내용'과 '방법'을 완성하면, 나는 종종 안도했다. 이제 다 됐다고. 하지만 수업이 끝난 교실, 학생들이 조용히 자리를 정리하고 나가는 그 순간, 나는 여전히 마음 한구석에 남는 어떤 질문과 마주하곤 했다.
　'이 아이들은, 오늘 어떤 변화를 겪었을까?'
　'내 수업은 이들의 성장을 어떻게 담아냈을까?'

　그 질문은 늘 '평가'라는 문으로 이어졌다. 처음 교단에 섰을 때, 나에게 평가란 정확하고 객관적인 수치로 학생의 능력을 가늠하는 것이었다. 붉은 동그라미와 파란 엑스, 숫자와 백분율이 줄 세운 결과는 교사의 평가표 위에 깔끔히 정리되어 있었다. 하지만 성적표는 너무 조용했다. 아이들의 생각도, 땀도, 마음도 그 숫자 사이 어디에도 보이지 않았다. 시험을 잘 본 학생이 왜 잘 풀었는지, 틀린 아이가 왜 틀렸는지, 내가 진짜 알고 싶은 건 그들이 품은 '이해의 여정'이었는데, 나는 단지 정답 여부에만 머물고 있었다.

그러던 어느 날, 반복되는 오답의 행렬 속에서 나는 문득 근본적인 질문을 던지기 시작했다. '이 아이는 왜 이 문제를 이해하지 못했을까?', '내가 정말 확인하고 싶은 것은 무엇인가?', '이 수많은 숫자 속에서 아이들의 실제적인 성장은 어떻게 읽을 수 있을까?' 라는 질문은 끝없이 나를 따라다니며 고민의 깊이를 더해갔다. 이런 질문 속에서 평가의 본질과 의미를 다시 정의해야 할 필요성을 느끼게 되었다.

19세기 중엽, 프랑스 미술계에서도 지금 우리의 교실처럼, 평가의 기준을 둘러싼 갈등이 있었다. 당시 미술계는 '살롱'이라는 공식 전시회를 중심으로 움직였고, 이곳에서 인정받는 것이 곧 화가로서의 성공을 뜻했다. 그러나 문제는 그 평가 기준이 지나치게 전통적이고 보수적이었다는 점이다. 고전적인 주제, 섬세한 묘사, 규범적인 구도만이 높은 점수를 받을 수 있었고, 그 외의 새로운 시도들은 철저히 배제되었다.

그런 기준 앞에 당당히 도전한 한 화가가 있었다. 바로 에두아르 마네(Édouard Manet)다. 그는 〈빨래〉와 같은 작품을 통해, 그 시대의 미술계가 애써 외면하던 평범한 일상을 그렸다. 정교한 소묘 대신 거침없는 붓 터치로 빛과 공기를 담으려 했고, 대담하게 '고정된' 미(美)의 기준에 균열을 냈다. 결과는 냉혹했다. 살롱은 그의 작품을 거부했고 성난은 혹평을 쏟아냈다. 하지만 시간이 흘러, 사람들은 그 그림이야말로 현대 미술의 새로운 길을 연 전환점이었다는 것을 인정하게 되었다.

그 이야기를 떠올릴 때마다, 나는 교사로서의 평가 방식도 다시 묻게 된다. 혹시 나도 '고정된' 기준에만 얽매여 아이들의 가능성을 놓치고 있지는 않았을까? 시험 점수와 등수만으로는 결코 볼 수 없는 아이들의 변화와 내면의 움직임을 나는 얼마나 바라보고 있었을까?

그래서 나도 새로운 평가 방식에 도전하기로 했다. 숫자가 아니라, 그 아이가 수업 속에서 어떤 생각을 하고, 어떤 실수와 깨달음을 거쳐왔는지를 살피기로 했다. 마네처럼 용기를 내어 오래된 평가의 틀을 넘어서기로 마음먹었다. 그것이 바로 '성장 중심 평가'였다. 잘했는지 못했는지 따지는 것이 아니라, 어떻게 성장하고 있는지를 함께 바라보는 평가. 아이 한 사람 한 사람의 여정에 조용히 귀 기울이는, 그런 따뜻한 시선에서부터 다시 시작해 보기로 한 것이다.

성장 중심 평가의 첫 번째 열쇠는 '학생의 자기 평가'였다. 나는 수업이 시작되기 전, 학생들이 자신이 이미 알고 있는 개념이나 배경지식을 간단히 점검해 보도록 했고, 수업이 끝난 후에는 매시간 '배움 일기'를 짧게 쓰게 했다. 그날 새롭게 알게 된 지식, 여전히 잘 이해되지 않았던 부분, 앞으로 더 알고 싶은 내용들을 학생 스스로 돌아보며 기록하는 이 작은 일기장은, 그들의 배움이 머릿속을 스쳐 지나가지 않도록 붙잡아 주는 도구가 되었다. 처음에는 낯설고 어색해하던 아이들이 점차 자신의 학습을 스스로 되돌아보는 습관을 갖기 시작했다. 그리고 나는 그 변화 속에서, 아이들이 점점 더 주도적으로 '자기 배움의 주인'이 되어가고 있음을 느낄 수 있었다.

두 번째 열쇠는 '동료 피드백'이다. 글쓰기나 프로젝트를 마친 뒤, 학생들이 서로의 결과물을 읽고 피드백을 나누는 시간을 가졌다. 처음에는 "좋았어요", "재미있었어요" 같은 짧은 말로 시작했지만, 시간이 지날수록 피드백은 좀 더 구체적이고 따뜻해졌다. "이 부분은 설득력 있었어요", "여기에서 예시가 하나 더 들어가면 좋을 것 같아요"처럼 서로의 강점을 짚어주고, 발전 방향을 함께 모색하는 과정이 자연스러워졌다. 아이들은 타인의 시선을 통해 자신을 객관적으로 바라보는 법을 배워갔고, 학급 분위기 역시 경쟁이 아닌 협력과 이해의 결로 바뀌어갔다. 평가의 방식을 바꾼 것뿐인데, 수업 전체의 문화와 에너지가 달라지는 것을 실감했다.

이 모든 과정에서, 교사인 나의 역할도 달라졌다. 나는 더 이상 '결과를 판단하는 사람'이 아니었다. 이제 나는 '배움의 흐름을 듣는 사람', '학생의 변화를 조율하는 사람'이 되었다. 수업 중에는 아이들의 표정과 눈빛을 살폈고, 수업이 끝난 후에는 관찰일지와 작은 메모를 남겼다. 누가 자주 손을 들었는지, 누가 오늘은 유난히 말이 적었는지, 그런 작고 섬세한 단서들이 내게는 중요한 언어였다. 배움 일기와 피드백 활동을 읽으며, 어떤 개념에서 아이들이 어려움을 겪는지, 누구에게 어떤 질문을 던져야 할지를 고민했다.

얼마 전, 수능 모의고사 문제 풀이를 하던 날이었다. 정답만 확인하고 지나갈 수도 있었지만, 학생들을 모둠으로 나누고 서로의 풀이 과정을 이야기하게 했다. 누구는 정답을 맞혔고 누구는 틀렸지만, 그건 중요하지 않았다. 아이들은 각자의 사고 과정을 설명하며 자신의 논리에서 어떤 부분이 부족했는지를 스스로 깨달았고, 친구의 설명을 들으며 새로운 관점과 사고의 흐름을 발견했다.

그날 수업이 끝난 후, 아이들에게 배움 일기를 써보게 했다. 거기에 이런 말이 적혀 있었다. "틀리면 다시 문제를 보기 싫은데, 친구로부터 따듯한 설명을 들으니 내 실수를 인정하고, 내가 무엇을 더 고민하고 문제를 풀어야 할지를 알게 되었다." 그 문장을 읽는 순간, 마음이 뭉클해졌다. 고3 문제 풀이 수업에서도 단순한 점수가 아니라, 아이들의 생각을 확장시키고 서로의 배움을 연결해 주는 계기가 된 것이다. 그 경험을 통해 나는 평가의 또 다른 가능성을 보았다.

우리는 종종 '수업의 내용'이 수업의 핵심이라고 말하지만, 사실은 그 수업이 어떤 평가를 지향하느냐가 아이들의 배움을 더 깊이 결정짓는다. 무엇을 평가하느냐는 곧, 우리가 무엇을 진짜 중요하게 여기는지를 보여주는 일이기 때문이다. 단지 정답을 맞히는 능력이 아니라, 생각의 흐름, 실수에서 얻은 깨달음, 그리고 그 안에서 자라나는 변화의 움직임을 보려는 시선. 바로 그 시선이 교사의 철학이고, 교사의 진심이다.

수업을 통해 아이들은 자란다. 그리고 그 성장은 교사의 잘 짜인 계획 속에만 담기는 것이 아니다. 때론 조용히 건네는 한마디의 피드백, 함께 적어 내려가는 배움 일기, 친구의 말을 듣고 다시 생각하게 되는 그 작은 순간들 속에서 더 또렷하게 드러난다.

다시, 마네의 작품 〈빨래〉 앞에 선다. 엄마는 아이를 정말 사랑스럽게 쳐다본다. 무엇을 해도 괜찮은, 그런 따뜻한 시선으로 자녀를 본다. 마네는 초록의 풀밭과 따사로운 햇살로 이 시선을 참으로 잘 담아냈다. 성장 중심 평가도 이와 비슷하다. 어쩌면 평가라는 것은 차갑다. 냉정하다. 그러나 그런 현실 속에서도 교사는 점수 너머에 있는 학생의 성장을 바라본다. 그래서 성장 중심 평가는 학생들에게 자신의 배움을 스스로 돌아보게 하고, 교사는 그 여정을 지지해 줄 따뜻한 언어를 건넨다. 나는 이제 믿는다. 평가가 따뜻해지면, 교실도 함께 따뜻해진다. 그리고 그 따뜻함 속에서, 아이들은 조금 더 자신 있게, 천천히 그러나 분명하게 자라난다.

성찰 질문
- 점수와 등수 외에 학생들의 성장을 어떻게 의미 있게 측정하고 있나요?
- 평가가 학습의 과정이 되려면 어떤 요소와 접근이 필요하다고 생각하나요?
- 성장 중심 평가를 도입했을 때 학생들의 학습 태도나 동기에 어떤 변화가 있었나요?

실천 과제
- **성장 포트폴리오 도입하기:** 한 학기 동안 학생들의 작품, 글, 활동 결과물을 모아 처음과 나중의 변화를 살펴볼 수 있는 포트폴리오를 만듭니다.
- **과정 평가 설계하기:** 다음 단원에서는 최종 결과물뿐 아니라 아이디어 구상, 초안, 수정 과정 등을 모두 평가에 반영해 봅니다.
- **자기 평가 시간 주기:** 수업안에서 학생들이 스스로 자신의 학습과 성장을 평가하고 성찰할 수 있는 시간을 제공합니다. 혹은 동료 간에 서로의 결과물을 피드백하는 시간을 부여합니다.

교과별 성장 중심 평가 사례

오늘의 그림

에두아르 마네, 빨래, 1875년.
캔버스에 유채, 60 × 73cm, 반 고흐 미술관(Van Gogh Museum, Amsterdam)

09

루브릭, 성장을 구조화하는 지도

부끄러운 고백이다. 나는 두 딸의 학부모가 되고 나서야 비로소 '평가'가 가진 진짜 무게를 온몸으로 알게 되었다. 교사로서 수없이 평가를 해왔고, 나름 공정하고 신중하게 임했다고 자부했지만, 막상 내 아이가 그 평가의 당사자가 되는 순간, 그 한 줄의 점수와 짧은 피드백이 아이의 마음을 얼마나 깊게 흔들 수 있는지 뼈저리게 느꼈다.

중고등학교에 다니는 두 딸은 거의 매주 쏟아지는 수행평가에 맞춰 하루를 시작하고, 또 끝냈다. 숙제하다 말고 한참을 멍하니 앉아 있던 모습, 시험지를 받아든 채 말없이 가방에 쑤셔 넣던 뒷모습, 몇 점 차이로 울고 웃던 얼굴. 평가 방식이 아이들의 '현실'과 얼마나 멀리 떨어져 있었는지, 그 곁에서 자주 목격했다.

가장 선명하게 남은 장면은 작은 딸이 겪은 사회과 발표 평가였다. 선생님은 '암기력'에 큰 비중을 두었고, 발표할 때 종이를 보지 않는 것이 가장 중요한 기준이었다. 딸아이는 며칠 밤을 꼬박 새우며 자료를 찾고, 읽고, 요약하며 나름의 관점을 담아냈다. 하지만 결국 발표 당일, 그 모든 탐구의 과정은 내려놓고, 정해진 말의 순서를 외우는 데 온 에너지를 쏟아야 했다. 발표는 더 이상 '깊이 있는 생각'을 나누는 자리가 아니었고, 결국 '기억력 테스트'로 전락하고 말았다.

그날 나는 스스로 고민했다. '과연 이 평가 기준이 사회과의 본질적인 역량과 어떻게 연결되는가?' 아마도 딸아이의 선생님은 학생들의 수준을 구분 짓기 위한 나름의 고민이 있었을 것이다. 하지만 그 기준은 아이들의 생각을 오히려 좁히고 배움의 방향을 어긋나게 만들었다.

그리고 그날 이후, 나는 교사로서 내 평가지표를 다시 들여다보게 되었다. 배움 중심 수업, 성장 중심 평가를 강조하며 강의하고 글을 써왔지만, 정작 내 교실 안에서 나는 얼마나 진심으로 학생 한 명 한 명의 성장을 바라보고 있었을까? 내가 만든 평가 기준은 과연 교과의 본질과 맞닿아 있을까? 평가의 기준은 내가 내린 점수를 또렷하게 설명할 수 있을 만큼 분명했을까?

솔직히 돌아보면, 나 역시 '이건 느낌이 좋아', '이건 좀 약해' 같은 모호한 인상에 기대어 판단한 순간들이 적지 않았다. 그제야 깨달았다. 나의 평가가 얼마나 감정적이고, 얼마나 불투명했는지를. 그 깨달음은 내게 깊은 부끄러움이자 새로운 질문의 씨앗이 되었다. '평가란 무엇인가?', '나는 무엇을 평가해야 하는가?' 등 평가에 대해 전체적으로 고민하게 되었고, 이것은 자연스럽게 나를 '성취 기준 기반 평가'로 이끌었다.

성취 기준 기반 평가. 말만 들으면 뭔가 딱딱하고 복잡해 보이지만, 사실 그 안에는 아주 따뜻하고 의미 있는 철학이 담겨 있다. 쉽게 말해, 이 평가는 '학생이 무엇을 얼마나 해냈는가?'를 명확하게 바라보려는 시도이다. 정해진 '성취 기준'에 따라 아이들의 배움의 깊이와 과정을 구체적으로 살펴보는 방식이다. 점수라는 숫자만으로는 다 담을 수 없는 아이들의 성장을, 조금 더 정직하고 투명하게 기록하려는 교사의 마음이 담긴 평가 방식이라고 할 수 있다.

이 평가에서 가장 중요한 도구는 '루브릭(rubric)'이다. 루브릭은 성취 기준을 토대로 평가할 항목을 구체적으로 나누고, 항목마다 어떤 수준이면 어떤 점수를 받을 수 있는지를 아주 자세하게 설명해 놓은 채점 기준표다. 다시 말해, '무엇을 어떻게 보면 좋은 평가일까?'에 대한 교사와 학생 사이의 약속 같은 것이다.

요하네스 페르메이르의 그림 속 여인은 깊은 고요 속에서 저울을 들고 있다. 무언가를 달기 직전, 숨을 고르며 마음을 가다듬는 그 찰나. 빛은 그녀의 어깨를 조용히 감싸고, 정적인 화면 안에는 보이지 않는 긴장이 은근히 흐른다. 나는 그 장면에서 교사가 평가 앞에 서는 마음을 떠올렸다. 무언가를 정확히 재기 위해서는, 그만큼 고요해야 하고, 조심스러워야 하며, 무엇보다 정직해야 한다. 평가의 순간은 단지 저울 위에 올려진 결과만을 재는 시간이 아니다. 그 저울을 들고 있는, 바로 내 마음의 무게까지도 함께 재는 시간이다.

루브릭은 마치 그 저울과도 같다. 눈앞의 학생이 무엇을, 어떤 깊이로 이해하고, 어떤 방식으로 수행할 수 있는지를 단순한 감이나 인상으로 판단하지 않고, 명확한 기준 위에서 세밀하게 살펴보는 과정이다. 페르메이르의 여인이 아주 조심스럽게 균형을 가늠하듯, 교사 역시 각 학생의 학습 성취를 있는 그대로 바라보기 위해 마음을 다잡는다. 이는 단순히 숫자를 매기는 일이 아니다. 학생이 도달한 지점과 앞으로 나아갈 방향을 함께 고민하는 진중한 물음이며, 교육이라는 긴 여정 속에서 잠시 멈춰 서서 방향을 확인하는 나침반 같은 순간이다.

그래서 성취 기준 기반 평가에서 루브릭을 어떻게 설계하느냐는 평가의 질을 좌우하는 중요한 출발점이 된다. 하지만 직접 루브릭을 만들어 보니, 그 과정은 생각보다 훨씬 복잡하고 섬세한 일이었다.

처음 내가 루브릭을 만들려 했을 때, 가장 먼저 부딪힌 벽은 '무엇을 평가해야 할지' 조차 명확하지 않다는 점이었다. 어떤 항목을 평가 요소로 삼을지, 그것이 성취 기준과 실제로 어떻게 연결되는지를 깊이 이해하지 못한 채, 막연히 구성하다 보니 루브릭은 점점 복잡해졌고, 오히려 학생들이 더 혼란스러워하는 결과를 낳았다.

예를 들어, 학생들의 글쓰기를 평가하려고 했을 때 처음엔 그저 '글을 얼마나 잘 썼는지'를 기준으로 잡았다. 하지만 그와 같은 평가는 너무나 주관적인 표현이라는 것을 곧 알게 되었다. 그날의 내 기분이나 피로도, 혹은 아이에 대한 인상이 평가에 영향을 미치고 있다는 것을 느꼈을 때, 이대로는 안 되겠다고 생각했다.

그때 비로소 질문을 던지게 되었다.
'나는 무엇을, 왜 평가하려는가?'

이 질문을 붙들고 다시 교육과정의 성취 기준을 하나하나 꼼꼼히 들여다보았다. 그 결과, 글쓰기 평가에 있어 아이들의 '성장'에 초점을 맞춰야 한다는 깨달음이 찾아왔다. 그래서 다음과 같은 구체적인 평가 요소를 선정했다.

- 첫째, 주제와 의도가 명확히 설정되어 있는가?
- 둘째, 글의 구성이 논리적 흐름을 따라 잘 짜여 있는가?
- 셋째, 표현과 문장력이 얼마나 정확하고 풍부한가?
- 넷째, 퇴고와 수정을 통해 글이 어떻게 발전했는가?

이 네 가지 요소를 기준으로 루브릭을 구성하니, 학생들도 글을 쓰기 시작할 때부터 '어떤 부분을 주의 깊게 살펴야 할지'를 명확하게 이해하게 되었고, 교사인 나는 아이들의 글을 훨씬 체계적이고 공정하게 평가할 수 있었다.

하지만 루브릭 설계는 여기서 끝나지 않았다. 평가 요소를 정했다면, 이제 각 요소에 대한 성취 수준을 세분화해야 했다. 초기 루브릭은 단순히 '우수-보통-미흡'처럼 포괄적으로만 구성되어 있어, 학생들이 자신이 어느 수준에 해당하는지를 명확히 판단하기 어려웠다. 예컨대, '우수'란 무엇인가? "글을 매우 잘 썼다"는 식의 서술은 오히려 더 막연하고 혼란스러웠다.

이러한 문제를 해결하기 위해, 나는 루브릭을 더 세부적이고 구체적인 언어로 다시 쓰는 작업을 시작했다. 특히 내가 근무하는 고등학교에서는 기존의 3수준이 아닌 5수준으로 세분화된 루브릭을 사용해야 했기에, 각 수준마다 명확한 평가 준거를 제시하는 일이 더 중요했다.
예를 들어, '표현력' 항목은 다음과 같이 세분화했다.

글쓰기 표현력 루브릭 (5수준, 감동 기준 포함)

수준	설명
5점 (매우 우수)	표현이 매우 풍부하고 섬세하여 독자가 글에 깊게 몰입하고, 강한 정서적 울림이나 감동을 느낀다. 언어 선택이 정교하고 세련되며, 주제와 감정을 탁월하게 전달한다. 창의적이고 독창적인 표현이 3회 이상 반복적으로 나타나며, 글 전체의 흐름에 일관성 있게 녹아 있다. 읽은 후 오래 기억에 남을 만한 인상적인 부분이 있다.
4점 (우수)	표현이 풍부하고 적절하여 독자가 쉽게 공감할 수 있고, 부분적으로 정서적 울림을 느낄 수 있다. 언어 사용이 자연스럽고 주제와 감정을 잘 전달하며, 문장 구성도 안정적이다. 창의적이거나 독특한 표현이 1~2회 정도 보이지만, 글 전체에서 강한 감동까지는 주지 않는다. 전반적으로 익숙하고 안정적인 흐름이다.
3점 (보통)	표현이 비교적 적절하지만 다소 평이하거나 단조롭다. 언어 선택은 무난하고 주제와 감정 전달에 큰 문제는 없으나, 특별히 인상적이거나 감동적인 표현은 부족하다. 문장 흐름에 약간 어색하거나 반복적인 부분이 있다.
2점 (미흡)	표현이 부족하거나 단조로워 독자의 공감을 끌어내기 어렵다. 언어 사용이 부적절하거나 어색한 부분이 많아 주제와 감정 전달이 약하다. 문장 구성에 반복적이거나 부자연스러운 오류가 나타난다.
1점 (매우 미흡)	표현력이 거의 드러나지 않으며, 언어 사용이 매우 부적절하거나 어색하다. 주제와 감정 전달이 거의 이루어지지 않고, 문장 구성이 혼란스럽거나 읽기 어렵다. 문법, 맞춤법, 의미 전달 등 기본적인 부분에서 다수의 문제가 있다.

이러한 세부 기준의 재정비는 루브릭의 완성도를 높이는 동시에, 아이들에게 스스로의 글을 돌아볼 수 있는 '거울'을 제공해 주었다. 단순히 점수를 받는 것이 아니라, 무엇을 잘했고, 무엇을 더 보완해야 하는지를 스스로 깨달을 수 있게 된 것이다. 루브릭은 결국, 교사의 언어로 학생의 배움을 정직하게 말하는 도구다. 그 언어가 구체적일수록, 그 언어가 따뜻할수록 평가의 순간은 성장의 순간으로 바뀐다.

그러나 이처럼 많은 노력을 기울이고 루브릭을 정교하게 다듬는다 해도, 평가라는 일이 지닌 본질적 한계는 쉽게 넘을 수 없음을 종종 실감한다. 아무리 성취 기준을 중심으로 학생의 성장 요소를 담고자 애쓴다 해도, 현실은 언제나 교사에게 구체적인 점수로 학생을 평가하라고 요구한다. 아이의 배움과 과정, 내면의 움직임을 누구보다 가까이서 지켜본 교사일지라도, 결국 수치는 단 한 줄로 기록되고, 그 숫자가 아이의 성취를 대변하는 상황을 마주하게 되는 것이다.

이런 장면은 마치, 학교가 겉으로는 '참된 배움'을 이야기하면서도, 실제로는 좋은 점수와 상급학교 진학을 교육의 중심 목표로 두는 현실과 닮아있다. 교사는 마음속으로 아이의 변화와 가능성에 깊이 감동하고 있을지라도, 평가표 앞에서는 냉정한 점수 부여자가 되어야 한다. 그 모순 앞에서 우리는 종종 교사로서의 존재와 행위 사이에서 괴리를 경험한다.

더구나 평가 항목을 아무리 명확하게 설정해두었다 하더라도, 실제 채점의 순간에는 늘 애매한 경계선들이 존재한다. 이 학생의 답안이 '상'인가, 아니면 '중상'인가? 한 문장만 더 명확했더라면, 구성의 흐름이 조금만 더 자연스러웠다면, 하고 머뭇거리게 되는 순간들. 그때마다 교사의 판단에는 의도치 않은 주관이 섞이게 되고, 그것이 때론 공정성에 대한 부담으로 되돌아오기도 한다.

그래서 나는 종종 연수 자리에서 이상적인 평기만을 상소하는 강사의 말을 들을 때면, 마음이 답답해지곤 한다. 그들은 종종 현실을 모른다. 교사 한 명이 수십 명의 수행평가를 다 읽고, 피드백을 주고, 점수를 산출하는 그 고단한 과정을. 아이들의 배움과 성장에 진심으로 귀 기울이기 위해 교사가 얼마나 많은 시간과 감정을 들여야 하는지를 말이다.

하지만 이런 현실 속에서도 교사가 끝까지 붙들어야 할 질문이 있다.

'점수를 매겨야 하는 현실에서도, 어떻게 하면 학생의 성장을 최우선으로 고려한 평가를 할 수 있을까?' 라는 물음이다. 점수를 부여하는 것은 필요하지만, 그 과정이 단순한 판정으로만 끝나서는 안 된다. 그래서 평가 항목은 학생 한 사람 한 사람의 학습 여정을 충분히 반영할 수 있도록 설계되어야 하고, 단순히 결과를 통보하는 데 그치지 않고 반드시 구체적인 피드백이 뒤따라야 한다.

피드백은 "잘했다" 혹은 "부족하다" 같은 한마디로 끝날 수 없는 일이다. 그것은 교사가 학생의 배움에 붙여주는 작은 이정표와 같다. 예를 들어, 수학 수업에서 한 학생이 문제를 풀었다고 하자. 단순히 "좋았어"라고 말하는 대신, "공식 적용은 아주 정확했는데 계산 과정에서 작은 실수가 있었어. 다음엔 여유 있게 확인해 보면 더 좋겠어"라고 말해주는 것이다. 이렇게 하면 학생은 자신이 무엇을 유지하고, 무엇을 고쳐야 하는지를 분명히 인식할 수 있다. 이처럼 피드백은 점수를 넘어, 학생에게 다음 걸음을 위한 방향과 용기를 건네주는 교사의 중요한 역할이다.

비유하자면, 평가는 불완전한 지도를 지닌 채 먼 길을 떠나는 일과 유사하다. 교사는 아무리 객관성을 유지해도 명확하게 학생의 수준을 구별하는 것은 쉽지 않다. 때론 기준이 애매하고, 판단이 모호하며, 현실의 제약 속에서 이상을 붙잡는 일이 벅차게 느껴지기도 한다. 하지만 교사는 수많은 시행착오 끝에 '완전한' 평가가 아니라, '온전한' 평가를 향해 나아간다. 그 길 위에서 흔들리고 지치더라도, 어느 날 뜻밖의 순간에 학생의 작은 변화를 발견할 때가 있다. 그 학생이 이전보다 조금 더 깊이 생각하고 한 걸음 나아간 모습을 볼 때, 그 순간 교사의 마음에는 작은 감동이 깃든다. 그 한 걸음의 성장. 그것이 바로, 이 긴 평가의 여정을 교사가 계속 걷게 만드는 가장 조용하고도 강한 이유다. 우리는 완벽하진 않지만 그 아이의 '내일'을 믿으며 다시 루브릭을 들고 길을 묻는다. 그리고 그 물음 속에서, 교사의 진심은 매번 새롭게 시작된다.

성찰 질문

- 평가 기준이 불명확해 학생들이 혼란스러워했던 경험이 있나요? 어떻게 해결했나요?
- 루브릭이 학생들의 다양성과 창의성을 제한하지 않으면서도 공정한 평가를 가능하게 하려면 어떻게 설계해야 할까요?
- 평가 도구를 통해 학생들의 성장을 지원한 가장 성공적인 사례는 무엇인가요?

실천 과제

- **참여형 루브릭 만들기**: 학생들과 함께 평가 기준을 논의하고 설정하여 평가의 주인의식을 높입니다.
- **루브릭 다양화하기**: 동일한 과제에 대해 기본형, 심화형, 창의형 등 다양한 유형의 루브릭을 고민해 보면서 루브릭이 수업안에서 어떤 영향을 미치는지 스스로 생각해 봅니다.
- **피드백 중심 평가하기**: 점수보다 구체적인 피드백을 중심으로 학생들의 작업을 평가하고, 개선 방향을 제시합니다.

학생의 성장 요소를 교과별 성취 기준 평가로 넣은 사례

오늘의 그림

요하네스 페르메이르, 저울을 들고 있는 여인, 1662~1663년경.
캔버스에 유채, 42.5 × 38cm, 워싱턴 국립미술관(National Gallery of Art, Washington, DC)

10

서사, 수업에 나의 이야기를 새겨 넣는 손길

르 코르뷔지에(Le Corbusier)는 흔히 '현대 건축의 아버지'라 불린다. 그는 삶을 위한 공간을 기능적으로 설계하며, 건축을 '살기 위한 기계'라고 정의했다. 그의 초기 건축물은 마치 정밀하게 계산된 기계처럼, 효율과 합리성의 미학을 보여준다. 모든 선은 직선으로 곧고, 모든 면은 질서정연하게 정리되어 있었다. 삶을 구성하는 요소들이 가장 간결한 방식으로 배치되어 있었다.

하지만 그의 시선은 거기서 멈추지 않았다. 생의 후반부, 그는 롱샹 성당을 통해 전혀 다른 건축 언어를 펼쳐 보인다. 성당 내부로 들어오는 빛은 거대한 벽에 뚫린 작은 색유리 창을 통해 시시각각 다른 모습으로 흘러들어온다. 빛이 살아 움직이는 것처럼 공간을 감싸고, 어느 순간은 따스하게, 또 어떤 순간은 경이롭게 다가온다. 그 공간은 더 이상 기능적인 구조물이 아니라, 인간의 감정과 영혼이 머무는 장소가 된다.

르 코르뷔지에의 이러한 변화는 수업을 대하는 교사의 태도와 닮아있다. 처음 교사가 수업을 디자인할 때는 효율성과 명확성에 집중하게 된다. 흐름이 매끄럽고, 목표가 뚜렷하며, 학생들이 오해하지 않도록 구성하는 데 많은 에너지를 쏟는다. 그러나 시간이 흐르며 교사는 서서히 깨닫는다. 수업은 단순히 정보를 전달하는 장면이 아니라, 학생과 교사가 함께 호흡하고 사유하고 울림을 나누는 공간이라는 것을.

결국 수업도 건축과 같다. 처음에는 계산된 설계로 시작되지만, 진정한 공간은 그 안을 흐르는 '빛'이 만들어낸다. 그 빛은 때로는 말 한마디, 때로는 눈빛 하나, 혹은 조용한 기다림 속에서 피어난다. 수업이란 그런 빛을 품은 장소, 교사와 학생이 함께 머물며 서로를 비추는 삶의 공간이다.

2장에서는 수업을 하나의 예술 작품처럼 바라보며 디자인하는 것에 대해 함께 이야기했다. 지식을 전달하는 데 그치지 않고, 학생들의 사고를 열고 깊이 있는 탐구로 이끄는 '질문'의 힘이 얼마나 중요한지 살펴보았다. 또한 서로 다른 이야기를 창의적으로 엮어내며 수업을 더욱 풍성하게 만드는 방법, 무엇보다도 화려한 기술보다 중요한 것이 결국 학생들 사이의 소통과 생각 나눔이라는 점도 되새겼다.

에듀테크와 인공지능도 마찬가지다. 단순히 '기술'로 머물지 않고, 학생들이 자기 생각을 더 자유롭고 명확하게 표현할 수 있도록 돕는 '도구'로 사용될 때, 그 진가를 발휘하게 된다. 평가는 결과보다 과정을 중심에 두어야 하고, 명확한 성취 기준 위에서 학생이 성장할 수 있는 길을 함께 그려나가는 것. 그것이 진짜 수업 디자인의 한 축임을 다시금 확인했다.

요즘 수업 디자인에 대해 더 깊이 생각하게 된다. 경력이 쌓이면 수업이 점점 완벽해질 줄 알았다. 경험이 많아질수록 수업도 더 이상 흔들리지 않으리라 믿었다. 그런데 오히려 그 반대였다. 수업 디자인은 처음부터 완성된 형태로 존재하지 않는다. 오랜 시간 교실 안에서 수업과 함께 살아보니, 이제는 분명히 말할 수 있다. 디자인의 핵심은 단 한 번의 완성에 있는 것이 아니라, 매시간 새롭게 마주하는 교실 안에서의 끊임없는 '재구성'과 '수정'에 있다는 것을 말이다.

국어 교사에게 고전 시가 수업은 여전히 높은 벽처럼 느껴진다. 현대 시는 지금을 살아가는 학생들과 감정적으로 연결되는 부분이 있지만, 고전 시가는 말 그대로 '옛 노래'다. 먼 시대의 언어와 정서를 다루는 데다, 난해한 어휘를 하나하나 짚어줘야 하기에, 고전 시가 수업은 어렵고 조심스럽다. 나 역시 처음에는 학생들에게 작품을 정확히 해석하게 하고, 핵심 표현과 의미를 정리하도록 수업을 구성했다. '시조의 형식'이나 '작가의 의도'를 분석하고, 정답에 가까운 해석을 유도하는 방식이었다. 수업은 겉보기에 매끄럽게 흘렀고, 학생들도 별다른 불만 없이 과제를 수행했다. 그러나 이상하게도 마음 한쪽이 허전했다. 수업을 마치고 교실을 나설 때면, 어딘가 가볍고 텅 빈 느낌이 들었다. 아이들의 눈빛은 수업에 머물러 있지 않았고, 작품은 그저 시험을 위한 자료로만 남아 있었다.

그 허전함을 더 이상 외면할 수 없었다. 그래서 그 다음 학기, 나는 수업의 방향을 바꾸기로 했다. 해석보다 먼저, 학생이 '지금 이 시를 만나는 순간'에 집중하도록 했다. 시를 처음 읽었을 때 떠오른 감정이나 이미지, 연상되는 기억을 자유롭게 나누게 했고, '만약 이 시를 쓴 사람이 지금 내 옆에 있다면, 어떤 이야기를 나누고 싶을까?'라는 질문도 던졌다. 그러자 어느 날, 한 학생이 정철의 시조를 읽고 조심스레 말했다. "선생님, 이 사람 진짜 외로웠던 것 같아요. 그냥 임금을 그리워한 게 아니라, 자기가 누구인지 잊힐까 봐 두려웠던 거 아닐까요?" 그 말 한마디가 수업의 흐름을 바꾸었다. 우리는 교과서 속 정답보다, 지금 우리의 마음으로 시를 어떻게 받아들이는지가 더 중요하다는 것을 함께 느끼게 되었다.

그때 나는 고전 문학 수업이 단지 지식을 전달하는 시간이 아니라, 마음의 언어를 찾는 여정이 될 수 있음을 실감했다. 하지만 거기서 멈출 수는 없었다. 감정은 살아났지만, 그 감정과 작품 해석을 어떻게 연결할지는 여전히 훈련되지 않은 채 남아 있었기 때문이다.

그래서 다음 학기에는 '감정-텍스트 연결 활동'을 수업에 넣었다. 그리고 그 활동을 더 깊이 이끌기 위해, 나는 학생들에게 이렇게 말했다. "고전 시가는 지금 우리에겐 흘러간 '옛날 노래'처럼 느껴질 수 있지만, 그 시대 사람들에게는 지금의 대중가요와 같은 존재였을 거야. 어쩌면 정철이나 윤선도는 그 시절의 아이돌이었을지도 몰라. 그리고 지금 우리가 좋아하는 방탄소년단이나 아이유의 노래가 500년 후엔 고전 시가로 남을 수도 있는 거야."

이 말을 들은 아이들의 눈빛이 달라졌다. 고전 시가가 먼 과거의 유물이 아니라, '누군가의 마음을 담은 노래'라는 사실이 조금씩 와닿기 시작했다. 그래서 이어서 '고전 시가 에세이 쓰기'를 시도했다. 학생들에게 자신이 느낀 감정을 바탕으로 작품을 해석해 보고, 자신이 좋아하는 대중가요와 연결해 표현해 보게 했다.

그러자 학생들은 점점 자신만의 목소리로 문학을 읽기 시작했다. 시와 노래, 해석과 감정이 얽혀들면서 수업은 한층 더 깊어졌다. 그리고 나 역시, 그 아이들 사이에서 문학을 다시 배우고 있었다. 이처럼 수업은 완성된 정답지를 따르는 일이 아니었다. 처음에는 어설프고 단순한 구조였던 수업이, 학생들의 감정과 나의 감각을 따라 끊임없이 재구성되고, 수정되고, 때로는 다시 허물어지며, 새로운 형식과 흐름을 스스로 찾아갔다. 마치 건축가가 완성된 설계도를 가지고 작업하는 것이 아니라, 그 공간에 머물며 사람들의 움직임과 빛의 방향, 계절의 변화를 하나하나 관찰하고 반영하듯 말이다.

내 수업이 그러했다. 단 한 번의 완성이 아니라, 매시간 아이들과 주고받은 대화와 감정, 나의 질문과 선택을 따라 조용히 다시 짜이고, 새롭게 디자인되며 변해가고 있었다. 그 변화의 흔적들 속에서, 나는 조금씩 나만의 수업 세계를 건축해 가는 중이었다.

조각가 알베르토 자코메티(Alberto Giacometti)의 작품 〈걸어가는 사람〉을 떠올려 본다. 거칠고 마른 형상의 인물이 앞으로 나아가는 이 조각은 얼핏 보면 연약하고 위태로워 보인다. 그러나 자세히 들여다보면, 한 걸음 한 걸음 멈추지 않고 나아가는 강인한 의지가 고스란히 담겨 있다. 자코메티는 수많은 스케치를 반복하며 인간 존재의 본질을 끈질기게 탐색했다. 형태를 덧붙이기보다 오히려 불필요한 것을 제거하고 또 제거하며, 결국 본질만을 남긴 조각에 도달했다.

교사의 수업도 이와 닮아있다. 처음에는 모든 것을 다 담고 싶어 과하게 구성되었던 수업이, 경험이 쌓일수록 점점 더 간결하고 본질에 가까워진다. 덜어내는 용기, 흘려보내는 여유, 남겨두는 침묵 속에서 오히려 수업은 더 단단해진다. 실패처럼 보이는 순간도, 그 자체로 중요한 디자인의 재료가 된다. 아이들의 반응이 미적지근하거나, 준비한 자료가 기대만큼 작동하지 않는 그 어색한 순간조차도, 다시 조정하고 흐름을 재설계하는 기회가 된다.

무엇보다 중요한 것은 교사가 실패를 두려워하지 않고 그 경험을 끌어안은 채 계속해서 '걸어가는 사람'으로 남는 일이다. 수업 디자인은 완벽한 결과물을 만드는 작업이 아니다. 끊임없는 수정과 재구성을 통해 교사 자신이 변화하고 성장해 가는 여정이다. 자코메티의 조각처럼, 교사의 모습도 어쩌면 위태롭고 불완전해 보일 수 있다. 그러나 멈추지 않고 매시간 수업을 고민하며, 아이들과 함께 더 나은 배움을 향해 걸어가는 그 모습 속에 가장 단단한 힘이 있다.

그렇다. 우리는 아직도 학생들과 함께 수업을 배우는 중이다.
그렇게 천천히,
그러나 분명히,
우리는 걸어가고 있다.

> 성찰 질문

- 교사로서 내 수업의 변화와 성장을 이야기로 표현한다면 어떤 스토리가 될까요?
- 학생들이 내 수업을 통해 만들어가고 있는 자신만의 이야기는 무엇일까요?
- 수업을 성장시키기 위해 나는 천천히 내 걸음으로 걸어가고 있나요?

> 실천 과제

- **수업 서사 그리기:** 한 학기 수업 계획을 시작, 전개, 절정, 마무리가 있는 하나의 스토리로 구성해봅니다.
- **교사 성장 일지 쓰기:** 수업안에서의 실패, 도전, 성공 경험을 정기적으로 기록하며 자신의 교사 서사를 만들어갑니다.
- **학생 이야기 모으기:** 학기 말에 학생들에게 이 수업을 통해 경험한 자신만의 이야기를 공유해달라고 요청하고, 이를 모아 수업 변화에 반영합니다.

오늘의 그림

알베르토 자코메티, 걸어가는 사람 I, 1960년.
청동, 183 × 27.5 × 97.5cm, 개인 소장, 사진 ⓒ 김태현

영감을 준 인물들

르 코르뷔지에(Le Corbusier), 『건축을 향하여』(동녘, 2002)

르 코르뷔지에의 핵심은 '형태는 기능을 따른다'는 건축 원리입니다. 그는 화려한 장식을 걷어내고 본질을 살리는 미니멀한 디자인을 강조했습니다. 교사에게 이 사유는 복잡한 활동과 자료로 가득한 수업 대신, 학생의 필요에 꼭 맞는 핵심 설계를 고민하라고 권합니다.

디터 람스(Dieter Rams), 『최소한 그러나 더 나은』(위즈덤하우스, 2024)

람스는 '적을수록 더 좋다'를 디자인 철학으로 내세웁니다. 그는 불필요한 요소를 제거해 본질을 드러내는 데 집중합니다. 교사에게 이 메시지는 과도한 활동이나 자료 대신, 수업의 핵심 질문과 목표를 명확히 하라는 요청으로 다가옵니다. 무엇이 가장 중요한지를 분명히 할 때, 학생들은 길을 잃지 않고 몰입할 수 있습니다. 그의 '좋은 디자인 10계명'을 읽어보면 교육 설계에도 적용할 수 있는 힌트를 얻을 수 있습니다.

봉준호(Bong Joon-ho), 『봉준호의 영화 언어』(이상용, 난다, 2021)

봉준호 감독은 익숙한 이야기 구조를 뒤틀고, 예상치 못한 전개로 관객을 흔듭니다. 교사에게 그의 연출법은 정형화된 수업 흐름을 깨고, 학생의 감정과 사고를 흔드는 창의적 구성의 필요성을 알려줍니다. 수업은 단순히 지식을 나열하는 게 아니라, 이야기로 엮어야 합니다. 봉준호처럼 학생들의 표정과 반응을 상상하며, 교사는 감독처럼 수업을 연출하는 감각을 키워야 합니다.

백남준(Nam June Paik), 『백남준 이야기』(이경희, 열화당, 2000)

백남준은 예술과 기계, 기술과 인간의 경계를 허물며 새로운 언어를 만들어냈습니다. 교실에 도입된 기술도 단순한 도구가 아니라 학생들의 감각과 사유를 일깨우는 매개체가 될 수 있습니다. 교사는 디지털 기기와 매체를 단순한 편의용이 아니라 창의적 사고를 촉발하는 언어로 사용해야 함을 배우게 됩니다.

스티브 잡스(Steve Jobs), 『스티브 잡스』(월터 아이작슨, 민음사, 2015)

잡스는 단순함, 아름다움, 직관성을 철학처럼 제품에 녹여냈습니다. 교사에게 그는 '학생 경험'을 최우선으로 설계하는 교실 디자이너로서의 정체성을 상기시킵니다. 복잡한 내용을 단순하게 정리하고, 학생이 쉽게 몰입할 수 있도록 구조를 만드는 것, 그것이 진짜 창의입니다.

안도 다다오(Tadao Ando), 『나, 건축가 안도 다다오』(안그라픽스, 2009)

안도는 빛, 침묵, 여백을 설계의 일부로 삼았습니다. 말하지 않아도 느끼게 하는 공간, 그 자체로 사유를 유발하는 건축이 그의 목표입니다. 교사에게 그는 말의 과잉을 줄이고, 기다림과 여백을 통해 학생 스스로 생각할 수 있는 공간을 만들어보라고 초대합니다.

이제석(Je Seok Lee), 『광고천재 이제석』(학고재, 2014)

이제석은 한 장의 이미지, 한 문장의 카피로 사람들의 마음을 움직입니다. 교사에게는 수업에서 너무 많은 말을 쏟아내는 대신, 하나의 질문이나 하나의 강렬한 메시지로 학생을 흔들어야 한다는 통찰을 줍니다. 수업에서 무엇을 남길지, 학생이 무엇을 기억하길 바라는지 고민해보게 만듭니다. 그의 광고 사례들을 더 살펴보면 '메시지의 힘'을 어떻게 키울지 배울 수 있습니다.

쿠엔틴 타란티노(Quentin Tarantino), 『타란티노 시네마: 아트북』(톰 숀, 제우미디어, 2019)

타란티노는 예측 불가능한 리듬과 구조로 영화를 만듭니다. 교사도 자신의 감각과 스타일에 따라 수업을 디자인할 수 있습니다. 정형화된 틀을 벗어나 자신만의 흐름을 만들고, 그 안에서 학생들과 예술적 긴장을 만들어보는 실험정신이 필요합니다. 그의 영화 제작 과정을 배우면 수업에서 '감각적 리듬'의 중요성을 더 깊게 이해할 수 있습니다.

박찬욱(Park Chan-wook), 『박찬욱의 몽타주』(마음산책, 2022)

박찬욱의 영화는 디테일 하나하나가 메시지를 품고 있습니다. 교사에게 수업은 여러 활동과 요소가 모여 하나의 철학과 메시지를 전달하는 구조물이라는 사실을 일깨워줍니다. 수업의 각 장면, 질문, 자료, 표정 하나까지도 의도를 담아야 한다는 점에서, 그는 '수업의 미장센'을 설계하라고 조언합니다.

마틴 스코세이지(Martin Scorsese), 『마틴 스코세이지 영화수업』(메리 팻 켈리, 현익출판, 2024)

스코세이지는 영화로 인간의 내면, 죄의식, 구원 같은 깊은 주제를 탐구해왔습니다. 교사에게 그는 표면적 지식 전달을 넘어서, 학생 개개인의 내면과 만나야 한다는 통찰을 줍니다. 교육은 사람을 다루는 일이며, 인간성에 관한 이야기라는 점을 상기시켜줍니다.

안토니 가우디(Antoni Gaudí), 『안토니 가우디』(손세관, 살림출판사, 2004)

가우디의 건축은 곡선, 자연, 빛, 기도, 그리고 변화하는 흐름이 어우러진 살아 있는 유기체입니다. 교사에게 그는 수업도 정해진 틀 안에 갇히지 않고, 변화하고 자라나며, 외부의 기준보다 교사의 신념과 사랑에서 시작되어야 한다는 메시지를 줍니다. 교사는 교육의 조각가이자 정원사라는 자각을 배우게 됩니다.

3장

실행
흔들리면서도 수업을 지켜가다

01
용기, 흔들려도 수업을 이어가는 끈기

에드가 드가(Edgar Degas)는 화려한 무대 위의 순간보다, 그 무대를 만들기 위해 쉼 없이 반복되는 연습의 시간을 주목했다. 땀에 젖은 채 연습실 구석에 주저앉아 잠시 숨을 고르는 무용수, 같은 동작을 수없이 되풀이하며 안간힘을 다하는 이들의 고단한 일상. 그의 그림에는 완벽한 공연 뒤편에 감춰진 고통과 끈기, 그리고 가끔은 좌절조차도 솔직하게 스며있다.

교사의 수업도 이와 닮아있다. 우리는 언제나 멋진 수업을 꿈꾸며 정성껏 계획을 세운다. 하지만 교실은 늘 예측을 비껴가는 생생한 삶의 공간이다. 수업은 아이들의 한마디에 예상치 못한 침묵에 그날의 공기와 분위기에 따라 흔들리고, 또 다시 새롭게 조정된다.

수업 실행이란, 그 무대 뒤편의 생생한 현실을 마주할 줄 아는 용기에서 시작된다. 실행은 교사가 설계한 수업을 마치 극처럼 '재현'하는 능력이 아니라, 눈앞의 아이들과 함께 만들어가는 살아 있는 과정이다. 그것은 흐름 속에서 방향을 감지하고, 뜻밖의 전개에도 유연하게 반응하며, 그 안에서 여전히 교육의 의미를 지켜내는 힘이다.

프랑스 철학자 장 폴 사르트르(Jean-Paul Sartre)는 "실존은 본질에 선행한다"고 말했다. 인간은 정해진 본질을 지닌 채 태어나는 것이 아니라, 먼저 '존재'한 뒤 자신의 선택과 실천을 통해 비로소 '본질'을 만들어 간다는 뜻이다. 삶이란 주어진 틀 속에 순응하는 것이 아니라, 매 순간의 결정과 행동을 통해 스스로 의미를 새겨 넣는 여정이다.

이 말은 수업에도 고스란히 닿아 있다. 교사가 수업을 디자인한다는 것은 마치 아직 걸어보지 않은 길 앞에 서서, 자신만의 궤적을 미리 그려보는 일과 같다. 더 나은 배움의 장면을 상상하고 아이들의 성장을 돕기 위한 장치를 고민하며, 정성껏 수업의 청사진을 그리는 이 시간은 분명 깊이 있는 예술적 행위다. 하지만 그 아름다운 설계도는 어디까지나 가능성에 불과하다. 그것이 진짜 '교육'이라는 이름으로 살아 숨 쉬기 위해서는, 교실이라는 현장 속에서 아이들과 함께 걸어가야 한다. 그리고 그 만남 속에서 끊임없이 흔들리고, 수정되고, 다시 태어난다.

축구 경기를 생각해보자. 감독은 치열하게 전략을 짜고, 선수들의 강점을 최대한 살릴 작전을 세운다. 그러나 막상 경기가 시작되면, 그라운드는 예측 불가능한 생동감의 연속이다. 선수들은 감독의 전략을 기억하되, 결국 그 순간의 직감과 흐름을 읽는 감각으로 움직여야 한다. 작전은 기준일 뿐, 실천은 '지금, 여기'에서 일어나는 생생한 선택의 연속이다.

교실도 마찬가지다. 교사는 누구보다 치밀하게 수업을 계획하고, 학생 한 사람 한 사람을 떠올리며 수업을 디자인한다. 그러나 수업이 시작되는 순간, 교실은 그 어떤 무대보다 더 많은 변수와 예측 불가능한 흐름으로 가득 찬다. 아이들의 돌발 질문, 갑작스러운 감정의 변화, 이유 모를 정적과 긴장. 이 모든 것은 교사에게 묻는다.
'지금, 어떻게 반응할 것인가?'

이 물음 앞에서 교사는 단순히 계획을 고수하지 않는다. 오히려 그 흐름을 섬세하게 감지하고, 그때그때 새롭게 반응하며 수업을 다시 써 내려간다. 그래서 수업은 계획을 따라가는 일이 아니라, 순간마다 다시 구성하는 예술에 가깝다. 교실이라는 살아 있는 장면 안에서, 교사는 매번 새로운 이야기의 작가가 된다.

이처럼 수업은 고정된 계획 안에 머무르지 않는다. 진짜 수업은, 교사가 수업을 '실행'하는 바로 그 순간부터 시작된다. 아이들의 예기치 않은 반응과 예민한 분위기를 온몸으로 껴안으며, 계획을 유연하게 다시 짜고, 새롭게 의미를 만들어 가는 그 행위 안에서, 수업은 비로소 살아난다.

수업 디자인은 시작을 위한 뼈대에 불과하다. 그 위에 감정과 사고, 대화와 침묵, 웃음과 질문이 더해질 때, 수업은 비로소 온기를 띤다. 교사는 그 뼈대 위에 살과 숨결을 입히며 매 순간 수업을 새롭게 창조해 나간다.

수업을 살아 있게 만드는 실행 능력은 네 가지 핵심 요소로 구성된다. 그것은 단순한 기술이 아니라, 교사가 교실이라는 살아 있는 공간 속에서 순간순간 조율하고 반응해 나가는 '살아 있는 지혜'다.

첫째는 경계성이다. 좋은 수업에는 분명한 규칙과 기준이 필요하다. 그러나 그것을 권위로 내리누르는 방식이 아니라, 친절하면서도 단호하게, 관계를 지켜내는 언어로 전달하는 것이 중요하다. 교사는 학생들에게 일관된 기대를 전하며, 동시에 교실의 질서를 안정적으로 이끄는 리더다. 경계가 흐려지면 수업은 금세 흔들리고, 공동체의 리듬도 무너진다. 따뜻한 분위기 속에서도 단단한 중심을 잃지 않는 것, 그것이 진짜 경계 설정이다.

둘째는 유연성이다. 교실은 살아 있는 유기체처럼, 늘 변화와 움직임 속에 있다. 아무리 완벽하게 설계된 수업이라 해도, 아이들의 예기치 못한 반응과 감정의 흐름 앞에서는 언제든 계획이 수정되기 마련이다. 이때 필요한 것은 '즉흥적인 유연함'이다. 정해진 틀에만 집착하지 않고, 돌발 상황을 오히려 배움의 새로운 가능성으로 바꾸어내는 재치. 유연한 교사는 흐름에 귀 기울이며 그때그때의 수업을 새롭게 탄생시킨다.

셋째는 민감성이다. 수업 중 학생의 작은 눈빛, 몸짓 하나에도 그날의 감정과 상태가 배어 있다. 집중하지 못하는 표정, 불안하게 흔들리는 시선, 고개를 푹 숙인 채 침묵하는 아이. 민감한 교사는 그 신호들을 놓치지 않고 읽어낸다. 그리고 수업의 속도를 조절하고, 아이의 마음에 다가가는 조용한 배려를 실천한다. 민감성은 교실의 공기를 감지하고, 학생의 마음에 깊이 귀 기울이는 감정의 안테나다.

마지막은 소통성이다. 수업은 지식을 일방적으로 전달하는 장이 아니다. 끊임없는 상호작용 속에서 배움은 살아난다. 때때로 오해가 생기고,

수업 안에 작은 균열이 생길 때, 교사는 그 틈을 억지로 봉합하려 하지 않는다. 대신 열린 마음으로 학생의 이야기를 듣고, 함께 문제를 풀어가는 태도로 다가간다. 경청하고 반응하며 신뢰를 쌓아가는 교사의 말과 눈빛은, 수업을 더 깊은 몰입으로 이끌어가는 조용한 동력이다.

교사라면 누구나 한 번쯤은 늦은 밤까지 수업을 준비해 본 경험이 있을 것이다. 나 역시 그랬다. 수업안을 한 줄 한 줄 채워 넣으며, 마치 정교한 건축 설계도를 그리듯 수업을 설계했다. 학생들이 어떻게 반응할지, 어느 순간 웃고, 언제 몰입할지를 상상하며 마음이 들뜨기도 했다. 교실 문을 여는 순간, 그 모든 준비가 찬란하게 빛을 발하리라 믿었다.

하지만 현실은 늘 다르게 다가왔다. 그날의 활동은 아이들에게 어울리지 않는 옷처럼 어색했고, 나는 그 어색함을 느끼면서도 끝까지 계획대로 밀어붙였다. 수업이 끝난 뒤 교실을 나서며 수없이 스스로를 탓하던 기억은 아직도 선명하다.

돌이켜보면, 그때 나는 '계획'이라는 틀에 너무 갇혀 있었다. 수업을 자연스럽게 흐르게 두기보다, 내가 정한 방향대로 이끌어야 한다는 부담이 더 앞섰다. 아이들의 반응을 있는 그대로 받아들이기보다는, 내가 상상해 둔 장면에 끼워 맞추려 했고, 그 틀에서 조금만 벗어나도 마음은 쉽게 흔들렸다. 그리고 그 흔들림은 곧바로 '실패'라는 자책으로 이어졌다. 긴 한숨으로 하루를 마무리하던 날들이 있었다.
그러나 그 시행착오 속에서 나는 조금씩 배우기 시작했다. 계획은 수업의 시작일 뿐, 교실은 언제나 그 계획을 넘어서는 생생한 생명체라는 것을. 진짜 수업은, 바로 그 살아 있는 교실 속에서 아이들과 함께 만들어가는 것이라는 사실을. 수업 디자인이 지도를 그리는 일이라면, 수업 실행은 그 지도를 들고 낯선 길을 함께 걸어가는 여행이다. 그 여정에 때로 길을 잃기도 하고, 예상치 못한 풍경을 만나기도 한다. 하지만 바로 그 경험 속에서 교사는 수업을 '실행하는 법'을 배운다.

이제부터 이어질 장에서는 수업 실행을 더 깊이 들여다보려 한다. 그것은 단지 계획을 잘 따르는 능력이 아니라, 매 순간의 예측 불가능함을 받아들이고, 흔들림 속에서도 다시 길을 만들어 가는 교사의 내공이다. 드가의 무용수들이 무대 위의 완벽한 한 걸음을 위해 수없이 넘어지고 다시 일어서기를 반복하듯, 우리 역시 수업의 현실 속에서 실수하고 넘어지지만, 그 모든 과정이 모여 결국 '나만의 수업'을 빚어낸다.

수업은 완벽한 결과를 위한 연기가 아니라, 아이들과 함께 흔들리며 성장하는 하나의 예술이다. 그리고 교사는 그 예술의 무대 위에서 오늘도 조용히, 그러나 용기 있게 다시 한 발을 내딛는다.

성찰 질문

- 아무리 철저히 준비한 수업도 교실에서 예상과 다르게 흘러간 경험이 있나요? 그때 내 마음은 어땠나요?
- 수업 디자인과 실행 사이에서 자주 경험하는 가장 큰 간극은 무엇인가요?
- 수업 실행 능력 중 '경계성', '유연성', '민감성', '소통성' 가운데 내가 가장 자신 있는 영역과 부족한 영역은 무엇인가요?

실천 과제

- **수업 실패 일지 만들기:** 계획했던 수업이 무너졌던 순간을 구체적으로 기록하고, 그 원인과 내 감정적 반응, 대처 방식을 분석해 봅니다.
- **유연성 훈련하기:** 다음 수업에서 의도적으로 계획의 일부를 바꿔보고, 즉흥적 변화에 적응하는 연습을 합니다.
- **수업 참관하며 배우기:** 존경하는 선배 교사의 수업을 참관하며, 돌발 상황에 대처하는 방식을 관찰하고 배웁니다.

오늘의 그림

에드가 드가, 두 발레리나의 휴식, 1898년경.
파스텔과 목탄, 59.1 × 64.8cm, 오르세 미술관(Musée d'Orsay, Paris)

02

경계, 무너짐을 막고 흐름을 지키는 울타리

　교실 문을 여는 순간, 심장이 쿵 내려앉았다. 네덜란드 화가 얀 스테인(Jan Steen)의 작품 〈학교의 소년과 소녀들〉처럼, 눈앞에는 혼란으로 가득한 교실 풍경이 펼쳐져 있었다. 뒷자리에서는 종이비행기가 날고, 창가 쪽에서는 아이들이 웃음을 참지 못하고 깔깔대며 웅성거렸다. 교탁 앞에 선 교사의 얼굴에는 당혹감과 좌절감이 번갈아 스쳤고, 그의 목소리는 점점 소음에 묻혀 사라져갔다. 손에 들고 있던 교과서는 어느새 힘없이 축 늘어져 있었다.

　이 장면은 낯설지 않다. 교직 초년 시절, 밤을 지새워 준비한 수업안을 들고 교실에 들어섰지만, 아이들의 산만한 분위기 앞에 속수무책으로 서 있던 내 모습이 겹친다. 공들여 만든 수업은 혼란의 소용돌이 속에 금세 빛을 잃었고, 나는 교실 한가운데서 서서히 무너져 내렸다.

　돌이켜보면 문제의 핵심은 단순했다. 나는 경계를 세우지 못했다. 수업의 질서와 집중은 저절로 주어지는 것이 아니라, 교사가 분명하고도 따뜻하게 그려주는 선 위에서 비로소 가능하다는 사실을 그때는 몰랐다. 경계가 흐릿하면, 학생들은 어디까지가 허용되는지 몰라 불안해지고, 결국 교실은 모두를 지치게 하는 혼란에 빠져든다.

교실에서의 경계 설정은 단순히 규칙을 나열하는 일이 아니다. 그것은 학생들이 안전하다고 느끼고, 마음 놓고 배움에 몰입할 수 있도록 돕는 정서적 구조물이다. 교사의 말과 태도, 반응 하나하나가 교실의 경계를 만들고, 그 경계는 곧 교사의 신념과 사랑이 스며든 모양으로 드러난다. 친절하면서도 단호하게, 아이들의 자유를 보장하면서도 질서를 지켜내는 힘. 그것이 교사의 첫 번째 실행 능력이다.

흥미롭게도, 수십 년간 교사들을 만나고 코칭해오며 내가 발견한 진실은 많은 이들의 예상과는 조금 달랐다. 대부분의 교사는 자신이 수업 디자인 능력이 부족해서 어려움을 겪는다고 말했지만, 정작 깊이 들여다보면 문제의 본질은 '실행력'에 있었다. 특히 교실 안에서의 경계 설정, 그 부재가 혼란의 시작점이었다.

요즘 유·초등학교에서는 학부모 민원에 대한 압박으로 인해 교사들이 규칙을 적용하는 일에 점점 더 조심스러워지고 있다. 중·고등학교로 올라갈수록 상황은 더 복잡해진다. 수업 시작부터 통제력을 잃은 교실에서, 교사들은 점점 더 깊은 무력감 속으로 빠져들고 있다. 수업을 어떻게 설계하느냐보다도, 그 수업을 어떻게 '지켜낼 것인가'가 더 시급한 과제가 되어버렸다. 따뜻하면서도 단호하게, 학생과의 관계를 지켜내며 교실의 질서를 세우는 것. 지금 교사들에게 정말 필요한 건 바로 그 실질적인 실행 능력이다.

그러나 이 균형을 찾는 일은 절대 쉽지 않다. 많은 교사들이 학생들과 친밀한 관계를 맺고 싶어 지나치게 부드러운 태도로 다가가다가, 교실이 흐트러지면 어느 순간 갑자기 엄격한 모드로 돌아선다. 그리고 그 전환의 순간, 아이들과의 관계는 다시 어색해진다. 아이들은 혼란을 느끼고, 교사는 스스로를 책망하며 다시 움츠러든다. 그렇게 교실은 언제 터질지 모를 긴장감 속에 잠기고, 교사는 또다시 마음속 줄타기를 시작한다.

이처럼 교실의 경계 설정이 어렵게 느껴질 때, 많은 교사가 선택하는 접근이 바로 학급 긍정 훈육(Positive Discipline in the Classroom)이다. 이 교육법은 심리학자 알프레드 아들러(Alfred Adler)의 이론을 바탕으로 하며, 교사와 학생이 상호 존중과 격려 속에서 책임감 있는 행동을 배워가도록 돕는다.

아들러는 인간의 모든 행동은 소속감과 유대감에 대한 깊은 욕구에서 비롯된다고 강조했다. 학생들이 문제 행동을 보이는 것도 결국 자신이 인정받고, 공동체에 받아들여지기를 바라는 마음이 충족되지 못한 결과일 수 있다. 그래서 학급 긍정 훈육은 처벌이나 강압이 아니라, 관계의 회복과 공동체 안에서 연결감을 통해 아이들의 행동을 변화시키는 데 초점을 맞춘다.

이 과정에서 교사는 친절함과 단호함을 동시에 유지하는 존재가 된다. 아이들을 존중하면서도 분명한 기준을 제시하고, 그 경계 안에서 스스로 책임 있는 선택을 할 수 있도록 따뜻한 격려와 일관된 지원을 아끼지 않는다.

학급 긍정 훈육에서 강조하는 중요한 원칙 중 하나는 학생들과 함께 규칙을 만드는 것이다. 내 경험으로도, 아이들이 규칙 제정에 직접 참여할 때 그 규칙을 자연스럽게 받아들이고, 더 큰 책임감을 느끼는 모습을 자주 보아왔다.

한번은 내가 맡았던 학급에서 학기 초에 '신뢰 서클'이라는 시간을 가졌다. 모두가 원형으로 둘러앉아, 우리 교실을 어떤 공간으로 만들고 싶은지 함께 이야기 나누는 시간이었다. 이 공간에서는 모든 학생이 동등한 발언권을 가지고, 각자의 목소리가 진심으로 존중받았다.
"서로의 말을 끝까지 경청해요."
"친구를 놀리지 않고, 존중하는 말을 사용해요."

학생들은 이처럼 직접 규칙을 제안했고, 그 이유와 경험을 함께 나누었다. 왜 그 규칙이 필요한지, 어떤 순간에 마음이 다쳤는지를 조심스럽게 이야기하는 가운데, 교실은 점점 더 신뢰의 공간으로 변해갔다. 그 과정에서 학생들은 규칙을 '지켜야 할 약속'이 아니라, '함께 만든 약속'으로 받아들였고, 자연스럽게 주인의식과 책임감을 키워나갔다. 그날의 교실은 단지 학습의 공간이 아니라, 서로의 존재를 존중하고 성장시키는 공동체였다. 그리고 나는 그 자리에서, 진짜 교육은 통제하는 힘이 아니라 연결하는 힘에서 비롯된다는 사실을 다시 한 번 깨달았다.

하지만 모든 학급이 이런 방식으로 순조롭게 흘러가지는 않는다. 어떤 해엔 내가 조심스럽게 "우리 함께 수업 규칙을 만들어볼까?"라고 제안했을 때, 교실 안에 무거운 침묵만 내려앉은 적도 있었다. 말 한마디

꺼내는 것조차 조심스러워 보이던 아이들의 표정. 그 순간 나는, 지금 가르치고 있는 고등학생들에게 이런 방식이 어쩌면 낯설고 불편한 경험일 수 있다는 사실을 새삼 깨달았다.

그럴 때는 교사로서 적절한 개입과 방향 제시가 필요하다. 나는 미리 준비해 둔 수업 규칙 예시를 슬며시 꺼내 들며 아이들에게 묻곤 했다. "이런 규칙들에 대해 어떻게 생각하나요? 혹시 추가하거나 바꾸고 싶은 내용이 있나요?" 이처럼 열린 질문을 던지면, 처음엔 머뭇거리던 아이들도 조금씩 생각을 말하기 시작했다. 중요한 건 '모두 함께 만드는 규칙'이라는 틀을 지키면서도, 그 과정을 아이들의 정서에 맞게 조율하는 교사의 감각이다.

이런 접근을 가능하게 하려면, 교사가 먼저 교실 안에서 허용되는 행동과 그렇지 않은 행동의 경계를 명확히 세워두는 것이 중요하다. 막연한 원칙보다는, 아이들이 상상할 수 있고 실천할 수 있는 구체적인 지침을 제시하는 것이 효과적이었다.

예를 들어, '종이 울리기 전에 자리에 앉아 있기', '다른 과목 공부하지 않기', '친구 발표 시 놀리지 않고 공감적인 리액션 하기' 등.

이런 예시들을 제시하면, 학생들은 단순히 수용자에 머무르지 않고 하나둘 의견을 보태며 활발한 논의에 참여하기 시작했다. 누군가는 말한다. "리액션은 좋지만, 발표할 때 너무 웃는 건 좀 민망해요." 또 누군가는, "대답 못해도 뭐라 안 하는 분위기였으면 좋겠어요." 그렇게 작은 말들 속에서 우리만의 수업 규칙이 만들어지고, 교실은 서서히 신뢰의 관계로 변해갔다.

수업 안에서 경계를 세우는 일, 그 시작은 '규칙'에서 비롯된다. 하지만 더 중요한 것은 그 규칙을 지켜내는 교사의 일관된 태도이다. 단호함을 유지하는 일은 생각보다 쉽지 않다. 단호하되 따뜻하게, 원칙은 분명하되 감정은 다정하게, 이 미묘한 균형을 잡기 위해서는 교사 스스로가 먼저 그 규칙의 의미를 진심으로 되새겨야 한다. 단지 "이건 지켜야 해"라고 말뿐 아니라, 마음속으로도 '이건 우리가 함께 안전하게 머물기 위해 만든 소중한 약속이야'라고 깊이 공감할 수 있어야 한다.

한번은 이런 일이 있었다. 수업 중 교실 뒤편에서 장난을 치는 학생이 있었지만, 나는 그 순간을 그냥 지나쳤다. 그날 수업은 끝내 흐트러졌고, 다시 집중을 끌어오는 데는 꽤 많은 에너지가 필요했다. 그 작은 무시, 그 짧은 침묵 하나가 교실의 흐름 전체를 무너뜨릴 수 있다는 것을, 그날 절실히 깨달았다. 마치 '깨진 유리창의 법칙'처럼, 작은 틈을 방치하면 그 틈으로 무질서가 스며든다.

그래서 교사는 지속적으로 규칙을 상기시키고, 조용히, 그러나 일관되게 그 울타리를 지켜내야 한다. 때로는 번거롭고, 때로는 마음이 흔들릴 수 있지만, 그런 단호함이 하나둘 쌓일수록 아이들은 점점 더 안정감을 느낀다. '우리 선생님은 다정하지만, 우리가 정한 약속은 꼭 지키게 하시는 분이야.' 이런 믿음이 아이들 마음에 자리 잡을 때, 교실에는 비로소 신뢰의 온기가 깃든다.

학생들과 함께 만든 규칙이라 해도, 교사의 태도가 느슨해지면 그 규칙은 곧 힘을 잃는다. 규칙을 만드는 과정보다 더 중요한 것은, 그 규칙을 어떤 태도로 지켜가는가이다. 그 태도는 무섭거나 위협적인 것이 아니라, 따뜻하면서도 분명한 울타리여야 한다. 때로는 시험에 들고 때로는 흔들리기도 하겠지만, 교사가 끝까지 그 울타리를 지켜낼 때 아이들은 그 안에서 더 자유롭고, 더 안전하게 성장해간다.

결국, 교실 안에 세워지는 이 울타리는 단지 규칙을 유지하는 장치가 아니라, 학생들의 마음을 지켜주고 성장의 방향을 이끌어주는 교사의 배려이자 사랑이다. 단호함과 다정함이 맞닿은 그 경계 안에서, 우리는 아이들과 함께 진짜 배움의 공간을 만들어간다.

성찰 질문
- 교실에서 혼란이 발생할 때 내 마음은 어떤 상태가 되나요? 그 감정이 수업 진행에 어떤 영향을 주나요?
- 적절한 경계와 규칙을 세우는 일에서 가장 어려운 점은 무엇인가요?
- 교사로서의 권위와 학생과의 친밀함 사이에서 균형을 어떻게 유지하고 있나요?

실천 과제
- **경계선 명확히 하기:** 수업에서 반드시 지켜야 할 핵심 규칙을 학생들과 함께 정하고, 그 이유를 공유합니다.
- **일관성 훈련하기:** 한 주 동안 정한 규칙을 일관되게 적용하고, 매일 그 효과를 기록합니다.
- **신호 체계 만들기:** 소음이 커지거나 주의를 환기해야 할 때 사용할 비언어적 신호(종, 손동작 등)를 만들어 학생들과 약속합니다.

오늘의 그림

얀 스테인, 학교의 소년과 소녀들, 1665년경.
캔버스에 유채, 41.5 × 34.5cm,
아일랜드 국립미술관(National Gallery of Ireland, Dublin)

• 부록 •

수업 약속의 예시

❖ **유치원 수업의 약속**

1. 이야기하고 싶을 땐 손을 들어요.
2. 친구의 몸을 때리거나 밀지 않아요.
3. 교실에서 뛰지 않고 걸어 다녀요.
4. 간식을 먹기 전 손을 꼭 씻어요.
5. 교구를 사용한 뒤 제자리에 정리해요.

❖ **초등학교 수업의 약속**

1. 종이 울리면 바로 자리에 앉아요.
2. 친구의 의견을 존중해요.
3. 준비물을 수업 시작 전에 미리 꺼내 놓아요.
4. 복도나 교실에서 뛰지 않고 걸어요.
5. 화장실에 갈 때는 조용히 손을 들어서 허락을 받아요.

❖ **중학교 수업의 약속**

1. 휴대전화는 수업 중 반드시 가방에 넣어두어요.
2. 수업이 시작되면 교과서를 책상 위에 펼쳐 놓아요.
3. 친구들이 발표할 때, 함부로 놀리지 않아요.
4. 수업과 무관한 잡담이나 장난은 하지 않아요.
5. 욕, 비속어는 절대 사용하지 않아요.

❖ **고등학교 수업의 약속**

1. 수업 중 개인적으로 공부하거나 다른 과목 책을 보지 않는다.
2. 수업 중에는 이어폰이나 전자기기를 사용하지 않는다.

3. 질문이나 답을 말할 땐 주변 친구를 존중하는 표현을 사용한다.
4. 수업 시간에 엎드려 있거나 자지 않고, 정말 피곤할 경우 선생님께 미리 양해를 구한다.
5. 종 치기 전에 교실에 미리 들어와 앉는다.

수업의 경계를 지키는 12가지 전략

1. 친절하지만 단호한 태도를 유지한다.
학생이 수업 중 크게 떠들 때: "네가 이야기하고 싶어 하는 건 알겠어. 그렇지만 지금은 수업 시간이니까 이따 쉬는 시간에 다시 이야기하자."

2. 상호 존중의 문화를 형성한다.
학생이 발표할 때 실수하면: "누구나 실수할 수 있어. 괜찮아, 다시 한번 해볼래?"라며 학생을 존중하는 태도를 보여준다.

3. 문제 행동의 목적을 이해한다.
학생이 반복적으로 자리에서 일어날 때: "혹시 계속 앉아있기 힘든 이유가 있어? 네가 불편한 이유를 말해주면 함께 방법을 찾아보자."

4 처벌보다는 해결책에 집중한다.
준비물을 잊은 학생에게: 처벌 대신 "다음부터 준비물을 잘 챙기려면 어떤 방법이 좋을까?"라고 함께 방법을 고민한다.

5. 학생에게 책임감을 가르친다.
교실을 어지럽힌 학생에게: "우리 교실이 다시 깨끗해지려면 네가 무엇을 하면 좋을까?"라며 직접 정리하도록 격려한다.

6. 규칙을 일관성 있게 적용한다.

교실에서 핸드폰 사용이 금지되어 있을 때, 어떤 학생이 규칙을 어기면: 감정을 배제하고 침착하게 "우리 교실에서는 모두에게 같은 규칙이 적용된단다. 지금은 핸드폰을 가방에 넣어줄래?"라고 말한다.

7. 격려와 긍정적인 피드백을 지속적으로 제공한다.

수업 참여가 소극적인 학생이 발표를 시도했을 때: "네가 손을 들어 의견을 말해줘서 선생님이 정말 기뻤어. 앞으로도 계속 도전해 보자!"

8. 학생들의 행동 뒤에 숨겨진 목적을 이해한다.

자꾸 친구를 놀리는 학생을 볼 때: "네가 친구의 관심을 얻고 싶은 마음은 알겠어. 친구가 기분 상하지 않도록 네 마음을 표현할 수 있는 다른 방법은 없을까?"

9. 학생들이 직접 규칙을 정하게 한다.

학기 초에 학생들이 모여 "우리 교실에서는 서로 욕을 하지 말고, 존중하는 말을 쓰자" 같은 규칙을 직접 정하게 하고 그 이유를 함께 이야기하도록 한다.

10. 학생에게 자율적인 선택과 책임을 준다.

발표 순서를 정할 때: "발표 순서를 내가 정하는 것보다 여러분 스스로 정하는 것이 좋을 것 같아요. 원하는 순서를 골라볼래요?"라고 제안한다.

11. 격려와 긍정적 피드백을 일상화한다.

학생이 숙제를 조금 늦게 제출하더라도 "늦었지만 포기하지 않고 끝까지 해낸 네가 대단해!"라고 긍정적으로 격려한다.

12. 교사와 학생 간의 관계 회복을 적극적으로 시도한다.

학생과 갈등이 있었을 때: 먼저 학생에게 다가가 "어제는 나도 감정이 격해져서 미안해. 다시 잘 지낼 수 있을까?"라며 먼저 다가가 관계를 회복한다.

03

존중, 마음과 마음 사이에 다리를 놓는 길

에른스트 루트비히 키르히너(Ernst Ludwig Kirchner)의 〈이중 자화상〉은 거칠고도 강렬한 붓질, 대담한 색채 속에 인간 내면의 갈등을 응축해 담아낸 작품이다. 서로 다른 방향을 바라보는 두 인물은 마치 하나의 몸에서 갈라져 나온 듯한 인상을 준다. 정체성의 혼란, 내면의 균열이 화면 전체에 생생히 흘러넘친다.

이 그림을 오래 바라보고 있으면, 교실 안에서 두 가지 상반된 태도 사이를 오가는 교사의 삶이 떠오른다. 아이들을 따뜻하게 품어야 하는 존재이면서, 동시에 질서를 세워야 하는 단호한 리더. 친절함과 단호함 사이, 교사는 매일 아슬아슬한 외줄을 걷는다. 그리고 그 균형을 잡기 위해 얼마나 많은 에너지를 소모하는지를 우리는 잘 알고 있다.

그래서 학급 긍정 훈육을 단순한 기술이나 훈련의 문제로만 접근한다면, 교사는 이 두 태도 사이에서 금세 지치고 흔들리게 된다. 학급 긍정 훈육의 핵심은 '행동 기술'에 있지 않다. 그것은 인간에 대한 철학, 존재를 바라보는 시선의 깊이에 있다.

아들러는 "모든 인간의 행동은 목적을 가진다"고 말했다. 그리고 그는 "그 목적은 대부분 소속되고자 하는 욕구, 인정받고 싶은 갈망에서 비롯된다. 문제 행동을 보이는 아이일수록, 사실은 더 많은 격려와 더 깊은 이해가 필요하다"고 말했다.

이 철학은 교사에게 단순히 잘 참으라고 말하는 것이 아니다. 오히려 문제 행동 뒤에 숨겨진 아이의 신호와 목적을 읽어내고, 그 아이의 존재 자체를 있는 그대로 인정하라는 요청이다. 그것은 기술의 문제가 아니라 존재를 바라보는 시선의 전환이며, 교사와 학생 사이의 관계를 다시 구성하는 일이다.

하지만 이러한 철학적 접근은 말처럼 쉽지 않다. 아무리 마음을 다잡고 철학으로 무장해도, 하루에도 몇 번씩 교사의 마음을 무너뜨리는 순간들이 찾아온다. 예고 없이 걸려 오는 학부모의 항의 전화, 수업 중 교사의 말을 비웃는 듯한 학생의 눈빛, 교무실에서 마주친 누군가의 무심한 말투. 그 짧은 순간들이 교사의 마음에 조용히 금을 낸다. 아무렇지 않은 척 지나가지만, 그 금은 하루의 끝에서야 비로소 아프게 드러난다. 단단해지려 애쓸수록, 마음은 오히려 더 쉽게 부서질 수 있다는 사실을 우리는 너무도 잘 안다.

그래서 교사는 무엇보다 자기 자신을 돌보는 법을 먼저 배워야 한다. 교실이라는 전장 한가운데에서, 스스로 마음의 평화를 지켜내는 훈련이 필요하다. 나는 수업을 시작하기 전, 잠시 눈을 감고 깊은 숨을 들이쉰다. 짧은 묵상과 심호흡을 통해 내 마음의 결을 들여다보는 시간. 감정이 요동치는 수업 중에는 속으로 이렇게 말한다.

"Inner~ peace~."

아들러의 통찰처럼 "학생의 말 속에는 언제나 그럴만한 이유가 있다." 아이들의 말 한마디 표정 하나에도 격려받고 싶거나, 무언가를 간절히 요청하고 있는 마음이 숨어 있다는 것을 나는 서서히 깨닫기 시작했다. 처음에는 그저 불평처럼 들렸던 말들. 예전 같으면 '이건 나를 향한 공격인가?' 하고 움츠렸을 말들. 하지만 그 물음을 '이 아이는 지금 어떤 도움이 필요할까?' 라는 방향으로 바꾸자, 아이의 겉모습 너머에 있던 진심이 조금씩 보이기 시작했다.

어느 날 한 학생이 거칠게 불만을 쏟아냈다. 그때 나는 이렇게 되물었다. "그렇게 느꼈구나. 그럼, 네가 바라는 건 정확히 어떤 거야?" 그 한마디는 아이의 방어를 풀었고, 마침내 자신의 진짜 욕구를 조심스레 꺼내 놓게 했다. 우리는 갈등이 아닌 이해의 자리에서 연결되었고, 그 위에 신뢰라는 이름의 다리가 하나씩 놓이기 시작했다. 규칙을 어긴 순간에도, 교사의 태도는 결정적인 역할을 했다. 나는 아이의 이름을 다정하게 부르고, "상민아, 무슨 일이 있었던 거니?", "왜 그런 선택을 했는지 말해줄래?" 하고 조심스럽게 물었다.

이런 접근은 겉보기엔 단순해 보이지만, 교사의 마음이 부너지시 쉬운 순간엔 결코 쉬운 일이 아니다. 감정이 반사적으로 올라올 때, 한 박자 늦춰 바라보는 그 연습은 정말이지 '훈련'이 필요했다. 그래서 내가 관심을 갖게 된 것이 토마스 고든(Thomas Gordon)이 제안한 '교사 역할 훈련(Teacher Effectiveness Training, TET)'이었다. 이 훈련은 단순한 대화 기술이 아니었다. 오히려 교사라는 이름 뒤에 숨어 있던 '나'의 감정과 욕구, 그리고 학생의 말 너머에 있는 진짜 마음을 바라보게 하는 내적인 성찰의 훈련이었다.

고든은 우리에게 세 가지 중요한 길을 제시한다. 내 감정의 움직임을 정직하게 바라보고, 그것을 비난 없이 표현하는 법. 학생의 말보다 그 마음을 먼저 들으려는 경청의 태도. 그리고 갈등 상황 속에서 누가 진짜 어려움을 겪고 있는지를 분별해 그에 맞는 대응을 선택하는 연습.

처음에는 그저 머리로만 이해하던 내용이었다. 하지만 시간이 흐르며 그 훈련은 내 말과 눈빛, 호흡과 기다림 속에 서서히 스며들기 시작했다. 말이 아닌 시선으로 학생을 기다리는 연습, 반사적으로 올라오는 짜증을 비난이 아닌 문장으로 바꿔 말하는 연습, 상황을 빠르게 해결하려는 충동을 멈추고 먼저 나의 감정을 들여다보는 연습. 그런 순간들이 쌓일수록 나는 점점 학생을 통제하려는 강박에서 벗어나, 아이를 있는 그대로 이해하려는 나의 모습을 발견하게 되었다.

그 변화는 눈에 띄게 드러나진 않았다. 여전히 수업은 종종 산만했고, 아이들은 나의 말을 흘려들을 때도 있었다. 하지만 나는 알고 있었다. 그 안에서도 나는 이전과는 다른 선택을 하고 있었고, 그 선택이 나를 조금씩 바꾸고 있다는 것을. 예전의 나는 학생들을 통제해야 한다고 느꼈다면, 이제의 나는 그 불편함 속에서 내가 왜 그런 불편함을 느끼고 있는지를 차근차근 살피게 되었다.

완벽하지 않은 순간들이 많지만, 문득 문득 학생의 마음을 들으려 질문을 던지는 나의 모습을 발견할 때가 있다. 여전히 목소리는 날카롭고 말투는 어색하지만, 어느새 나는 "그렇구나!" 하며 학생의 이야기에 한 박자 늦게라도 반응하려 애쓰고 있다. 말의 온도는 아직 서툴고 다정하진 않지만, 나는 이제 학생의 이야기를 들으려는 사람이 조금은 되어가고 있다. 그럴 때면 단지 수업을 잘 해냈다는 만족이 아니라, 시간이 지나니 그래도 '내가 교사가 되어가고 있다'는 생각에 스스로 뿌듯하기도 하다.

마르틴 부버는 인간관계의 본질을 꿰뚫으며, 세상에 존재하는 모든 만남을 두 가지 방식으로 나누었다. '나와 그것'의 관계는 타인을 도구처럼 대하는 방식이다. 상대는 목적을 위한 수단이 되고, 관계는 표면만 스친 채 깊어지지 않는다. 그 안에는 효율과 통제, 판단과 계산이 개입한다. 반면 '나와 너'의 관계는 상대를 하나의 고유한 존재로 마주하는 방식이다. 거기엔 존중이 있고, 진심이 있고, 존재 자체에 대한 환대가 있다. 부버는 말한다. 진정한 이해와 소통은 '나와 너'의 관계에서만 피어난다고. 그 만남 안에서 우리는 서로를 있는 그대로 받아들이고, 존재의 깊은 진실에 다가설 수 있다고.

이 철학은 교실에서 '경계를 세우는 일'에도 깊은 울림을 준다. 경계가 있다고 해서 관계가 차가워야 하는 것은 아니다. 오히려 교사가 세우는 건강한 경계는, '나와 그것'의 단절된 관계가 아니라, '나와 너'의 따뜻하고 투명한 관계 위에 놓여야 한다. 그럴 때 경계는 제약이 아니라 안전한 울타리가 되고, 규칙은 감시가 아니라 돌봄의 표현이 된다. 그것은 단순한 기술이 아니다. 교사가 학생 한 사람 한 사람을, 있는 그대로의 존재로 바라볼 때 가능한 일이다.

그러나 사실 학생들을 존재로 바라보는 일은 생각만큼 쉽지 않다. 늘 학생들을 '나와 너'로 존중하며 대한다는 것은, 교사에게 큰 도전이다.

특히 나와 잘 맞지 않는 아이들, 무례하거나 선을 넘는 학생을 마주하면 우리도 사람인지라 자존심이 상하고, 교사 생활에 회의감을 갖게 된다.

그럴 때마다 나는 졸업생들을 떠올린다. 올해에도 8년 전, 그렇게 말썽을 부리던 한 제자가 교생 실습을 왔다. 체육 교생이 된 그는, 어찌나 듬직하고 따뜻한 모습으로 자라났던지. 입에 욕을 달고 다녔던 그가, 이제는 후배들 앞에서 근엄하게 서 있는 모습을 보니, 새삼 교육의 힘, 세월의 힘을 깨닫는다. 나는 그 모습을 보며 교육이란 결국 현재의 모습만으로 사람을 단정하지 않는 마음이라는 것을 알게 된다. 지금은 무례하고 철없어 보이는 학생도, 몇 년이 지나면 생각 깊은 어른, 따뜻한 사람으로 자라 있을지 모른다. 그런 기다림 속에서 품는 기대, 그것이야말로 교사를 교사답게 만드는 꿈이다.

오늘을 견디는 힘, 그래도 다시 학생을 바라보는 힘은 결국, 그 꿈에서 나온다. 누군가는 오늘도 단호함과 친절 사이에서 방황하고 흔들리겠지만, 그 모든 흔들림 속에서 아이들은 조금씩 자라고, 결국 좋은 어른으로 성장해 간다. 그리고 교사는, 그런 날들을 묵묵히 견뎌낸 만큼 조금 더 단단해지고, 조금 더 깊어지게 된다.

그래서 오늘도 우리는 완벽하진 않지만, 진심을 품고 '교사'라는 이름으로 한 걸음 더 나아간다.

성찰 질문

- 학생의 행동을 제한하면서도 그 학생의 존엄성을 지켜준 순간은 언제였나요?
- 규칙을 어긴 학생을 대할 때 가장 자주 느끼는 감정과 생각은 무엇인가요?
- 경계를 세우는 과정에서 학생과의 관계가 더 깊어진 경험이 있었나요? 어떻게 가능했나요?

실천 과제

- **존중하는 언어 사용하기:** "~하지 마" 보다 "~하자"로, 금지보다 권유와 안내의 언어를 의식적으로 사용해 봅니다.
- **공감-단호함 균형 연습하기:** 학생의 감정을 먼저 인정하고 공감한 후에 경계와 규칙을 상기시키는 두 단계 대화를 연습합니다.
- **개인적 관심 표현하기:** 규칙을 자주 어기는 학생과 1:1 시간을 갖고, 그의 관심사와 강점에 대해 대화하며 관계를 쌓습니다.

오늘의 그림

에른스트 루트비히 키르히너, 이중 자화상, 1914년.
캔버스에 유채, 크기 미상, 슈테델 미술관(Städel Museum, Frankfurt am Main)

• 부록 •

교사가 무례한 학생을 경험할 때 지켜야 할 10가지 원칙

1. 즉각적으로 감정적인 대응은 하지 않는다.(감정을 먼저 진정시키고 대응하는 시간을 갖는다.)
2. 개인적으로 받아들이지 않는다.(학생의 무례함이 나에 대한 공격이 아니라 학생 본인의 어려움이라는 것을 기억한다.)
3. 학생과의 거리를 적절히 유지한다.(친밀함을 유지하되 선을 넘는 무례함은 단호하게 다룬다.)
4. 목소리를 높이지 않는다.(침착하고 차분한 목소리로 명확히 의사를 전달한다.)
5. 공개적으로 학생을 비난하지 않는다.(반드시 학생을 개별적으로 불러서 따로 이야기한다.)
6. 명확한 행동의 기준과 경계를 제시한다.(허용할 수 있는 행동과 그렇지 않은 행동의 기준을 명확히 알린다.)
7. 학생의 이야기를 먼저 들어준다.(학생의 입장을 경청하여 숨겨진 욕구를 파악한다.)
8. 학생에게 존중하는 태도를 끝까지 유지한다.(교사의 품격과 존중의 태도를 유지하며 일관된 모습을 보인다.)
9. 즉시 처벌보다는 성찰의 기회를 준다.(학생이 자신의 행동을 돌아볼 수 있는 질문과 시간을 준다.)
10. 문제 해결 후 학생과의 관계 회복을 위해 노력한다.(학생과 다시 원활한 관계를 유지하도록 관심과 격려를 표현한다.)

교사가 마음의 평화를 유지하는 10가지 방법

1. 수업 전후 짧은 명상이나 심호흡을 실천한다. (하루 3분의 멈춤을 통해 마음의 긴장을 해소한다.)
2. 학생의 문제 행동을 나를 향한 공격이 아닌 도움의 요청으로 재해석한다. (학생 행동의 숨은 이유를 생각하며 마음의 여유를 가진다.)
3. '나도 사람이다' 라는 사실을 인정하고 나 자신을 비난하지 않는다. (모든 상황을 완벽히 통제할 수 없음을 스스로 받아들인다.)
4. 불편한 감정이 올라올 때는 의식적으로 말을 멈추고 잠시 기다린다. (급한 대응보다 마음의 여유를 갖기 위해 시간을 확보한다.)
5. 퇴근 후, 업무와 거리를 두는 시간을 가진다. (일과 개인의 삶을 분리하여 스트레스를 관리한다.)
6. 하루를 마친 후 긍정적인 순간을 기록하거나 떠올린다. (부정적인 기억보다 작은 기쁨과 성취를 기억한다.)
7. 혼자 걷기, 산책하기 등 혼자만의 시간을 규칙적으로 갖는다. (혼자 있는 시간으로 마음을 정돈한다.)
8. 스트레스를 줄 수 있는 상황에서 유머를 활용한다. (유머와 긍정적 해석으로 긴장된 상황을 부드럽게 만든다.)
9. 상황을 개선하기 어려운 경우, '그럴 수도 있지' 라며 스스로 위로한다. (완벽한 결과가 나오지 않아도 스스로에게 여유를 준다.)
10. 주변 동료들과 감정을 솔직히 나누고 공감한다. (힘든 마음을 표현하고 위로받으며 소속감을 유지한다.)

04

연결, 끊어진 흐름을 다시 잇는 유연함

> "
> 두 갈래 길이 숲속으로 나 있었고,
> 나는 사람이 적게 간 길을 택했다.
> 그리고 그것이 내 모든 것을 바꿔 놓았다.
> "

　　로버트 프로스트의 시처럼, 수업을 시작하는 교사의 눈앞에도 언제나 두 갈래, 아니 그보다 더 많은 길이 펼쳐진다. 교실의 문을 여는 그 순간부터, 교사는 어떤 길을 걸을지 깊은 고민에 빠진다. 그 고민은 단순한 선택이 아니라, 교사로서의 철학과 신념이 반영된 내면의 갈등이다.

　　윌리엄 메리 체이스(William Merritt Chase)의 그림은 그런 교사의 마음을 꼭 닮아있다. 두 갈래로 뚜렷이 나뉜 길 앞에 한 여인이 조용히 멈춰 서 있다. 한쪽은 목적지가 분명해 보이는 넓고 단단한 길, 다른 한쪽은 덜 닦이고 어딘가 불확실해 보이는 좁은 길. 여인은 아직 결정을 내리지 못한 채 망설임 속에 서 있다.

　　그 장면은 마치 수업 중 예기치 못한 질문이나 돌발 상황 앞에 선 교사의 마음을 그대로 옮겨 놓은 듯하다. 교사는 매 순간, 이 그림 속 교차로

에 선다. '준비한 대로 가야 할까? 아니면 지금 이 질문에 응답하는 것이 더 가치 있을까?'

실제로 교실은 언제나 예측을 뛰어넘는다. 아무리 세심하게 준비한 수업이라 해도, 교실은 언제든 계획을 비껴간다. 과학 수업 도중 한 학생이 손을 들고 묻는다.

"선생님, 이 원리는 우리 일상에서 어디에 쓰여요?"

이 질문은 단순하지만, 교사의 내면은 여러 생각으로 복잡하다. '지금 이 흐름을 이어가야 할까, 아니면 멈춰야 할까?', '계획을 고수해야 할까, 아니면 이 질문에 기꺼이 걸음을 맞춰볼까?' 이 순간, 교사의 마음은 조용히 요동친다. '수업의 흐름이 깨질 수도 있어'라는 불안과, '하지만 질문이 더 깊은 배움의 문을 열어줄지도 몰라' 하는 기대 사이에서 마음은 갈팡질팡 흔들린다.

앞서 우리는 '수업의 경계 세우기'를 통해, 교실 안에서 안전하고 의미 있는 관계를 만드는 방법에 대해 살펴보았다. 하지만 수업은 경계를 세운다고 해서 완성되는 일이 아니다. 교실 안에서는 언제나 예측할 수 없는 상황이 불쑥 고개를 든다. 준비된 수업안에 작은 균열이 생기는 그 순간, 교사는 선택의 기로에 선다. 그리고 그 작은 선택 하나가 수업의 온도 전체를 바꿔놓는다.

그래서 교사에게 꼭 필요한 능력이 바로 유연성이다. 여기서 말하는 유연성은 단지 돌발 상황에 당황하지 않고 빠르게 대응하는 기술을 뜻하지 않는다. 그보다 더 깊은 의미에서, 학생들의 예기치 못한 질문과 반응을 수업의 흐름 안으로 포용하고, 그것을 오히려 배움의 확장으로 끌어낼 수 있는 감각이다. 흐트러진 순간을 붙잡아 더 깊고 넓은 배움으로 전환하는 능력. 바로 그것이 교사의 유연성이다.

그 유연성의 힘을 생생히 보여준 인상적인 장면이 있다. 한 사회 교사의 수업이었다. 그는 전쟁의 흐름을 정리한 자료를 중심으로, 열정을 가득 담아 수업을 이어가고 있었다. 교실은 집중력으로 가득했고, 수업은 계획한 대로 매끄럽게 흘러가는 듯했다. 그런데 그때, 한 학생이 손을 번쩍 들고 물었다.

"선생님, 근데 왜 역사는 항상 전쟁이나 갈등만 배워요? 평화로운 역사는 없어요?"

순간, 교실에 정적이 흘렀다. 질문은 날카로우면서도 순수했고, 무엇보다 전혀 예고되지 않은 질문이었다. 교사의 손에는 여전히 전쟁 사건들이 빼곡히 담긴 슬라이드 리모컨이 쥐어져 있었다. 잠시 머뭇거리는 모습, 약간 당황한 기색도 엿보였다. 하지만 그는 그 질문을 무시하거나 얼버무리지 않았다. 잠시 숨을 고른 뒤, 학생을 바라보며 차분히 입을 열었다.

"정말 좋은 질문이야. 그렇다면 우리 역사 속에서 평화나 협력의 이야기는 없었을까? 혹시 우리가 그걸 놓치고 있었던 건 아닐까?"

그 짧은 응답 하나가 교실의 온도를 바꾸었다. 학생들의 눈빛이 반짝이기 시작했고, 몇몇 학생들이 손을 들며 자기 생각을 나누기 시작했다. 수업은 준비된 흐름에서 벗어났지만, 대신 '평화의 역사'라는 새로운 길이 열렸다. 학생들은 단순히 사실과 사건의 순서를 외우는 것이 아니라, 역사를 살피며 그 안에 담긴 인간의 아픔과 선택, 그리고 화해의 의미를 성찰하기 시작했다. 학생들은 과거의 사건들을 단순한 암기로 지나치지 않고, 그것이 현재의 삶에 어떤 질문을 던지는지 고민하게 되었다. 예상치 못한 질문과 대화로 배움은 점점 확장되어 갔다.

이런 유연성이 순간적으로 발휘되기 위해서는 그저 즉흥적인 반응만으로는 부족하다. 그 안에는 몇 가지 마음의 준비가 필요하다. 수업은 교사 혼자 끌고 가는 일이 아니라, 학생들과 함께 만들어가는 공동 작업이라는 사실을 늘 기억하는 것이다. 그래서 수업을 준비할 때, 단지 내용을 채워 넣는 데서 그치지 않고 학생들이 들어올 수 있는 여백을 미리 그려 보는 것, 바로 그 마음의 준비가 유연성의 바탕이 된다.

모든 것을 완벽하게 예측할 수 있다면 좋겠지만, 교사는 오히려 예측할 수 없는 영역을 일부러 '비워두는' 용기도 품어야 한다. 그 비워진 공간 속에서 학생들이 어떤 모습으로 다가올지 관찰하고, 함께 반응하고, 새롭게 길을 만들어가는 과정. 그것이 바로 교사가 수업안에서 느끼는 가장 큰 기쁨이기도 하다. 어긋남 속에 숨어 있는 배움의 가능성을 믿고, 그 길을 학생들과 함께 걸어갈 용기. 예측 불가능한 순간은 교사에게 때로 불편함으로 다가오지만, 그 불편함이야말로 수업이 살아 있다는 가장 분명한 표지이기도 하다.

그리고 교사가 수업안에서 유연성을 발휘하려면, 반드시 한 가지를 마음속에 단단히 붙잡고 있어야 한다. 바로 수업의 핵심 질문과 핵심 아이디어. 그 중심이 분명할 때, 예상치 못한 질문이 튀어나와도 수업의 본질을 잃지 않고 방향을 다시 설정할 수 있다. 예를 들어, 수업 중 가르치려는 주제에서 조금 벗어난 질문이 나왔을 때, 교사는 이렇게 말할 수 있다.

"좋은 질문이야. 우리가 오늘 함께 탐구하고자 하는 주제는 이건데, 네 질문도 이와 연결될 수 있어. 오늘은 이 부분을 먼저 살펴보고, 다음에 네가 말한 주제를 더 깊이 이야기해보자."

교사는 학생의 호기심을 존중하면서도 수업의 흐름을 지켜내는 균형 잡힌 태도를 통해, 교실을 살아 있는 공간으로 바꿔 간다. 하지만 이런 유연한 수업은 단순한 기술이나 요령에서 비롯되지 않는다.

그 바탕에는 준비된 마음과 학생을 향한 믿음이 있다. 여기서 말하는 준비된 마음이란, 단순히 수업 자료를 마련하는 데서 그치는 것이 아니라, 언제든 학생의 질문과 생각을 기꺼이 맞이할 수 있는 열린 자세, 그리고 예상치 못한 상황에서도 배움의 가능성을 발견하려는 마음가짐이다. 학생을 향한 믿음은 그들이 스스로 생각하고 성장할 힘을 가지고 있다는 것을 신뢰하는 데서 비롯된다.

노자는 『도덕경』에서 이렇게 말한다.
"上善若水, 水善利萬物而不爭(가장 높은 선은 물과 같으니, 물은 만물을 이롭게 하면서도 다투지 않는다)."

그는 물의 부드러움 속에 깃든 강인함을 이야기한다. 물은 자신의 모양을 고집하지 않는다. 흐르는 대로 흘러가고, 닿는 것을 감싸며, 낮은 곳을 향해 조용히 나아간다. 하지만 그 부드러운 흐름 속에 모든 생명을 살리는 힘이 담겨 있다. 밀어붙이지 않아도 결국에는 바위를 뚫고 길을 낸다.

유연한 교사는 그런 물의 마음을 지닌 사람이다. 학생들의 말과 생각을 억지로 막거나 끌고 가지 않는다. 대신 그 흐름에 기꺼이 발을 담그고 함께 흘러가며, 때로는 길을 내고 때로는 멈추어 바라본다. 교실이라는 강물 위에서 교사는 단단한 배를 몰기보다, 학생들과 함께 노를 젓고 물살을 느끼며 나아가는 사람이다.

하지만 우리는 종종, 수업은 '잘해야 하는 것'이라는 강박 속에 빠진다. 학생들을 끌어가야 하고, 교사는 언제나 카리스마 있게 중심을 잡아야 한다는 부담. 그 강박이 유연함을 가로막고, 오히려 수업을 딱딱하게 만든다.

그러나 사실, 수업은 언제나 실패의 연속이다. 계획대로 되지 않는 순간이 많고, 아이들의 반응은 늘 예상 밖이며, 교사의 말이 공허하게 흩어질 때도 있다.

중요한 것은 그 실패를 부끄러워하지 않는 것이다. 오히려 실패에서 배우고 흔들리면서도 함께 흘러갈 수 있을 때, 우리는 학생에게 더 깊고 진실한 배움을 건넬 수 있다.

유연한 교사란, 바로 그런 실패조차도 품고 물처럼 흐를 줄 아는 사람이다. 흐름을 통제하기보다 흐름 속에 함께 존재하며 배움의 방향을 열어가는 사람이다.

어제도, 오늘도 내 수업은 실패한다. 그러나, 배움은 물처럼 흐른다.

🟠 **성찰 질문**

- 수업 내용이 계획대로 진행되지 않을 때, 가장 먼저 드는 생각이나 감정은 무엇인가요?
- 학생들의 반응이나 질문이 예상과 다를 때, 어떻게 원래 계획을 변경하나요?
- 수업 흐름이 바뀌어도 핵심 목표를 놓치지 않는 나만의 전략이 있나요?

🟠 **실천 과제**

- **대안 경로 준비하기:** 다음 수업 계획에 "만약 ~하다면"이라는 대안 시나리오를 두세 가지 미리 준비해 봅니다.
- **순간 판단 훈련하기:** 수업 중 학생들의 반응을 보고 계획을 고수할지, 수정할지 결정하는 판단 지점을 의식적으로 찾아봅니다.
- **핵심 질문 적어두기:** 어떤 상황에서도 수업의 핵심으로 돌아올 수 있는 질문들을 수업 자료에 잘 적어둡니다.

오늘의 그림

윌리엄 메리 체이스, 브루클린 네이비 야드, 1888년.
캔버스에 유채, 61 × 76.2cm, 브루클린 미술관(Brooklyn Museum, New York)

• 부록 •

학생의 돌발 질문을 유연하게 받아들이는 10가지 전략

1. 학생의 질문을 존중하며 명확하게 다시 표현하기

학생이 질문했을 때, 질문을 바로 답하기 전에 "네가 지금 한 질문을 내가 잘 이해한 게 맞는지 다시 한번 이야기해 줄래?"라고 물으며 명확히 정리해 준다. 이는 학생이 존중받는다는 느낌과 함께 자기 생각을 더 발전시킬 수 있게 돕는다.

2. 수업의 핵심 목표와 연결 지으며 질문하기

수업의 핵심 목표와 학생의 질문을 자연스럽게 연결하며 "너의 질문은 우리가 오늘 수업안에서 중요하게 생각한 개념과 연결되는 좋은 질문이구나. 이걸 다 같이 한번 고민해 볼까?"

3. 학생 전체가 질문에 참여하도록 유도하기

질문을 전체 학생의 문제로 확장하며 "방금 나온 질문에 대해서 다른 친구들은 어떻게 생각하는지 의견을 들어볼까?" 하는 식으로 질문을 공유한다.

4. 의도적으로 잠깐의 침묵을 활용하기

예상치 못한 질문에 바로 답하지 않고, "흥미로운 질문인데, 다 같이 잠시 생각할 시간을 가져 보자"라고 말하며 여유를 갖는다.

5. 질문을 더 깊고 탐구적인 방식으로 확장하기

학생의 질문을 더 깊은 수준으로 유도하기 위해, "이 질문을 조금 더 깊이 생각하면 어떤 새로운 질문들이 떠오를 수 있을까?"

6. 구체적인 예나 사례를 요청하며 이해를 돕기

학생이 질문한 내용을 구체적으로 이해할 수 있게, "네가 이야기한 부분을 조금 더 이해하고 싶은데, 너의 경험이나 예시를 들어 설명해 줄 수 있을까?"라고 되묻는다.

7. 다른 학생의 의견을 적극적으로 연결하기
돌발 질문을 다른 학생들의 의견이나 경험과 연결하여 "방금 질문한 내용에 대해 다른 친구들의 의견도 들어보고 싶어. 어떤 생각을 하고 있는지 말해줄 수 있을까?"라고 질문을 확장한다.

8. 질문을 수업 후 심화 탐구 과제로 활용하기
당장의 답을 찾기 어렵다면, 수업 후 활동으로 연결하여 "이 질문은 정말 흥미로워서 조금 더 깊이 생각할 필요가 있겠어. 오늘 수업 후 다 같이 자료를 더 찾아보고 다음 시간에 다시 이야기해 보자."

9. 교사가 솔직한 마음을 나누며 학생과 공감하기
교사가 순간적으로 느낀 당황스러운 감정을 솔직하게 표현하며 "너의 질문이 정말 예상 밖이어서 놀랐지만, 네 덕분에 우리가 좀 더 깊이 생각할 기회를 얻었어."

10. 학생의 질문을 칭찬하고 긍정적인 분위기를 유지하기
질문 자체를 칭찬하여 긍정적이고 협력적인 분위기를 만들며 "이런 질문은 정말 좋은 거야. 덕분에 모두에게 더 의미 있는 수업이 되고 있어. 계속 이런 질문들을 많이 해줘!"

05

실패, 흔들릴수록 더욱 단단해지는 심지

　현대 미술가 뱅크시(Banksy)의 작품 〈풍선과 소녀〉는 2018년 한 경매장에서 전 세계를 놀라게 했다. 그림이 낙찰되자마자, 액자 속 작품이 갑자기 아래로 찢어져 내려간 것이다. 모두가 놀라 말을 잃었지만, 이 예상치 못한 사건은 단순한 사고가 아닌 하나의 예술 퍼포먼스로 밝혀졌다. 더 인상적인 것은 그림을 낙찰받은 사람이 이 찢어진 그림을 새로운 예술로 받아들였다는 사실이다. 예기치 않게 찢긴 그 순간이 오히려 더 깊은 의미를 불어넣었고, 사람들은 그 '불완전함'을 예술로 인정하기 시작했다. 이 장면은 우리에게 중요한 사실 하나를 일깨운다. 예상치 못한 흐름을 탓하지 않고 그 안에서 새로운 의미를 만들어내는 태도. 그것이 예술가의 마음이자 교사에게도 꼭 필요한 자세다.

　앞 장에서는 수업 내용 안에서 벌어지는 예상 밖의 질문, 즉 교사가 준비한 흐름을 넘어서는 학생들의 생각과 물음에 유연하게 반응하는 교사의 태도를 다루었다. 그런데 교실 안에서 마주치는 예상 밖의 상황은 그것만이 아니다.

　교실은 언제나 예측할 수 없는 상황으로 가득하다. 교실 밖에서 들려오는 갑작스러운 소음, 고장 난 기기, 예고 없이 찾아오는 신체적인 불편함, 학생 간의 작은 갈등 등. 수업 내용과 전혀 상관없는 상황들이 펼쳐져서, 수업의 흐름을 순식간에 뒤흔들 수 있다. 이런 순간, 교사의 마음은 당황하고 조급해지기 쉽다. 애써 준비한 수업이 무너지는 것 같고, 어디서부터 다시 이어가야 할지 막막해진다. 하지만 어쩌면 바로 그 순간이, 수업이 진짜로 살아나는 순간일지도 모른다.

계획에서 벗어난 흐름을 두려워하기보다, 그 틈에서 새로운 배움의 문을 열 수 있다는 믿음. 그 믿음을 품을 수 있을 때, 교사는 교실 속 예기치 못한 순간들조차도 하나의 살아 있는 예술로 바꾸어 갈 수 있다.

나 역시 그런 순간을 경험한 적이 있다. 평소 사이가 좋던 두 학생이 모둠 토의 도중 사소한 말 한마디에 감정이 터졌고, 곧바로 심각한 말다툼으로 번졌다. 분위기는 순식간에 얼어붙었고, 교실 전체가 숨을 죽인 듯 조용해졌다. 준비해온 수업은 머릿속에서 하얗게 사라졌고, 나는 잠시 당황한 마음을 애써 다잡으며 수업을 멈췄다. 그리고 조용히 두 학생을 교실 밖으로 데려 나갔다.

갈등은 쉽게 가라앉지 않았다. 두 학생 모두 감정이 격해져 있었고, 서로의 말에 쉽게 상처를 받았다. 그러나 나는 서두르지 않기로 마음먹었다. 먼저 한 명씩 천천히 이야기를 들으며 그 감정을 이해하려 애썼다. 누군가를 편들지 않으려 조심했고, 그저 마음속에 쌓인 말들이 흘러나오도록 기다려 주었다. 그리고 시간이 지나면서, 서로의 이야기를 조심스럽게 마주한 아이들의 굳었던 마음이 조금씩 풀려갔다.

완벽한 해결은 아니었다. 다시 교실로 돌아온 두 학생은 여전히 어색했고, 말없이 앉아 수업을 지켜보기만 했다. 하지만 분명한 변화가 있었다. 상대방의 입장을 이해하려는 눈빛, 말없이 고개를 끄덕이던 그 태도 속에서 나는 배움의 또 다른 얼굴을 보았다. 말로 표현하지 않아도, 그 짧은 침묵 안에 담긴 존중과 성장의 조짐을 느낄 수 있었다.

교실 속 돌발 상황은 대개 단숨에 해결되지 않는다. 그러나 그런 상황을 무언가 잘못된 '오류'나 '실패'로만 받아들이지 않고, 함께 풀어나가야 할 '서사'로 받아들일 수 있다면, 교사는 거기서 새로운 교육적 의미를 발견할 수 있다. 마치 찢긴 풍선 그림처럼, 수업의 예기치 못한 틈 안에 진짜 배움이 깃들어 있을지도 모른다.

돌발은 실패가 아니다. 그 안에 숨어 있는 갈등, 관계의 흔들림 속에서 교사는 더 깊이 학생을 만나고, 학생은 교사를 보다 인간적인 존재로 경험하게 된다. 수업의 본질은 계획대로 밀어붙이는 완성에 있는 것이 아니다. 그 틈과 예외를 함께 살아내며 자라나는 과정 자체에 있다.

이러한 경험은 내가 유연성이 단순히 수업 내용의 변화에만 국한된 것이 아니라는 사실을 깊이 깨닫게 해주었다. 유연성이란, 그저 순간을 모면하기 위한 대처의 기술이 아니라, 교실 전체의 분위기와 관계를 조율하는 섬세한 감각이며, 흔들림 속에서도 균형을 되찾는 내면의 힘이다.

그러나 그 힘을 갖춘다는 것은 결코 쉬운 일이 아니다. 대부분의 교사는 예측할 수 있는 흐름과 계획된 수업을 선호한다. 그 안에 머물 때 비로소 안정을 느끼고, 자신이 잘하고 있다는 확신을 얻기도 한다. 하지만 수업 중 돌발 상황이 발생하면, 마음속 깊은 곳에서 자책과 불안이 몰려온다. '내가 뭔가 놓친 건 아닐까?', '수업을 잘 통제하지 못한 건 아닐까?' 하는 속삭임이 조용히 스며든다.

그 감정의 밑바닥에는 늘 실패에 대한 두려움이 있다. 예상하지 못한 흐름에 무너질까 봐, 학생들과의 관계가 틀어질까 봐, 수업이 어그러지는 순간 나라는 사람까지 흔들리는 것 같아 불안해진다. 우리는 완벽하게 해내고 싶고, 흔들림 없이 수업을 이끌고 싶고, 학생들 앞에서 단단한 존재로 서고 싶은 것이다. 하지만 잊지 말아야 한다. 그런 두려움과 흔들림은, 어쩌면 교사이기에 느끼는 가장 자연스러운 감정이라는 것을. 그 감정을 부정하지 않고 오히려 끌어안는 것. 바로 거기서부터 진짜 유연성은 시작된다.

교사란 존재는 언제나 긴장과 책임 사이에 서 있다. 매 수업, 매 순간, 아이들 앞에서 흔들리지 않으려 애쓰지만, 완벽하지 않은 순간은 어김없이 찾아온다. 그러나 그런 순간에도 나 자신을 존중하고 받아들이는 마음이 있을 때, 비로소 진짜 유연성이 자라나기 시작한다.

경제학자 나심 니콜라스 탈레브(Nassim Nicholas Taleb)는 이런 상황을 설명하는 흥미로운 개념 하나를 제시한다. 바로 '안티프래질(antifragile)'이라는 말이다. 탈레브는 세상의 모든 존재를 세 가지로 구분한다. 첫째, '취약한(fragile)' 것은 충격에 쉽게 깨진다. 둘째, '회복력 있는(resilient)' 것은 충격을 견디고 원래 상태로 돌아오지만 거기서 멈춘다. 그리고 셋째,

'안티프래질'한 것은 충격을 받을수록 더 강해지고, 예측 불가능한 혼란 속에서 오히려 성장하고 진화한다.

우리 몸의 근육이 미세하게 손상될 때 오히려 더 강해지는 것처럼, 교사의 내면 또한 예측할 수 없는 수업의 파열음 속에서 더욱 깊어지고 단단해질 수 있다. 탈레브는 안티프래질한 존재가 되기 위해서 '소규모의 실패'를 허용하라고 말한다. 큰 실패를 막기 위해서라도, 작은 실패들이 자주 일어나는 것이 오히려 필요하다는 것이다. 수업 속 돌발 상황은 그 자체로 실패가 아니다. 그 순간을 통해 우리는 교실이라는 복잡하고도 살아 있는 생명체를 더 깊이 이해하게 되고, 더 넓은 시야로 아이들과 마주할 수 있게 된다.

탈레브가 말하는 또 하나의 전략은 '빈도보다 강도에 집중하라'는 것이다. 수많은 피드백보다, 단 한 번의 진심 어린 대화, 뜻밖의 깊은 질문, 마음을 울리는 경험 하나가 학생의 삶에 훨씬 더 오래 남을 수 있다는 것이다. 수업은 무수한 정보와 지시보다, 한 번의 울림이 더 깊은 배움이 되기도 한다. 그래서 교사는 모든 수업을 완벽하게 하지 못해도 괜찮다. 단 한 번의 울림, 진심이 담긴 그 순간 하나만으로도 아이들의 마음속에 오래도록 남을 수 있기 때문이다. 그 믿음은 교사에게 조용한 확신을 준다. 앞으로 또다시 예기치 못한 상황이나 실패를 마주하더라도, 그 한순간이 아이들과 깊이 연결될 수 있다는 기대감이 우리 안에 다시 용기를 싹틔운다. 그래서 실패조차, 또 다른 가능성을 품은 시작이 된다.

유연한 교사는 상황이 수업의 틀 밖에 있다고 해서 그것을 외면하지 않는다. 오히려 모든 순간이 교육이 될 수 있다는 믿음으로, 예기치 못한 상황조차 배움의 가능성으로 끌어안는다. 중요한 것은 사건 자체가 아니다. 그것을 교사가 어떤 시선으로 바라보고, 어떤 태도로 반응하느냐에 그 진짜 의미가 달려 있다. 유연성은 결국 기술이 아니다. 그것은 교사의 시선과 태도, 그리고 흔들림 속에서도 중심을 지켜내는 내면의 평화에서 비롯되는 것이다.

교육은 지식을 전달하는 기술이 아니라, 삶의 태도를 함께 살아내는 일이다. 낯선 상황을 따뜻하게 맞이하고, 갈등을 두려워하지 않으며, 실패 속에서도 자신을 존중하는 태도. 그런 모습을 통해 학생들은 교사를 '지시를 따르는 존재'가 아니라, '닮고 싶은 사람'으로 기억하게 된다.

그런데도 교사는 또다시 흔들린다. 나 역시 이 글을 쓰는 지금조차, 내일 아침 교실 앞에 서야 한다는 사실에 마음이 무거워질 때가 있다. 내일도 분명 예기치 못한 상황이 벌어질 것이고, 나는 그 순간마다 또다시 당황하며 흔들릴 것이다.

그럴 때면 나는 귀스타브 카유보트(Gustave Caillebotte)의 그림을 떠올린다. 비가 조용히 물 위에 내려앉고, 초록의 세상에 잔잔한 평화가 스며드는 풍경. 세상은 젖고 시간은 흐르고 사람들은 흔들리지만, 그 속에서도 무엇 하나는 단단히 서 있다. 마치 땅속 깊은 곳에 단단히 뿌리 내린 흙처럼, 교사의 내면도 흔들림 속에서 자기중심을 지켜야 한다. 겉으로는 요동치는 상황 속에서도, 마음속 깊은 곳의 고요함을 붙드는 힘. 그 힘이야말로, 학생들이 가장 깊이 기대고 배우게 되는 진짜 수업이다.

성찰 질문

- 수업과 무관한 돌발 상황을 교육적 기회로 전환한 경험이 있나요?
- 교실에서 완전히 예상치 못한 상황이 발생했을 때 나의 첫 반응은 어떠한가요?
- 돌발 상황 후 원래의 수업으로 학생들을 다시 집중시키는 효과적인 방법은 무엇인가요?

실천 과제

- **돌발 상황 매뉴얼 만들기**: 자주 발생하는 돌발 상황(집단 졸음, 학생 갈등, 미디어 기기 고장 등)에 대한 간단한 대처 단계를 메모해 둡니다.
- **전환 활동 개발하기**: 수업 흐름이 완전히 끊겼을 때 사용할 수 있는 짧은 활동이나 게임 세 가지를 준비해 둡니다.
- **호흡 기법 연습하기**: 긴장되는 순간에 마음을 안정시킬 수 있는 간단한 호흡법을 익혀 학생들과 함께 실천합니다.

오늘의 그림

귀스타브 카유보트, 이에르, 비 효과, 1875년.
캔버스에 유채, 81 × 59cm,
인디애나 대학교 에스케나지 미술관(Eskenazi Museum of Art, Indiana)

• 부록 •

수업 내용과 무관하게 일어나는 10가지 돌발 상황 대처 사례

1. 학생 간 갈등이 갑자기 발생했을 때, 즉시 대처보다는 우선 분위기 조성하기

교실에서 학생들 간의 갈등이나 분쟁이 갑자기 발생하면 교사는 당황하기 쉽다. 이때 무작정 혼을 내거나 중단시키기보다는 우선 학생들의 감정을 인정하고 잠시 호흡을 가다듬게 한다.
예) "잠깐만, 다들 조금 마음을 진정하고 차분하게 숨을 깊게 들이마시자. 어떤 일이 있었는지 천천히 말해볼까?"

2. 외부 환경의 소음과 같은 환경적 방해 요소에 대응하기

수업 도중 복도나 밖에서 갑자기 큰 소리가 들리거나 공사 소음이 발생하면, 학생들의 집중력이 흐트러지게 된다. 이때는 그 상황을 자연스럽게 인정하고 학생들의 호기심을 수업으로 전환한다.
예) "밖에 무슨 일이 일어나고 있나 보네. 잠시 쉬면서 우리 같이 무슨 소리인지 이야기해보고, 금방 다시 집중해서 돌아오자."

3. 학생의 갑작스러운 정서적 어려움에 대응하기

한 학생이 갑작스러운 정서적 문제로 울음을 터뜨리거나 불안해하는 경우, 즉시 수업을 잠시 멈추고 상황을 안정시키는 것이 필요하다. 학생을 개별적으로 돌보면서도 전체 학생들의 분위기를 부드럽게 관리한다.
예) "지금 힘든 친구가 있는 것 같은데, 잠시 모두 조용히 책을 읽거나 메모를 하고 있어줄래? 선생님이 잠시 친구와 이야기를 나누고 올게."

4. 교실 내 갑작스러운 신체적 문제에 대처하기

학생이 갑자기 아프거나 코피가 나고, 어지러워하는 등의 신체적 돌발 상황이 생기면 즉시 침착하게 학생을 먼저 안정시키고, 다른 학생들의 불안을 최소화하도록 한다.
예) "괜찮아, 너무 걱정하지 말고 천천히 심호흡하면서 편하게 있어. 다른 친구들도 조금만 조용히 앉아 기다려줄래?"

5. 수업 자료나 기자재의 돌발적인 고장이나 기술적 문제에 대처하기
갑자기 프로젝터가 작동하지 않거나 자료가 제대로 보이지 않는 상황이 발생할 때는 수업의 대안을 항상 미리 생각해 두고 침착하게 다른 방식으로 전환한다.
예) "지금 장비가 조금 문제가 생겼는데, 오늘은 준비된 내용을 다 같이 토론하는 방식으로 바꿔서 진행해 볼까?"

6. 학생 간의 예상치 못한 논쟁이나 갈등이 발생했을 때
교사는 중립적인 입장에서 각 학생의 말을 차분하게 들어주고, 감정이 고조되지 않도록 개입하며 해결을 유도한다.
예) "둘 다 중요한 의견을 가지고 있구나. 잠깐 숨을 고르고, 왜 서로 다르게 생각하는지 차근차근 들어볼까?"

7. 학생의 집중력 저하나 산만한 행동으로 인한 돌발 상황 관리하기
학생들이 갑자기 집중을 잃고 딴짓하는 경우, 이를 강하게 제재하기보다는 교실의 집중도를 높일 수 있는 부드러운 질문이나 짧은 활동으로 주의를 다시 끌어모은다.
예) "잠시 집중이 흐트러진 것 같으니, 우리 다 같이 가볍게 스트레칭을 해 볼까?"

8. 예기치 않은 외부인의 방문이나 갑작스러운 전화
갑자기 외부인 방문이나 전화를 받게 되는 경우, 학생들에게 잠시 협조를 요청하고 곧바로 상황을 간단히 설명하여 안심시킨다.
예) "잠시 예상치 못한 일이 생겼네요. 여러분은 잠시 교과서를 보면서 기다려 주세요. 금방 돌아올게요."

9. 학생 간 예상치 못한 웃음이나 장난으로 수업 흐름이 깨졌을 때

이런 경우는 간단한 유머나 질문을 활용하여 긴장을 풀면서 다시 집중력을 되찾을 수 있도록 한다.

예) "지금 웃긴 일이 있었나 본데, 우리 모두 함께 나누고 다시 수업으로 돌아가 볼까?"

10. 수업 도중 갑자기 교사가 감정적으로 어려움을 느낄 때

교사도 사람인지라 수업 중 감정적으로 어려워질 수 있다. 이때 무리하게 진행하기보다 잠깐 숨을 고르는 시간을 갖고 솔직한 마음을 적당히 공유하여 학생들과 신뢰를 형성할 수 있다.

예) "잠시만 선생님이 숨 좀 돌릴게요. 가끔 여러분도 그럴 때 있잖아요. 잠깐 우리 쉬었다가 다시 시작할까요?"

06

감각, 작은 신호를 읽어내는 섬세함

우리는 명화를 마주할 때마다 종종 뜻밖의 감동을 경험하곤 한다. 특별한 사건이 그려진 것도 아니고, 화려한 색채나 격정적인 표현이 있는 것도 아닌데, 왜 그토록 깊은 인상을 남기는 걸까? 일상의 풍경, 늘 보던 사물, 익숙한 장면이 그림 속에서 유독 특별하게 느껴질 때가 있다. 그 이유는 아마도 '화가의 시선'이 만들어내는 마법 때문일 것이다.

앤드류 와이어스(Andrew Wyeth)의 작품이 그렇다. 그의 그림에는 극적인 장면도 없고, 화려한 움직임도 없다. 텅 빈 방, 바람이 스치는 들판, 낡은 집의 풍경, 뒷모습만 보이는 인물들. 그런데 이상하게도 그 고요한 장면들 속에선 말로 설명하기 어려운 긴장감이 감돌고, 불안과 신비, 슬픔과 아름다움이 동시에 스며들어온다. 그의 작품이 특별한 이유는, 그가 남들과는 다른 방식으로 세상을 바라보는 사람이었기 때문이다. 대부분의 사람이 무심히 지나치는 순간들, 사소한 빛의 움직임이나 인물의 작은 몸짓 속에서 그는 무엇인가를 발견했고, 그것을 끝내 화폭에 담아냈다. 그의 예민한 감각과 특별한 시선은 평범한 일상을 신비로운 장면으로 변모시킨다.

어쩌면 교사에게도 이런 시선이 필요하지 않을까. 교실은 마치 하나의 풍경화와도 같다. 겉보기엔 평온하고 익숙한 장면이지만, 그 속에는 끊임없이 변화하는 감정의 흐름과 생각의 결들이 숨겨져 있다. 교사는 그 미세한 변화들을 읽어내야 한다. 학생이 어느 순간 집중을 잃었는지, 질문 하나에 고개를 살짝 갸웃한 이유는 무엇인지, 표정은 무표정하지만, 친구와의 사이에 어떤 일이 있었던 것은 아닌지. 이 모든 것은 소리보다 작고, 글보다 희미한 신호들이다. 하지만 그 안에는 아이들의 마음과 수업의 흐름이 담겨 있다.

그래서 교사에게 필요한 것이 '민감성'이다. 유연성이 수업 중 예상치 못한 상황이나 문제 앞에서 즉각적으로 창의적인 대응을 할 수 있는 능력이라면, 민감성은 쉽게 드러나지 않는 학생의 감정이나 이해의 속도, 교실 전체의 분위기를 조용히 감지하고 섬세하게 반응하는 능력이다. 유연성이 문제를 해결하는 힘이라면, 민감성은 문제를 감지하는 감각이다. 둘 다, 수업이라는 장면을 살아 있는 장면으로 바꾸는 교사의 중요한 감각이다.

결국 수업이란, 단지 지식을 전달하는 것이 아니라, 한 장의 풍경 속에서 서로의 마음을 읽고 반응하는 예술 같은 일인지도 모른다. 앤드류 와이어스처럼, 교사도 매일 교실이라는 풍경 앞에 서서, 누구도 주목하지 않았던 순간들에 시선을 머물고 말 없는 신호에 마음을 기울이며, 그 속에서 학생들과 조용한 연결을 이루어 간다. 바로 그 섬세한 시선이, 교사를 다시 교사답게 만든다.

철학자 에마뉘엘 레비나스(Emmanuel Levinas)는 인간 사이의 관계를 단 한 장면으로 설명하려 했다. 그는 그 장면을 '타자의 얼굴'이라 불렀다. 레비나스에게 얼굴은 단순한 외형이 아니다. 그것은 말 없는 요청이며, 존재 깊은 곳에서 울려 나오는 외침이다. 타자의 얼굴을 마주하는 순간, 우리는 그 존재를 외면할 수 없게 된다. 그를 통해 우리는 전혀 새로운 책임의 감각을 경험하게 된다. 그것이 바로 진짜 관계가 시작되는 지점 이라고, 레비나스는 말한다.

이 철학적 통찰은 교실이라는 일상적인 공간 안에서도 유효하다. 교사가 학생의 얼굴을 진심으로 바라본다는 것은 단순한 시선의 교환이 아니다. 그것은 점수나 수행평가로 판단하는 눈이 아니라, 아이의 마음으로부터 말없이 흘러나오는 신호, 작지만 간절한 호소를 읽어내는 일이다. 그리고 그 신호를 무심히 지나치지 않고 나의 몫으로 받아들이는 일. 그것이 교사의 윤리이며 존재의 방식이다.

레비나스는 이렇게 말한다. "타자의 얼굴을 본다는 것은, 그 존재의 독특함을 인정하고, 그로부터 나에게 주어진 윤리적 책임을 받아들이는 것이다." 나는 이 문장에서 '교사의 민감성'이란 무엇인지 다시금 떠올린다. 민감하다는 것은 단지 감수성이 예민하다는 뜻이 아니다. 그것은 곧 윤리적 태도를 품는 일이다. 학생을 하나의 대상으로 대하지 않고 각기 다른 존재로 존중하며, 말하지 못한 배움의 어려움과 표현되지 못한 외로움까지 조심스레 감지하려는 태도. 그것은 교사라는 존재 안에서 '예술성'과 '윤리'가 만나는 지점이기도 하다.

수업 중 한 학생이 눈을 자꾸 깜박이거나 손톱을 물어뜯는 행동을 보일 때, 교사는 그 몸짓을 단순한 습관으로 흘려보내지 않는다. 때로는 그 안에서 설명되지 않은 불안, 감추어진 감정을 느끼게 된다. 마치 레비나스가 말한 '타자의 얼굴'처럼, 교사는 그 작은 행동 하나를 문제행동이 아닌, 조용한 요청으로 받아들인다. 늘 밝고 활발하던 학생이 어느 날 말없이 굳은 표정으로 앉아 있다면, 그 침묵 속 얼굴이 전하는 무언의 말을 교사는 놓치지 않는다.

중요한 것은 이런 민감한 감지와 반응이 누군가의 지시나 윤리적 강요 때문이 아니라는 것이다. 그저 눈에 밟히는 것이다. 마음이 자꾸 그 아이를 향해 간다. 그것이 바로 교사이기 때문이다. 수업의 기술보다 더 본질적인 것은, 결국 '보는 눈'이다. 그리고 그 눈으로부터 시작되는 책임, 그것이 교사의 존재를 더 깊고 넓게 만들어간다.

한번은 민감성이 유독 뛰어난 역사 교사의 수업을 참관한 적이 있다. 겉보기엔 아무 문제 없는 교실이었다. 학생들은 고개를 끄덕이며 수업을 따라왔고, 전개도 매끄러웠다. 얼핏 보면 순조롭고 평화로운 장면이었다. 하지만 그 교사는 겉으로 드러나지 않는 분위기를 조용히 읽어내고 있었다. 책장을 계속 넘기는 학생, 이마를 손가락으로 문지르며 난처한 표정을 짓는 또 다른 학생. 수업을 방해하거나 눈에 띄는 행동은 아니었지만, 그는 그 미묘한 움직임 속에서 배움의 흐름이 어딘가 막혀 있다는 '신호'를 감지했다. 그러고는 조용히, 그러나 분명한 목소리로 수업의 속도를 늦췄다.

"혹시 지금까지 이해가 잘 안되는 부분이 있을까요?"

잠시 정적이 흐르던 교실에서 몇몇 학생이 조심스럽게 고개를 들었다.

"조금 헷갈려요"라는 작은 목소리가 흘러나왔다. 그 순간 교사는 뒤를 돌아보듯 수업을 되짚기 시작했고, 아이들과 함께 내용을 천천히 정리해 나갔다. 교실은 다시 호흡을 맞추기 시작했다. 아이들의 표정이 점점 풀리면서, 눈빛엔 안도와 집중이 번져나갔다.

사실 학생들의 이해 상태를 살펴 다시 설명하는 모습은, 수업에서 흔히 볼 수 있는 장면처럼 보인다. 하지만 그 순간은 절대 가볍지 않다. 진도를 맞춰야 하는 압박, 가르쳐야 할 정보의 무게 속에서 교사가 흐름을 멈추고 학생들의 속도를 다시 살핀다는 건, 쉽지 않은 용기이자 결단이다. 이 수업에서 교사는 바로 그 결단을 했다. 잠시 멈추어 배움의 상황을 다시 들여다보았고, 그 작은 감지를 바탕으로 수업의 흐름을 학생들에게 맞추어 다시 조율했다. 화려한 수업 기술이나 인상적인 활동보다, 나는 이런 장면에서 더 크게 감동한다. 교사가 학생의 배움 곁에 머물며, 함께 걷는 모습. 그것이야말로 진짜 살아 있는 수업이라는 생각이 든다.

우리는 종종 이런 장면을 '교육적 책임'이라는 큰 개념으로 설명하지만, 사실 이러한 반응은 꼭 거창한 사명감에서 비롯되는 것만은 아니다. 그것은 그저 함께 숨 쉬는 사람으로서 자연스럽게 깨어나는 울림에 가깝다. 민감성은 교사에게 주어진 무거운 의무가 아니라, 같은 공간 안에 있다는 감각 속에서 조용히 피어나는 감정이다.

설명이 또렷하게 이어지고 있는데도 누군가의 시선이 칠판을 비껴가고 있다는 걸 느낄 때, 말은 없지만 표정 속에 머뭇거림이 밴 모습을 볼 때, 아이들이 따라오는 듯 보이지만 왠지 모르게 교실에 허전한 공기가 감도는 순간들. 그 모든 장면은 배움의 민감성이 교사의 마음을 두드리는 시간이다. 문제는 그 감각을 어떻게 구체적인 실천으로 연결할 수 있느냐는 것이다. 감응으로만 끝나는 것이 아니라, 그 느낌을 따라 어떻게 조심스럽게 손을 내밀 수 있느냐는 질문.

여기서 필요한 것은 복잡한 기술이 아니다. 오히려 거창하지 않기에 더욱 의미 있는, 작지만 반복할 수 있는 실천이다. 잠시 멈춰 묻는 한마디, 속도를 늦추는 용기, 다시 설명해 주는 마음. 그렇게 우리는 수업 속에서 한 교사로, 한 사람으로 매일같이 다시 시작할 수 있다.

배움에 민감한 교사는 수업의 흐름이 아주 조금이라도 어긋날 때, 그것을 그냥 지나치지 않는다. 그는 조심스럽고도 열린 질문으로 그 틈을 살핀다.

"혹시 잘 이해되지 않는 점이 있었을까요?"
"이거 설명할 때 조금 빠르지 않았나요?"

이런 질문들은 단순한 확인 절차가 아니다. 그것은 교사가 학생들의 이해에 '진짜로 관심을 두고 있다'는 따뜻한 신호다. 질문이 요구하는 것은 정답이 아니다. 오히려 '열려 있음' 그 자체다. 학생들은 부담 없이 자신의 상태를 드러낼 수 있고, 교사는 그 반응을 통해 수업의 속도를 조정하거나, 잠시 멈춰 다시 정리하는 선택을 할 수 있게 된다.

이런 흐름 속에서 학생들은 자신이 수업 속에 '존재'하고 있다는 느낌을 받는다. 단지 듣는 자가 아니라, 함께 만들어가는 배움의 주체로 존중받는 경험. 그것이 수업에 대한 몰입과 신뢰로 이어진다. 수업은 기술이 아니라 관계라는 말이, 바로 여기서 빛을 발한다.

이와 함께 민감한 교사는 수업 속에 '여백'을 만든다. 교사가 설명하고 학생이 듣는 방식으로 수업이 빼곡히 채워질 때, 민감성은 스며들 틈을 잃고 만다. 배움은 단지 정보를 전달받는 것이 아니라, 그 안에 감정이 머물고 생각이 흘러야 하는 일이기에, 숨 쉴 공간이 필요하다. 그래서 때로는 의도적으로, 아주 짧은 틈을 마련해보자. 설명과 활동 사이, 혹은 활동 중간에 2~3분 정도의 정리 시간, 또는 친구와 생각을 나누는 조용한 대화를 위한 시간을 두는 것이다. 이 짧은 여백은 단순한 휴식이 아니다. 다시 자신을 점검하고 방향을 가다듬는 귀한 시간이다.

수업 속 민감성은 단순히 지식을 전달하는 기술을 넘어선다. 그것은 학생 한 사람 한 사람에게 조용히 마음을 기울이는, 작지만 깊은 예술 같은 일이다. 그리고 이 민감성은 언제나 탁월함에서 비롯되지 않는다. 오히려 서툴지만, 진심에서 흘러나오기 때문에 더 깊고, 더 인간적이다.

그래서 교사가 학생의 얼굴을 바라본다는 것은 단순히 '오늘 수업을 잘 따라오고 있나'를 확인하는 행위가 아니다. 그것은 그 아이가 지금 이 자리에, 교실 안에 함께 '존재하고 있다'는 사실을 놓치지 않겠다는, 작고도 조용한 다짐이다.

어쩌면 민감성이란 의지로 만들어내는 능력이 아니라, 사람으로서 지닌 아주 당연한 감정의 움직임인지도 모른다. 누군가 말없이 울고 있을 때 괜히 마음이 쓰이고, 어떤 아이가 멍하니 창밖을 바라보고 있으면 그 옆에 조용히 앉고 싶어지는 것. 억지로 애쓰지 않아도, 그저 사람으로서 자연스럽게 반응하면 된다. 그 반응 속에는 이미 관계가 있고, 배움이 있으며, 교실이 함께 살아가는 공간으로 바뀌는 시작이 있다. 수업은 말로만 완성되지 않는다. 진심에서 비롯된 작은 민감성이, 교실을 조금씩 따뜻하게 바꾸어간다.

성찰 질문

- 학생들의 이해도나 감정 상태를 파악하기 위해 어떤 신호나 단서에 주목하나요?
- 학생들이 이해하지 못하고 있다는 것을 알면서도 수업을 계속 진행한 경험이 있나요? 그 이유는 무엇이었나요?
- 다양한 학습 속도와 스타일을 가진 학생들의 요구를 어떻게 균형 있게 충족시키고 있나요?

실천 과제

- **이해도 확인 기법 확장하기**: 다양한 방식(신호등 카드, 손가락 표시, 한 문장 요약 등)으로 학생들의 이해도를 수시로 확인하는 습관을 들입니다.
- **관찰 일지 작성하기**: 매 수업마다 2-3명의 학생을 집중 관찰하고, 그들의 학습 패턴과 반응을 기록합니다.
- **즉각 조정 연습하기**: 학생들의 이해도에 따라 수업 난이도, 속도, 설명 방식을 그 자리에서 조정하는 연습을 합니다.

오늘의 그림

앤드류 와이어스, 바닷가의 창문, 1947년.
패널에 템페라, 47 × 74.3cm,
워싱턴 국립 미술관(National Gallery of Art, Washington, D.C.)

• 부록 •

배움 상황을 알 수 있는 10가지 수업 전략

1. 짝에게 다시 설명하기

학생들이 배운 내용을 짝에게 다시 설명하도록 하여 이해도를 확인한다.
예) 수학 개념을 배운 후, 각자 짝에게 개념을 설명하게 하고 잘 설명하지 못한 부분을 점검한다.

2. 중간 점검 질문 던지기

수업 중 개방형 질문을 던져 현재 이해 상태를 즉각적으로 파악한다.
예) "지금까지 내용을 설명하면서 가장 이해가 어려웠던 부분이 어디였나요?"

3. 학생들의 표정 관찰하기

학생들의 표정과 몸짓을 세심하게 관찰하여 혼란스럽거나 불안해 보이는 학생을 즉시 파악한다.
예) 설명 도중 불안한 표정을 짓거나 고개를 갸우뚱하는 학생에게 개별적으로 접근하여 추가 질문을 한다.

4. 빠른 쪽지 시험으로 진단하기

간단한 퀴즈나 쪽지 시험을 통해 학생들의 이해도를 빠르게 파악한다.
예) 5분 정도 간단한 개념 질문을 쪽지로 제출받아 그 자리에서 확인하고 대응한다.

5. 메타인지 질문 던지기

학생들이 스스로 학습 상태를 점검할 수 있도록 돕는 질문을 한다.
예) "이 내용을 완전히 이해했다고 느끼나요? 아니면 추가적인 설명이 필요하다고 느끼나요?"

6. 자신의 이해도 숫자로 표현하기

학생들이 현재 이해도를 숫자로 표현하게 해 즉각적인 파악을 가능케 한다.

예) "방금 설명한 내용에 대해 1에서 5까지의 숫자로 이해도를 표현해 볼까요?"

7. 요약 노트 작성하기

학생들이 배운 내용을 간략히 요약하여 제출하도록 한다.

예) "오늘 배운 내용을 두세 문장으로 정리해 보세요. 가장 어려웠던 부분도 함께 적어주세요."

8. 질문이 없는 학생에게 질문을 던지기

질문이 없거나 조용히 있는 학생에게 친절히 접근하여 이해도를 파악한다.

예) "수민이는 특별히 질문이 없었는데, 혹시 어려웠던 부분은 없었나요?"

9. 교사가 의도적으로 실수하기

의도적인 오류를 포함하여 학생들이 이를 지적하게 하며 이해 상태를 점검한다.

예) "지금 선생님이 말한 내용 중에서 오류가 하나 있었어요. 어떤 부분인지 찾아보세요."

10. 내용에 대한 예측 활동하기

수업 전 학생들이 내용을 예측하게 하여 사전 지식과 혼동 지점을 파악한다.

예) "오늘 배우게 될 사건에 대해 예측해 보고, 가장 궁금한 질문을 적어보세요."

07

관계, 긴장을 부드럽게 풀어내는 감각

　카라바조(Caravaggio)의 〈도마의 의심〉을 보면, 부활한 예수 앞에 선 제자 도마가 조심스럽게 손가락을 내밀어 그의 상처를 만지는듯한 장면이 그려져 있다. 단순히 손을 뻗는 장면처럼 보일 수도 있지만, 그 짧은 순간 안에는 말로 설명할 수 없는 긴장감이 흐른다. 도마는 그 상처를 직접 확인하고 싶어 하지만, 동시에 주저한다. 눈으로는 믿기 어려운 기적 앞에서 그는 손끝으로 진실을 확인하려 한다. 그리고 마침내 손가락이 상처에 닿은 그 순간, 그의 불신은 신뢰로 바뀌고 고요하지만 깊은 전환이 일어난다. 관계는 그렇게 신중한 접근과 감정의 교차 속에서 조금씩 열리고 이어진다.

　교실도 어쩌면 이와 비슷한 공간일지 모른다. 겉으로 보기엔 평온하고 일상적인 풍경처럼 보이지만, 그 안에는 보이지 않는 긴장과 감정의 이긋남이 조용히 흐르고 있을 때가 있다. 학생들 사이에서도, 교사와 학생 사이에서도, 말로 표현되지 않는 거리감이 생겨나곤 한다. 어떤 날은 평소와 다름없는 수업을 하고 있었는데, 한 학생과의 대화가 어딘가 어색하게 흘러가고, 그 작은 어긋남이 교실 전체의 공기까지 서늘하게 만드는 경험을 하게 된다. 말은 오가지 않았지만 분명한 변화가 감지된다. 이처럼 교실이라는 공간은 눈에 보이는 것보다 훨씬 더 복잡하고 섬세한 감정의 장이다. 작은 몸짓, 말투 하나, 사소한 표정의 변화 속에서 교실의 분위기는 달라지고, 관계의 결도 바뀐다. 중요한 것은 그 미세한 흐름을 놓치지 않는 것이다. 앞선 장에서는 교사가 수업 내용 안에서 학생들의 배움 상황을 민감하게 감지하는 것에 관해 이야기했다면, 이번에는 교사와 학생 사이의 관계에 대한 민감성을 말하려 한다. 수업을 잘 이룬다는 것은 단지 학생이 학습 내용을 잘 따라오고 있는지를 살피는 데서 그치지 않는다. 교사는 그보다 더 깊이, 교실 안의 관계적 흐름에 민감할 필요가 있다.

나에게도 그런 경험이 있었다. 평소에는 잘 지내던 학생이 어느 날 유난히 조용했다. 특별한 낌새는 없었지만, 어딘가 말수가 줄었고 표정도 무뎌 있었다. 나는 큰 의미 없이 "오늘 컨디션 어때?", "이 부분은 이해되었니?" 하고 가볍게 물었지만, 학생은 짧게 대답하거나 고개만 끄덕일 뿐이었다. 처음엔 그냥 몸이 안 좋거나 기분이 가라앉은 날이겠거니 여겼다.

하지만 시간이 흐를수록 교실의 분위기가 조금씩 달라지기 시작했다. 말수가 줄어든 건 그 학생만이 아니었다. 주변 학생들까지 조심스럽게 눈치를 보고, 어딘가 말을 아끼는 기류가 교실 안에 서서히 번져갔다. 나는 수업을 계속 이어갔지만, 눈에 보이지 않지만 분명히 느껴지는 어긋남, 그 미묘한 공기가 마음을 자꾸 붙잡았다.

그리고 한참이 지나서야 알게 되었다. 이전 수업 시간, 내가 무심코 던진 농담 한마디가 그 학생에게 상처가 되었다는 사실을. 그냥 웃자고 한 말이었지만, 학생은 그 순간 마음의 문을 닫아버렸다. 그날, 충분히 감지할 수 있었던 관계의 신호들을 놓쳤다. 학생의 표정, 몸짓, 눈빛이 보내던 말 없는 메시지를 말이다.

철학자 모리스 메를로 퐁티(Maurice Merleau-Ponty)는 관계란 단지 눈에 보이는 행동을 주고받는 것이 아니라, 그 이면에 숨어 있는 의미를 함께 느끼는 것이라고 말한다. 나는 그날, 그 이면에 귀 기울이지 못했다. 조금만 더 조심스럽게 다가갔더라면, '지금, 이 아이는 나와 어떤 관계 안에 있는가?'를 더 일찍 물었더라면, 그 균열은 막을 수 있었을지도 모른다.

이처럼 관계적 민감성은 교사와 학생 사이에서도 필요한 감각이다. 학생이 늘 교사에게 긍정적인 감정을 갖는 것은 아니다. 때로는 이유 없이 거리감을 두기도 하고, 말을 걸어도 피하거나, 설명 중에 일부러 무관심한 태도를 보일 때도 있다. 그럴 때 교사가 단지 '말을 안 듣는다', '반응이 없다'는 식으로만 해석한다면, 그 안에 담긴 감정을 놓치게 된다.

어쩌면 그 학생은 아직 마음을 열 준비가 되지 않았거나, 이전에 쌓인 감정의 찌꺼기가 아직 남아 있을지도 모른다. 관계적 민감성이란 바로 이런 순간에 필요하다. 말보다 먼저 공기를 읽고, 감정보다 먼저 마음의 거리를 느끼는 감각. 괜찮다고 말하지만 표정은 굳어 있는 학생, 웃고 있지만 눈빛은 어딘가 멀어져 있는 학생 등 그들이 보내는 신호를 억지로 해석하려 애쓰기보다, 그저 조용히 그 자리에 함께 머물며 조금 더 기다려 주는 것. 상황을 바꾸려는 의지보다, 감정의 결을 따라가려는 마음. 바로 그 마음이, 어긋난 관계의 실타래를 다시 천천히 풀어내고, 교실의 분위기를 회복시키는 시작이 된다.

실제 교실에 앉아 있는 학생들의 감정 상태는 결코 하나로 정리되지 않는다. 같은 공간에 있지만 그 안에 흐르는 감정의 결은 제각기 다르다. 어떤 학생은 전날 부모님과의 다툼으로 마음이 뒤숭숭한 채 책상에 앉아 있을 수 있다. 말은 없지만 여전히 가슴이 먹먹하고, 아무 말도 듣고 싶지 않은 상태. 또 다른 학생은 아침 등굣길에 친구에게 들은 짧은 말 한마디가 마음에 걸려, 그 말을 되새기느라 수업에 집중하지 못하고 있을지도 모른다. 자신감이 부족한 아이는 발표 시간이 다가올까 두려워 고개를 숙인 채, 자신을 최대한 숨기며 그 시간이 지나가기를 바라고 있을 수 있다. 또 다른 학생은 알 수 없는 불안감에 시계를 자꾸 들여다보며 수업이 빨리 끝나기만을 기다리고 있을지도 모른다.

이처럼 교실이라는 공간 안에는 수십 개의 감정이 서로 다른 리듬으로 교차하며 흐른다. 겉으로 보기에 교실은 평온해 보일 수 있다. 하지만 그 안에서는 각자의 감정들이 조용히 부딪히고 스쳐 지나가며, 작은 긴장과 미묘한 거리감을 만들어낸다. 겉으로 드러나지 않지만, 이런 감정의 물결은 수업의 분위기, 학생들의 몰입, 참여 태도에 깊은 영향을 미친다.

그렇기에 교사가 이 다양한 감정을 알아차리지 못한 채 수업만을 끌고 간다면, 수업은 겉보기에 무탈하게 흘러가더라도, 학생들 마음 안에는 해결되지 않은 갈등과 정서적 긴장이 남아 있게 된다. 어떤 학생은 마음의 문을 굳게 닫은 채, 교사의 말이 더는 자신의 이야기로 들리지 않을 수 있다. 또 어떤 학생은 교실 분위기에서 멀어지며, 아무도 모르게 스스로를 조용히 교실 밖으로 밀어내기 시작할지도 모른다.

그래서 교사에게는 '관계적 민감성'이 필요하다. 그것은 학생의 말이나 행동만 보는 것이 아니라, 그 이면에 담긴 감정의 흔들림과 마음의 결을 함께 느끼려는 태도다. 메를로 퐁티는 이런 감각을 '몸을 통한 직관적 이해'라고 말했다. 말로 설명되지 않는 감정을 이해하려 애쓰기보다, 교사 자신의 감각 전체로 교실의 공기를 느끼고 반응하는 것이다.

말 없는 긴장을 눈빛으로 알아차리고 작은 몸짓 하나에서 감정을 감지하며, 교실 전체의 호흡이 미묘하게 달라지는 순간에 가만히 귀를 기울이는 것. 그것이 교사가 수업을 넘어 '관계'를 살아내는 방식이고, 학생들과 함께 만들어가는 살아 있는 교육의 시작이다.

이 모든 것을 실천하기 위한 첫걸음은 아주 작고 조용한 관찰에서 시작된다. 교사는 수업을 시작하기 전, 잠시 교실에 들어서며 학생들의 얼굴과 표정을 가만히 바라보는 것만으로도 충분하다. 오늘 교실의 공기가 평소보다 무겁게 느껴지진 않는지, 누군가 유난히 조용하거나 예민해 보이진 않는지, 몇몇 아이들의 시선이 자꾸 바닥을 향하고 있신 않은지. 그런 것들을 조심스럽게 살피는 것이다. 그 속에서 짧은 한마디, "괜찮아?", "오늘 좀 힘들어 보여"와 같은 말은 생각보다 큰 울림을 준다. 말이 아니라 눈빛 하나로도 학생의 마음에 조용히 문을 두드릴 수 있다.

쉬는 시간이나 점심시간, 복도에서 마주치는 일상적인 장면들도 '마음의 레이더'처럼 활용해 보자. 학생과의 짧은 인사, 스쳐 지나가는 눈빛, 장난스러운 농담 한마디. 이런 작은 접촉 속에서 관계의 미묘한 감정이 포착되기도 한다. 평소엔 활발하던 아이가 말을 아끼고 있다면, 그 사이에 무언가 있었는지 마음으로 조용히 물어야 한다. 때로는 좌석 배치를 바꾸거나, 익숙하지 않던 친구와 짝을 지어보는 것만으로도 아이들의 관계 안에 숨겨진 긴장과 거리감을 발견할 수 있다.

중요한 건 교사가 교실을 단지 '지식을 전달하는 무대'로만 보지 않는 것이다. 교실은 살아 있는 감정이 오가는 공간이며, 아이들의 하루하루가 고스란히 담겨 있는 삶의 장면이다. 교사가 마음을 열고 몸을 기울일 때, 학생의 감정을 더 섬세하게 느낄 수 있고, 작은 갈등과 긴장을 초기에 조심스럽게 풀어낼 수 있다.

물론 교사가 교실 안의 모든 감정과 관계를 일일이 감지하고 돌본다는 것은 결코 쉬운 일이 아니다. 수업을 준비하고 진행하는 것만으로도 충분히 벅찬 날들이 있고, 감정적으로도 지쳐버리는 순간들이 찾아온다. 교사가 늘 지휘자처럼 교실을 완벽하게 이끌어야 한다는 기대는, 때로는 너무 무겁게 느껴진다.

하지만 학생들의 감정을 섬세히 살핀다는 것은 교사의 의무 이전에, 사람으로서 자연스럽게 반응하는 감응의 태도에서 비롯된다. 교사는 특별한 능력이 있어서가 아니라, 매일같이 아이들의 얼굴을 바라보고, 그 조용한 신호에 마음이 머무르기 때문에 민감성의 전문가가 되어간다. 그것은 훈련이라기보다 존재의 방식에 가깝다.

남들이 놓치고 지나가는 것을 교사는 본다. 말보다 먼저 느끼는 감각,

관계의 틈을 읽어내는 눈. 그것이 교사가 지닌 가장 깊은 안목이다. 이 능력은 대단한 기술이 아니라, 교실이라는 삶의 현장 속에서 매일 흔들리며 애쓰는 마음 위에, 학생들과 주고받은 작고 조용한 순간들이 켜켜이 쌓이며 자라난다.

학생의 어깨를 스치며 건넨 짧은 눈빛, 수업이 끝난 후 문 앞에서 주고받은 인사 한마디, 엉뚱한 질문에 함께 웃었던 시간. 그 모든 사소한 순간이 교사의 감각을 단련시키고 마음의 근육을 길러준다. 그리고 어느 날 문득, 교사는 깨닫는다. 남들이 보지 못하는 것을 보는 신비로운 힘이, 이미 자신의 안에서 조용히 자라나고 있었음을.

성찰 질문
- 교실 내에서 학생들 사이의 긴장이나 갈등을 어떻게 감지하고 있나요?
- 특정 학생과의 관계에서 어려움을 느낄 때, 나의 대응 방식은 어떠한가요?
- 학생들 간의 관계가 수업 분위기와 효과에 어떤 영향을 미친다고 생각하나요?

실천 과제
- **관계 지도 그리기**: 학급 내 학생들 간의 관계망을 시각화하여 그리고, 갈등과 협력의 패턴을 분석합니다.
- **갈등 중재 기술 배우기**: 학생들 간의 갈등을 건설적으로 해결할 수 있는 중재 기법을 배우고 실천합니다.
- **협력적 모둠 활동 설계하기**: 다양한 특성과 성향의 학생들이 서로 존중하며 협력할 수 있는 모둠 활동을 개발합니다.

오늘의 그림

카라바조, 도마의 의심, 1601-1602년경.
캔버스에 유채, 107 × 146cm,
독일 포츠담 상수시 궁전 회화관(Sanssouci Picture Gallery, Potsdam, Germany)

• 부록 •

학생들의 감정을 살필 수 있는 12가지 전략

1. 수업 전 표정 체크하기

교실에 들어갈 때 학생들의 표정을 주의 깊게 살펴 평소와 다른 학생이 있는지 파악한다.
예) 표정이 어두운 학생에게는 개별적으로 가볍게 말을 걸며 상태를 살핀다.

2. 모닝 체크인 시간 운영하기

수업 시작 전 짧게 서로의 기분을 표현하게 하여 정서 상태를 미리 파악한다.
예) "오늘 아침 기분을 한마디로 표현해볼까?"라고 질문하며 짧게 점검한다.

3. 익명의 감정 표현지 활용

익명으로 그날의 감정 상태를 기록하게 하여 미리 분위기를 파악한다.
예) 종이에 간단히 감정을 적어 제출하도록 하여 그 상태에 맞게 대응한다.

4. 매일 간단한 대화 나누기

수업 시작 전 학생들과 가벼운 일상적 대화를 나누며 심리 상태를 점검한다.
예) "어제 하루는 어땠어?", "요즘 힘든 일은 없니?" 등 자연스러운 질문을 활용한다.

5. 정기적 개인 대화 시간 확보

학생들과 개별 대화를 정기적으로 가져 그들의 속마음을 편히 표현할 수 있도록 한다.
예) 일주일에 한 번 점심시간이나 방과 후 간단히 개인적인 대화를 나눈다.

6. 모둠 구성 시 관계 고려하기

학생 간의 친밀도와 긴장 관계를 미리 파악하여 모둠을 구성한다.

예) 갈등이 있던 학생은 분리하거나 관계 회복을 위한 조치를 미리 준비한다.

7. 신체 언어 관찰

학생들의 눈맞춤, 자세, 손동작 등 비언어적 표현을 예민하게 관찰한다.

예) 평소와 다른 학생에겐 개별적으로 말을 걸어본다.

8. 감정 카드 활용하기

간단한 감정 카드로 학생들이 쉽게 본인의 기분을 표현할 수 있게 한다.

예) 감정 카드를 제시하고 학생들이 고른 카드에 따라 적절한 개입을 한다.

9. '기분 체크 서클' 운영하기

주기적으로 원형으로 모여 돌아가며 각자 현재 기분을 나누는 시간을 가진다.

예) "지금 내 기분은 ○○○이다"라는 형식으로 돌면서 간략히 표현하도록 한다.

10. 관계 기록 일지 작성

수업 후 학생들 간의 관계와 감정 상태를 꾸준히 기록하여 관리한다.

예) "오늘 지수가 평소와 다르게 말이 없었다"는 식으로 간략히 적어 관리한다.

11. 수업 후 개별적인 질문 시간 갖기

수업 직후 학생들이 교사와 1:1로 질문하거나 대화할 시간을 확보한다.

예) 수업 후 5분 정도 교실에 남아 개별 질문을 받고 심리적 상태를 확인한다.

12. 교실 내 분위기 환기하기

학생들의 표정이 무겁거나 불안한 분위기를 감지하면 잠시 환기할 활동을 도입한다.

예) 잠시 스트레칭이나 간단한 게임으로 분위기를 전환시킨다.

08

대화, 서로를 향해 놓는 작은 다리

수업은 '말'이다. 말의 잔치이며 말의 풍경이다. 교사가 교실 안에서 던지는 수많은 문장, 학생이 조심스럽게 꺼내는 한마디, 친구끼리 속삭이듯 주고받는 짧은 대화까지, 수업은 그 모든 말이 촘촘히 엮여 만들어진 직조물이다. 어떤 말을 선택하느냐에 따라, 같은 내용의 수업이 때로는 천국이 되기도 하고, 또 어떤 날은 낯설고 차가운 공간이 되기도 한다.

말은 단순히 지식을 전달하는 도구가 아니다. 말은 분위기를 만들고 관계를 세우고, 감정을 움직이는 교실의 생명줄과 같다. 말투 하나, 표현 하나가 학생의 마음을 열기도 하고 닫기도 한다. 그렇기에 수업안에서 말은 내용보다 더 깊은 무게를 가진다.

여기서 중요한 개념이 바로 '소통성'이다. 소통성이란 단순히 말을 잘하는 능력이 아니다. 그것은 상대의 마음에 닿고 수업안에서 관계를 회복하며, 학생들과 함께 의미를 만들어 가는 능력이다. 교사의 말은 지시가 아니라 연결이어야 하며, 설명이 아니라 초대가 되어야 한다. 학생들이 자기 생각을 말할 수 있는 공간, 서로의 말을 듣고 마음을 나눌 수 있는 분위기, 이 모든 것이 '소통'을 통해 비로소 가능해진다.

철학자 루트비히 비트겐슈타인(Ludwig Wittgenstein)은 "언어의 한계가 곧 세계의 한계"라고 말했다. 우리가 사용하는 언어가 곧 우리가 살아가는 세계의 경계를 정한다는 이 말은, 교실이라는 공간을 바라보는 데에도 큰 통찰을 준다. 교사가 어떤 언어를 사용하느냐에 따라, 그 수업의 세계는 넓어지기도 하고 좁아지기도 한다. 바로 이 지점에서 소통성은 실행 능력의 핵심 축이 된다.

수업이 원활하게 흘러가느냐, 멈춰 서느냐는 결국 교사의 말에서 결정된다. 학생의 말을 어떻게 받아들이는가, 학생의 침묵을 어떻게 기다리는가, 예기치 못한 상황에서 어떤 언어로 반응하는가, 이 모든 장면은 단순한 말하기가 아니라, 교사의 소통 역량이 드러나는 자리다. 그 말이 학생을 살리고 수업을 다시 흐르게 하며, 교실의 공기를 바꾸는 힘이 된다.

결국 교사의 말하기 방식이 곧 교실이라는 세계의 스펙트럼을 결정한다. 따뜻하고 개방적인 언어가 교실을 살아 숨 쉬는 공간으로 만들고, 닫힌 언어는 그 세계를 단절된 섬처럼 만들어버린다. 학생들이 수업안에서 어떤 감정을 경험하는지도, 어떤 관계를 맺게 되는지도, 교사의 '말'에서 시작된다. 그래서 소통은 수업 디자인이나 자료 구성 못지않게, 아니 어쩌면 그보다 더 중요한, 수업 실행의 토대가 된다.

말은 도구가 아니라, 교사의 존재가 드러나는 방식이다. 그런데 이 말하기의 기본기(기다리기, 경청하기, 공감하기)는 누구나 알고 있지만, 막상 교실에서는 쉽게 실천되지 않는다. 시간에 쫓기고 수업의 흐름에 몰리고,

예기치 않은 감정의 파도 속에서 이 기본기들은 금세 흔들리곤 한다. 그래서 교사의 말하기는 단순한 습관이 아니라, 의식적인 훈련이 필요한 삶의 태도다. 알고 있다고 되는 것이 아니라, 끊임없이 연습하고 스스로를 점검하며, 몸에 새기고 태도로 살아내야 하는 교사의 가장 중요한 과제다.

기다리기 - 생각이 자라나는 시간을 허락하는 말 없는 배려

수업 중 뜻하지 않은 침묵이 찾아올 때가 있다. 질문에 쉽게 대답하지 못하는 학생 앞에서, 교사는 종종 조급해진다. 준비해 온 흐름을 이어가고 싶은 마음, 어색한 정적을 빨리 깨고 싶은 충동이 올라온다. 하지만 학생의 마음은 교사의 시간표대로 움직이지 않는다.

『빙점』의 작가 미우라 아야코는 "사람의 마음은 시계가 아니다. 무리하게 돌리려 하면 망가진다"라고 말했다. 교실에서의 침묵은 단순한 '멈춤'이 아니다. 그 시간 동안 말로 드러나지 않는 수많은 감정과 생각이 조용히 움직인다. 학생은 마음을 정리하고, 주저하며, 자기 안쪽을 향해 나아가는 중이다. 교사는 이 시간을 정체가 아닌 성장의 틈으로 받아들여야 한다. 기다림은 교사가 학생의 생각을 존중하고 있다는 무언의 메시지이며, 말이 나올 수 있도록 심리적 공간을 내어주는 태도다. 그 기다림 속에서 학생은 스스로를 다듬고, 마음을 다잡으며, 마침내 말할 준비를 갖춘다. 바로 그 순간, 진짜 배움이 시작된다.

경청하기 - 말보다 더 깊은 것을 듣는 귀 기울임

학생이 마침내 조심스럽게 말을 꺼냈을 때, 교사는 그 말의 끝까지 함께 걸어야 한다. 중간에 자르지 않고, 온전히 집중해 들어주는 태도는 학생에게 신뢰와 안정감을 준다. 아이들의 말에는 늘 말로 다 설명되지 않는 마음이 함께 실려 있다. 전날 밤 가족과의 다툼, 친구와의 오해, 혹은 누구에게도 말하지 못한 외로움 같은 것들. 진짜 경청은 정보가 아니라 마음을 듣는 일이다.

눈을 맞추고, 고개를 끄덕이며, 말을 따라가다 보면 말보다 더 큰 침묵과 마주하게 될 때도 있다. 그러나 교사는 그 침묵조차 하나의 말로 받아들여야 한다. 아이의 말 끝에 남겨진 짧은 정적, 흔들리는 눈빛, 주저하는 숨소리 속에 숨어 있는 감정을 읽을 수 있어야 한다. 경청은 판단을 멈추는 훈련이자, 학생을 하나의 '존재'로 바라보는 존중의 방식이다.

공감하기 - 마음의 자리에 함께 서보는 말

공감은 단지 "그럴 수 있지" 하고 맞장구치는 일이 아니다. 그것은 교사가 학생의 마음에 진심으로 다가가려는 의지이며, 자신의 감정을 조심스럽게 내어주는 용기다. 학생이 느끼는 감정은 교사의 기준으로 판단할 수 없다. 교사는 잠시 자신의 프레임을 내려놓고, 학생의 눈으로 세상을 바라보아야 한다.

때로는 따뜻한 눈빛, 조용히 고개를 끄덕이는 몸짓, "그랬구나" 하는 한마디가 학생의 마음을 녹인다. 그리고 공감은 단지 느끼는 데서 끝나는 것이 아니라, 이해했다는 걸 보여주는 방식으로 이어져야 한다. "네가 그런 말을 들었을 때 정말 속상했겠구나." 그 짧은 문장은 어떤 긴 설명보다 더 깊이 아이의 마음에 머문다. 그 문장이 닿는 순간, 학생은 자신이 온전히 받아들여졌다는 안도감을 느낀다.

학생의 마음은 말하고 싶어 한다. 그러나 그 마음이 세상 밖으로 나오기 위해서는, 그 말을 조용히 기다려 주고 끝까지 들어주며, 따뜻하게 받아줄 누군가의 준비가 먼저 필요하다. 기다림, 경청, 공감은 말과 마음이 이어지는 다리가 되어준다. 그 다리 위에서 우리는 비로소 진짜 소통을 배우고, 교실은 살아 있는 관계의 공간이 된다.

한강의 소설 『채식주의자』는 한 인간이 자신의 내면적 신념을 표현하려 했지만, 아무도 그것을 진심으로 듣고 이해하려 하지 않을 때, 그가 얼마나 쉽게 세상으로부터 단절되고 고립될 수 있는지를 강렬하게 보여준다. 주인공 영혜는 어느 날 갑자기 육식을 거부하며 자신의 삶에 조용한 균열을 내기 시작한다. 그러나 가족과 사회는 왜 그런 선택을 했는지를 이해하기보다, 그녀의 침묵을 불편해하고, 익숙한 기준으로 그녀를 판단하고 억압한다.

소설 속 영혜의 침묵은 단지 말이 없는 상태가 아니다. 그것은 말이 허락되지 않는 세계에서, 말해도 소용없는 경험을 반복하며 선택한 절망의 언어다. 그녀에게는 충분히 기다려 주는 사람도, 끝까지 들어주는 사람도, 마음 깊이 공감해 주는 존재도 없었다. 결국 그녀는 말로부터, 세상으로부터 점점 멀어지고, 자신의 세계 안에 갇혀 고요한 절망 속으로 가라앉는다.

우리 교실 안에서도 이와 비슷한 침묵과 고립이 조용히 반복되고 있다. 학생이 조심스럽게 꺼낸 말에 교사가 반응하지 않거나, 감정을 성급히 판단하거나 질문을 끝까지 들어주지 않을 때, 아이들은 스스로를 닫기 시작한다. '내 말을 들어주는 사람이 없다'는 경험은 단 한 번의 순간으로도 깊은 상처가 될 수 있다. 그리고 그 상처는 말이 아니라 침묵으로 드러난다.

그래서 교사는 말로 마음의 다리를 놓는 사람이다. 학생이 자신의 마음을 건너올 수 있도록 그 말이 두려움 없이 나올 수 있도록 기다려주고, 들어주고, 공감해주는 존재다. 교사가 그 다리를 따뜻하고 단단히 놓을수록 학생은 그 위를 천천히, 그러나 분명히 걸어올 수 있다.

앙리 마르탱(Henri Martin)의 〈봄〉에는 햇살이 부드럽게 스며든 숲에서, 나란히 서서 이야기를 나누는 두 사람이 등장한다. 남자의 말에 여자는 수줍은 듯 고개를 떨군다. 남자는 그런 여자의 모습을 조용히 바라본다. 화가는 이 둘의 차분한 감정을 봄의 느낌으로 화사하게 표현한다. 화려하지도 특별하지도 않지만, 그들의 눈빛과 자세 속에는 깊고 따뜻한 대화가 흐르고 있다. 진짜 소통이란 그런 것이다. 소란스럽지 않지만 마음이 오가는 일상의 말.

교실의 문제를 풀 수 있는 열쇠도 마찬가지다. 기발한 전략이나 화려한 프로그램이 아니라 교사의 기다림, 진심 어린 경청, 마음을 울리는 공감 한 문장. 그 작고 조용한 말들이 교실의 공기를 바꾸고 관계를 회복시키며, 학생을 다시 숨 쉬게 만든다. 그렇게 교실은 마르탱의 그림처럼 말의 햇살이 조용히 스며드는 봄의 풍경이 된다.

성찰 질문

- 수업 중 갈등이나 문제 상황에서 나의 대화 방식은 상황을 개선하나요?
- 학생과의 대화에서 가장 자주 저지르는 실수나 피하고 싶은 패턴은 무엇인가요?
- 기다리기, 경청하기, 공감하기 중에서 내가 가장 부족한 부분은 무엇인가요?

실천 과제

- **경청 훈련하기:** 하루에 한 번, 학생의 말을 끊지 않고 끝까지 듣고 난 후 내용을 요약해 확인하는 연습을 합니다.
- **나-전달법 사용하기:** 문제 행동에 대해 "너는 항상 ~해"보다 "나는 ~할 때 ~하게 느껴"라는 방식으로 표현합니다.
- **교사 대화 일지:** 한 주 동안 학생들과의 대화에서 효과적이었던 표현과 그렇지 못했던 표현을 기록하고 분석합니다.

오늘의 그림

앙리 마르탱, 봄, 1910년경.
캔버스에 유채, 크기 미상, 개인 소장

• 부록 •

수업 속 대화의 12가지 전략

1. 적극적 경청하기
학생이 말할 때 집중하며 끝까지 경청한다. 예) 학생이 의견을 말하는 동안 중간에 말을 끊지 않고 끝까지 듣고, 이후에 "너의 의견을 이렇게 이해했는데, 맞게 들었니?"라며 확인한다.

2. 감정 공감하기
학생이 표현한 감정을 존중하고 공감한다. 예) 학생이 화난 듯이 말할 때, "지금 네가 느끼는 감정을 이해해. 그 상황에서는 화가 날 수 있지"라고 해 준다.

3. 질문 돌려주기
학생의 질문을 그대로 돌려주거나 추가 질문을 하여 학생이 스스로 탐색하게 한다. 예) 학생이 이해하지 못했다고 할 때, "어떤 부분이 특히 어려웠는지 구체적으로 말해줄래?"라고 되물어 본다.

4. 비언어적 반응 활용하기
눈 맞춤, 고개 끄덕임, 몸짓 등으로 학생의 말에 적극적인 관심을 표현한다. 예) 학생이 이야기할 때 적절한 순간에 고개를 끄덕이며 공감을 표시한다.

5. 충분히 기다려주기
학생들이 망설이거나 말을 고를 때 서두르지 않고 기다려준다. 예) 학생이 머뭇거리면 조용히 미소 지으며 편안한 분위기를 유지한다.

6. 부드러운 질문하기
긴장하거나 어려워하는 학생에게 부담 없는 질문을 던져 의견을 표현하도록 돕는다. 예) "지금 떠오르는 걸 편하게 말해볼래?"라고 부드럽게 묻는다.

7. 다양한 감정 인정하기
학생의 다양한 감정을 있는 그대로 인정한다. 예) "지금 너의 감정이 이해가 가. 그런 기분이 드는 건 자연스러운 거야"라며 인정한다.

8. 말의 이면 읽기
학생들이 말하지 않은 부분까지 파악하려 노력한다. 예) 학생의 표정이 어두울 때, "혹시 더 하고 싶은 말이 있니?"라며 추가적인 이야기를 이끌어낸다.

9. 비판을 수용적으로 듣기
학생이 비판적 의견을 낼 때, 방어하지 않고 열린 태도로 경청한다. 예) 학생이 수업 방식을 비판하면 "그런 생각을 해줘서 고마워. 개선할 방법을 함께 생각해 보자"라고 답한다.

10. 편안한 분위기 조성하기
학생들이 자유롭게 말할 수 있도록 수업 분위기를 편안하게 만든다. 예) 웃음이나 가벼운 농담으로 긴장을 풀어준다.

11. 학생과의 개인적 연결 만들기
학생과의 개인적 경험이나 공통점을 찾아 이야기를 나눈다. 예) "나도 예전에 비슷한 경험을 했었어"라는 말로 친근감을 표현한다.

12. 확인과 피드백 제공하기
학생의 의견이나 질문을 이해했음을 확인하고 적절한 피드백을 준다. 예) "네가 말한 부분은 아주 좋은 지적이었어. 이런 관점으로 접근하면 더 좋을 것 같아"라며 명확한 피드백을 제공한다.

09

몰입, 공기를 바꾸고 집중을 일으키는 순간

초현실주의 화가 르네 마그리트(René Magritte)의 〈연인들〉에는 서로 입을 맞추고 있는 두 인물이 등장한다. 그러나 그들의 얼굴은 천으로 덮여 있어 서로를 제대로 바라보지도, 느끼지도 못한다. 가장 가까운 거리에서 가장 친밀한 행위를 하고 있지만, 정작 진심은 닿지 않는 이 모습은, 우리가 일상에서 나누는 '겉도는 대화'를 상징적으로 보여준다.

교실도 이와 다르지 않다. 교사와 학생이 같은 공간에 있지만, 서로의 마음에 닿지 못한 채 말이 스쳐 지나가면, 수업은 존재하지만 진짜 소통은 일어나지 않는다. 말은 오가지만 마음은 닫혀 있고 질문은 있지만 응답이 없고 지식은 있지만 감동이 없다면, 그것은 배움이 아니라 단절이다.

러시아의 문학이론가 바흐친(Mikhail Bakhtin)은 진실한 대화란 단순한 말의 교환이 아니라, 서로의 목소리를 존재로서 인정하고, 기꺼이 응답하려는 태도에서 시작된다고 말했다. 그는 이를 '대화주의(Dialogism)'라 불렀고, '다성성(Polyphony)', 즉 하나의 목소리만이 지배하는 것이 아니라 다양한 목소리들이 서로를 향해 열려 있고, 조화롭게 어우러질 때 비로소 의미 있는 소통이 이루어진다고 보았다.

하지만 이러한 순간은 우연히 오지 않는다. 그것은 교사와 학생이 '진짜 대화'를 할 때 비로소 가능해진다. 교사의 말만 흘러가고 학생의 목소리는 반영되지 않는다면, 그 수업은 마그리트의 그림처럼 가까이 있지만 단절된 관계, 말이 있지만 진심은 닿지 않는 대화로 남을 수밖에 없다.

앞에서는 교실 속에서 발생하는 다양한 문제 상황을 해결하기 위한 소통, 즉 '기다리기', '경청하기', '공감하기'라는 세 가지 태도를 중심으로 살펴보았다. 여기서는 소통의 또 다른 모습을 다룬다. 바로 학생들을 '배움에 몰입하게 하는' 소통의 기본기다. 단지 문제를 해결하는 것이 아니라, 교실 안에서 살아 있는 배움의 흐름을 만들어내기 위해 필요한 세 가지 말의 기술(연결하기, 되돌리기, 격려하기)에 대해 다루고자 한다.

연결하기 - 생각의 흐름을 잇는다
사회 수업 시간, 토론 중의 장면이다.

교사 민주주의가 왜 중요할까요? 정우, 네 생각은 어때?
정우 저는 민주주의가 자유를 보장해 준다고 생각해요.
교사 좋은 의견이야. 민주주의와 자유가 연결된다는 정우의 생각을 수민이는 어떻게 생각하니?
수민 맞아요. 그리고 민주주의는 소수 의견도 존중하니까, 자유뿐 아니라 다양성도 보장해 준다고 생각해요.
교사 아주 좋다. 정우의 의견에서 출발해, 수민이가 다양성으로 확장해 줬네. 다른 친구들은 또 어떤 생각이 있을까?

이처럼 '연결하기'는 학생들의 생각을 서로 엮어주며, 수업의 흐름을 자연스럽게 이어가고 확장하는 대화의 기술이다. 교사의 말 한마디로 학생들의 생각이 서로 닿고, 수업은 점차 하나의 '공동작품'처럼 다성적으로 자라난다. 이는 교사 혼자의 설계가 아닌, 학생들의 생각과 감정, 상호작용이 실시간으로 짜여 들어가는 '살아 있는 구성'이라 할 수 있다.

무엇보다 중요한 것은 교사의 기억력이나 말솜씨 같은 기술이 아니라 '태도'다. 학생 한 명 한 명의 말을 진심으로 받아들이고, 그 안에 담긴 의미에 관심을 가질 때, 연결은 기술이 아니라 자연스러운 반응이 된다. 학생의 이름을 불러주고, 그의 생각을 또 다른 학생에게 부드럽게 연결해 주는 그 한마디 안에, 교사의 존재가 담기고 수업의 분위기가 바뀐다.

이러한 연결의 순간을 경험한 학생은 자신의 말이 존중받았고, 수업을 움직이는 하나의 의미 있는 조각으로 쓰였다는 감각을 갖게 된다. 그리고 그 경험은, 학생이 다시 말하게 하는 용기를 준다. 말이 살아 움직이는 교실, 생각이 이어지고 확장되는 수업 속에서, 학생들은 점점 더 깊이 배움에 몰입하게 된다.

'연결하기'는 이처럼 학생들이 서로의 의견을 듣고, 자기 생각을 조심스럽게 확장시키며, 말하는 일에 조금씩 더 용기를 내게 하는 몰입의 촉진제다. 이런 말의 흐름 속에서 교실은 점점 더 따뜻하고 살아 있는 배움의 장으로 바뀐다. 수업은 이제, 혼자 말하는 교사의 무대가 아니라, 함께 만들어가는 대화의 합주가 된다.

되돌리기 - 생각의 깊이를 다시 들여다보게 하는 거울

과학 수업 시간, 한 학생이 손을 들고 물었다.

학생 선생님, 달은 왜 매일 모양이 달라져요?
교사 정말 좋은 질문이야! 다른 친구들은 어떻게 생각하니? 왜 달의 모양이 바뀔까?

교실 안이 잠시 조용해졌다. 아이들은 머릿속에서 생각을 굴리며 곰곰이 질문을 되새긴다. 교사는 그 침묵을 기다려 주며 다시 말을 건넨다.

교사 지난 시간 기억나니? 우리가 '행성을 인식하려면 어떤 조건이 필요할까' 이야기했었지. 혹시 그때 떠오른 내용이 있는 사람 있어?
제슬 빛의 반사요.
교사 맞아, 제슬이가 잘 기억했네. 그럼 이걸 바탕으로 다시 생각해 보자. 왜 달의 모양이 바뀌는 걸까?
학생들 지구 주위를 돌면서 달이 태양빛을 반사해서요!
교사 아주 잘했어. 그럼, 이 원리를 조금 더 구체적으로 설명할 수 있는 친구 있을까?

이처럼 '되돌리기'는 교사가 질문에 즉각적인 해답을 주기보다, 그 질문을 다시 학생들에게 되돌려주는 대화의 기술이다. 하지만 이는 단순히 시간을 끌기 위한 말이 아니다. 되돌리기는 학생이 스스로 생각하고, 기억하고, 답을 찾아가도록 돕는 수업 속 가장 창의적인 언어의 사용 방식 중 하나다. 교사가 한발 물러서서 말의 중심을 학생에게 넘겨주는 순간, 배움은 교사의 설명이 아니라, 학생 자신의 탐색에서 시작된다.

되돌리기에는 두 가지 방향이 있다. 첫 번째는 학생에게 다시 되돌리는 방식이다. 한 학생의 질문을 다른 학생에게 질문함으로써, 교실 안에서 생각이 오가고 대화가 살아 움직이게 한다. "좋은 질문이네. 다른 친구들은 어떻게 생각해?", "이 질문에 대답하고 싶은 사람 있니?"와 같은 말은 교사의 관심을 교실 전체로 확장하는 동시에, 학생들 스스로가 서로의 생각을 듣고 자신의 의견을 정리하며 참여할 수 있도록 돕는다. 말이 한 사람에게 머무르지 않고 교실을 순환하기 시작하는 순간, 수업은 더 이상 교사가 혼자 이끄는 무대가 아니라, 함께 만들어가는 '공동의 장'으로 변모한다.

두 번째는 시간을 되돌리는 방식이다. 현재의 질문을 과거의 배움과 연결해 보는 것이다. "지난 시간에 우리가 어떤 개념을 배웠었지?", "전에 했던 활동이 지금 질문과 어떤 관련이 있을까?"와 같은 질문은 아이들의 기억 속에 남아 있는 내용을 다시 꺼내고, 그 기억과 지금의 배움을 이어주는 다리가 되어준다. 학생들은 자신이 이미 알고 있는 것을 새로운 맥락에서 다시 만나게 되며, 그 경험은 배움의 깊이를 더해준다.

되돌리기의 핵심은 정답을 '주는 것'이 아니라, 생각할 기회를 '열어주는 것'이다. 교사는 잠시 멈추어 침묵을 허용하고, 조심스레 실마리를 건네며, 학생이 스스로 도달할 수 있는 길을 마련한다. 정답을 빠르게 알려주는 것이 아니라, 스스로 고민한 끝에 "아, 알겠다"는 깨달음에 닿도록 돕는 것. 그 순간, 배움은 교사에게서 학생에게로, 설명에서 탐색으로 이동한다.

격려하기 - 마음을 지지하는 따뜻한 등불
영어 수업 시간, 한 학생이 발표를 마친 뒤의 장면이다.

교사 제린아, 오늘 발표 정말 잘했어. 발음이 굉장히 좋아졌는데, 어떻게 연습했니?
제린 챗GPT랑 영어로 대화를 좀 많이 했더니, 발음이 조금 더 자연스러워진 거 같아요.
교사 그래, 제린이가 정말 꾸준히 노력한 게 느껴졌어. 앞으로도 계속 그렇게 해줘.
제린 (환하게 웃으며) 네, 더 열심히 할게요!

'격려하기'는 수업 중 학생이 보여준 작은 시도와 노력을 놓치지 않고, 그 자리에서 따뜻한 말로 붙잡아주는 교사의 대화 기술이다. 그러나 이것은 단순히 기분 좋아지라고 던지는 말이 아니다. 격려는 학생이 수업에 몰입할 수 있도록 돕는 가장 따뜻한 심리적 안전망이다. 수업에 대한 이해가 깊어진다고 해서 몰입이 일어나는 것은 아니다. 아이가 마음 깊이 수업에 들어오게 되는 순간은 "나는 지금 존중받고 있어"라는 감정이 자리 잡을 때 찾아온다. 격려는 그 감정을 만들어주는, 수업 속 가장 강력한 감정적 통로다.

중요한 것은, 격려가 막연한 칭찬이 되어서는 안 된다는 것이다. 단순히 "잘했어", "좋았어"라고 말하는 것으로는 충분하지 않다. 격려는 결과보다 과정, 사실보다 느낌, 성과보다 태도에 주목할 때 진심이 된다. "정말 잘했어"보다 "열심히 연습한 게 느껴졌어", "대단하다"보다 "이전보다 목소리가 또렷해졌더라"처럼 아이 스스로도 인식하지 못했던 작은 변화를 짚어주는 말은, 학생 마음 깊은 곳을 건드린다. 선생님이 나의 노력을 기억하고 있었다는 그 사실이, 아이에게는 가장 큰 격려가 된다.

나 역시 격려의 힘을 몸으로 배운 경험이 있다. 몇 년 전, 수영을 배우며 반복된 실패로 지쳐 있었다. 늘 지적만 하던 강사님 밑에서는 자유형으로 10미터도 제대로 가지 못했다. 그러던 어느 날, 전에 있던 강사님이 질병으로 장기 휴가를 떠나고, 대신 부드럽고 따뜻한 강사님이 수업을 맡았다. 그 선생님은 내가 팔을 조금씩 저어 나갈 때마다 "옳지, 잘했어. 지금처럼 하면 돼" 하며 다정한 말로 내 몸의 움직임 하나하나에 격려와 응원의 메시지를 보내주었다. 그 말들이 내 안의 두려움을 조금씩 녹였고, 몇 주 후 나는 생애 처음으로 25미터를 끝까지 헤엄칠 수 있었다.

그때 또다시 느꼈다. 사람의 마음을 움직이고 변화시키는 것은 커다란 지시나 대단한 기술이 아니라, 결국은 '말'이라는 따뜻한 손길이라는 것을. 어쩌면 수업에서 우리 교사들이 놓치고 있는 건, 바로 이 '말의 위대함'이 아닐까 하는 생각이 들었다. 늘어난 수영 거리에 나 자신도 놀랐다. 그 강사님이 특별한 기술을 알려준 것도 아니었는데, "옳지!", "좋아!" 그 짧은 말들이 어찌나 나에게 자신감을 주던지, 지금도 귀에 그 힘찬 음성이 또렷하게 남아 있다.

한강의 또 다른 소설 『희랍어 시간』도 이런 말의 본질과 기다림의 의미를 다시 떠올리게 한다.

『희랍어 시간』에는 시력을 잃어가는 여자와, 언어를 잃어가는 남자가 등장한다. 두 사람은 상처를 품은 채 서로에게 다가가지만, 서두르지 않는다. 조급하게 묻지도 않고 함부로 말하지도 않는다. 대신, 그들은 기다린다. 상대가 자신의 방식으로, 자신의 언어로 표현할 수 있을 때까지. 말이 오기까지의 그 긴 시간을, 조용히 견디며 함께 머문다.

그리고 마침내, 그 기다림의 끝에서 두 사람은 손을 맞잡고, 마음을 건넨다. 그 여정은 빠르지 않았다. 하지만 느리고 섬세한 말들이 오가며, 그들은 서로를 진심으로 이해하게 된다. 말은 늦었지만 그 속에는 깊은 신뢰와 따뜻한 연결이 있었다.

교실도 이와 참 많이 닮아있다. 학생의 말이 어설프고 느려도, 그 말 뒤에 숨은 감정과 의미를 들으려는 교사의 태도가 있을 때, 교실은 단순한 정보 전달의 공간이 아니라, 마음이 자라고 관계가 피어나는 공간이 된다. 교사의 격려는 그 속에서 배움을 꽃피우는 햇살이 된다. 크고 멋진 말이 아니어도 괜찮다. "잘했어", "그렇게 해도 좋아", "네가 생각한 방식이 궁금해" 같은 그 짧은 말들이 아이들의 가능성에 불을 켜고, 교실의 공기를 조금씩 따뜻하게 데운다.

수업 속 몰입은 화려한 콘텐츠나 복잡한 기법에서 오는 것이 아니다. 한 줄의 진심 어린 말, 그 언어의 온도에서 시작된다. 작은 격려 한마디가 아이의 마음을 열고 조용한 인정 한 문장이 아이를 다시 일으킨다. 그래서 우리는 다시, 말 앞에 선다. 학생을 향해 열린 귀와 따뜻한 마음으로, 말보다 마음이 먼저 닿는 대화를 위해. 그리고 그 순간부터, 교실이라는 작은 세계 안에 깊은 몰입과 진짜 배움의 물결이 일기 시작한다.

말은 곧 교사의 존재 방식이며, 수업의 시작이자 끝이다.

성찰 질문

- 학생들이 수업에 몰입하게 만드는 나만의 언어적, 비언어적 표현 방식은 무엇인가요?
- 침묵의 순간을 어떻게 활용하고 있나요? 불편하거나 걱정이 되나요?
- 학생들의 생각을 연결하고 확장시키는 대화 기술 중 내가 가장 잘 활용하는 것은 무엇인가요?

실천 과제

- **연결 질문 개발하기:** 학생들의 의견을 서로 연결하는 "○○의 의견에 덧붙여서 생각해 볼 수 있는 것은 무엇일까요?"와 같은 질문 표현을 개발하고 실천합니다.
- **되돌리기 기술 연습하기:** 학생의 질문에 바로 답하기보다 "그 질문에 대해 여러분은 어떻게 생각하나요?"라고 되돌리는 연습을 합니다.
- **격려 구체화하기:** "잘했어"보다 "네가 예시를 들어 설명한 부분이 개념을 이해하는 데 큰 도움이 됐어"처럼 구체적인 격려를 연습합니다.

오늘의 그림

르네 마그리트, 연인들, 1928년.
캔버스에 유채, 54.2 × 73cm, 뉴욕 현대 미술관(Museum of Modern Art, New York)

• 부록 •

수업 중 몰입을 이끄는 12가지 전략

1. 개념 연결하기

학생이 제시한 의견이나 개념을 서로 연결해 사고의 확장을 돕는다.
예) "민지가 제시한 '자유'라는 개념은 수민이가 말한 '다양성'과 어떻게 연관될까요?"

2. 발표자 연결하기

한 학생의 의견 발표를 다른 학생의 발표와 직접 연결하며 의견의 확장을 이끈다.
예) "방금 정우가 말한 민주주의의 중요성을 수현이의 의견과 연결해 볼 수 있을까요?"

3. 전체 학생에게 되돌리기

학생의 질문에 교사가 답하지 않고 전체 학생에게 다시 질문을 던져 다양한 의견을 끌어낸다.
예) 학생 "빈부격차는 왜 발생할까요?"
　　교사 "좋은 질문이에요. 다들 어떻게 생각하는지 이야기해볼까요?"

4. 과거 학습으로 되돌리기

현재의 질문을 과거 배웠던 내용과 연결하여 학생이 스스로 답을 찾도록 유도한다.
예) 학생 "바닷물이 왜 짠가요?"
　　교사 "지난 시간 바닷물의 성분을 이야기했는데 기억나요? 다시 생각해 볼까요?"

5. 구체적으로 격려하기

학생의 작은 성취나 노력을 세부적으로 칭찬하고 격려한다.

예) "지윤이의 발표가 또박또박하고 분명해서 모두가 잘 이해할 수 있었어요. 정말 좋았어요!"

6. 재진술하기

학생의 의견을 교사가 요약하여 확인하고 재정리한다.

예) "네가 말한 건 결국 '우리는 역사에서 반복되는 실수를 피해야 한다'는 거지?"

7. 명료화 질문하기

학생의 발언이 불분명할 때 명확하게 구체화를 요청한다.

예) "너의 의견이 흥미로운데, 조금 더 구체적으로 설명해줄 수 있을까?"

8. 예측 질문하기

다음 수업 내용을 미리 예측하게 하여 학생의 흥미를 자극한다.

예) "다음 시간 민주주의 발전에 대해 배울 텐데, 미래 민주주의는 어떤 모습일지 예상해볼까요?"

9. 비교하며 질문하기

두 개념이나 의견을 비교하며 비판적, 분석적 사고를 유도한다.

예) "지수와 민수가 말한 의견이 조금 다른데, 공통점과 차이점을 찾아볼까요?"

10. 생각의 이유 묻기

학생의 생각과 의견에 대한 근거를 구체적으로 질문하여 심화 탐구를 이끈다.

예) "그렇게 생각한 이유를 조금 더 자세히 설명해줄래?"

11. 반대 의견 초대하기

의도적으로 반대 의견을 요청하여 사고의 다양성을 넓힌다.

예) "민수의 의견과 다른 생각을 가진 친구도 있을 것 같은데, 이야기해볼까요?"

12. 비언어적 소통 적극 활용하기

교사가 비언어적 표현(미소, 고개 끄덕임, 눈 맞춤 등)을 적극 활용하여 학생의 의견을 지지한다.

예) 학생이 발표할 때 교사가 미소를 지으며 고개를 끄덕여 적극적 경청의 모습을 보인다.

10

연극, 학생과 호흡하며 희망을 그리는 무대

무성영화 시대의 전설, 찰리 채플린은 몸짓 하나, 눈빛 하나로 관객의 마음을 사로잡은 배우였다. 〈모던 타임스〉, 〈위대한 독재자〉, 〈키드〉 등 그가 남긴 작품들에는 늘 예상 밖의 웃음과 묵직한 감동, 그리고 인간미 넘치는 생동감이 있었다. 그는 철저한 각본과 연출을 준비했지만, 결코 그 안에 갇히지 않았다. 촬영 현장에서 동작의 타이밍, 소도구의 반응, 상대 배우의 몸짓 하나까지 민감하게 살피며, 매 순간을 창의적으로 해석하고 반응했다. 특히 〈위대한 독재자〉의 마지막 연설 장면은 철저한 연습 끝에 탄생했지만, 그 속에는 시대를 꿰뚫는 그의 내면과 순간의 감정이 고스란히 담겨 있었다. 〈모던 타임즈〉의 기계 속 장면 역시, 무성 영화의 한계를 뛰어넘어 찰리 채플린 특유의 재치와 즉흥적 연기로 완성되었다. 그는 계획을 따르되, 현장을 살리는 예술적 유연성으로 장면을 살아 숨 쉬게 만든 연기자였다.

이런 그의 연기는 비올라 스폴린(Viola Spolin)의 즉흥 연기 이론과도 연결이 된다. 스폴린은 즉흥 연기를 단지 재치 있는 기술이나 연극적 기교로 보지 않았다. 그녀는 그것을 '놀이'라 불렀다. 연기자가 실패나 평가에 대한 두려움에서 벗어나, 마음껏 탐색하고 실험할 수 있도록 이끌기 위한 다양한 연극 게임을 고안했고, 그 안에서 사람들은 점점 놀이의 상태에 빠져들었다.

놀이 속에서는 실수조차도 배움이 되고, 예기치 않은 순간에서 오히려 진짜 창조의 불꽃이 튀기도 한다. 그렇게 안전하게 놀 수 있는 공간이 마련될 때, 배우는 자신도 몰랐던 내면의 힘과 마주하게 된다.

스폴린이 강조한 또 하나의 중요한 개념은 '현재성'이다. 이는 연기자가 과거의 실수에 얽매이거나, 앞으로의 결과에 불안해하지 않고 오직 지금, 이 순간에 깊이 몰입하는 태도를 말한다. 즉흥 연기란 대본을 그대로 재현하는 것이 아니라, 눈앞의 상황과 상대의 반응에 귀 기울이며 매 순간 새롭게 반응하는 창조의 예술이다.

찰리 채플린의 연기가 지금도 살아 있는 이유는, 바로 이 현재성 때문이다. 그는 철저히 준비하면서도 장면마다 새로운 생명을 불어넣었고, 정해진 틀 속에서도 늘 자유로웠다. 그 자유 속에서 우리는 진짜 예술이 어떻게 태어나는지를 목격하게 된다.

이러한 즉흥 연기자의 태도는 교사의 역할과도 놀랍도록 닮아있다. 교사 역시 수업 계획안을 정성껏 준비하지만, 교실이라는 무대에 서는 순간 그 계획은 더 이상 고정된 틀이 아니다. 눈앞의 아이들과의 상호작용 속에서, 수업은 끊임없이 수정되고, 다시 빚어지고, 때로는 전혀 새로운 방향으로 흘러가기도 한다.

학생이 예상치 못한 질문을 던졌을 때, 갑작스레 흐름이 틀어졌을 때,

교사는 즉흥 연기자처럼 민감하게 반응해야 한다. 그러나 그 반응은 단순한 임기응변이 아니다. 그것은 교사의 내면 깊이 자리한 철학과 신념, 그리고 아이들을 향한 진심이 이끄는 창의적이고 유연한 놀이성이다. 단단한 경계와 분명한 목적 속에서 펼쳐지는 자유로운 움직임. 그 안에서 수업은 살아 있는 예술이 된다.

수업은 대본을 그대로 따라가는 완벽한 공연이 아니다. 교사는 손에 대본을 쥐고 있지만, 그보다 더 중요한 것은 지금 이 순간, 교실이라는 현장을 살아내는 태도이다. 때로는 아이들의 눈빛 하나, 말투 하나에 담긴 신호를 감지하고, 그에 따라 몸과 마음을 열어 응답하는 일. 그 반응 하나하나가 모여 '수업'이라는 장면이 완성된다.

수업이 예술이 되는 순간은 완벽한 설계에서 오는 것이 아니다. 경계와 유연성 사이에서 흔들리고 멈추고, 다시 반응하며, 아이들과 함께 현재의 순간을 재창조할 때 비로소 피어난다. 그것이 교사라는 이름의 예술가가 매일 교실이라는 무대 위에서 펼쳐내는, 세상에서 가장 아름다운 즉흥 공연이다.

지금까지 우리는 교실에서 요구되는 수업 실행의 본질에 대해 차분히 돌아보았다. 수업이란, 단지 준비된 대본을 따라가는 일이 아니다. 교사는 매 순간 변화하는 교실의 공기 속에서, 학생과의 살아 있는 상호작용을 통해 수업을 끊임없이 다시 쓰고 다시 빚어내야 한다. 그래서 수업 실행은 기술이 아니라 예술이다. 그것도 매번 새롭게 탄생하는, 살아 숨 쉬는 예술이다.

예술을 이루는 네 가지 감각이 있다. 바로 명확한 경계 설정, 유연한 대처, 학생에 대한 민감한 감응, 그리고 깊이 있는 소통이다. 이 네 가지는 단순한 역량을 넘어, 교사가 교실이라는 세계를 어떻게 살아내고 있는지를 보여주는 존재 방식이다.

경계 설정은 교실에 따뜻한 울타리를 세우는 일이다. 그 울타리 안에서 아이들은 안심하고 질문하고 실수하며, 배움이라는 놀이 속으로 자연스럽게 들어올 수 있다. 유연성은 예기치 못한 흐름 속에서 당황하지 않고, 오히려 그 순간에 기꺼이 자신을 내어주며 함께 춤추는 교사의 품이다.

민감성은 학생이 말하지 않아도 느껴지는 감정의 잔물결에 조용히 귀 기울이는 섬세한 눈이고, 소통성은 교사와 학생이 말이라는 다리를 통해 서로의 마음을 진심으로 만나게 하는 창구다. 이 네 가지 감각은 따로 떨어져 존재하지 않는다. 울타리가 있어야 자유롭게 움직일 수 있고, 감응이 있어야 깊은 대화가 가능하다. 서로가 서로를 살리고 얽히고 겹치며 하나의 수업을 이룬다.

교사는 화가처럼 교실의 풍경에 선을 긋고 음악가처럼 흐름의 리듬을 느끼며, 소설가처럼 학생의 마음을 읽어내고 연극배우처럼 그 순간을 함께 호흡한다. 그렇게 수업은 하나의 예술이 된다. 완벽하지 않아도 괜찮다. 중요한 것은 그날의 교실에서 우리가 함께 만든 '지금, 여기'의 순간이 살아 있었다는 사실이다. 그 순간이야말로, 교사라는 예술가가 매일 그려내는 가장 진실한 작품이다.

이번 장을 마치며, 교사야말로 섬세한 관찰자이자 민감한 창조자, 그리고 언제나 즉흥의 용기를 지닌 존재라는 사실을 새삼 떠올리게 된다. 교실은 매일 달라지고, 아이들은 그날그날 다르게 반응하며, 수업은 결코 같은 길을 반복하지 않는다. 그러나 바로 그 예측 불가능한 여정 속에서, 교사는 가장 인간적인 예술가로 거듭난다.

수업이 뜻대로 흐르지 않을 때도 있고, 교사의 마음이 흔들릴 때도 있다. 하지만 그것이야말로 교실이 살아 있다는 증거다. 교사가 지금 이 순간, 진짜로 아이들과 마주하고 있다는 사실이 그 안에 담겨 있다. 수업은 완벽해야 할 대상이 아니라, 함께 살아내는 일이다.

하루의 끝자락, 펠릭스 발로통(Félix Vallotton)의 〈해질녘 풍경〉을 마주하면 사라지는 햇살이 하늘을 어떻게 물들여 가는지, 천천히 숨 고르며 보게 된다. 주황과 붉은 기운이 점점 짙어지고, 저 멀리 숲의 나무들은 그저 담담히, 흔들림 없이 그 장면을 지켜본다. 하늘은 빠르게 변해가지만, 나무들은 그 변화 속에서도 고요함을 품고 서 있다.

이런 장면은 교사의 하루 끝과 참 닮았다. 교사는 저물어가는 빛 속에서 그날의 수업을 떠올린다. 더 잘할 수 있었던 부분은 무엇이었는지, 학생들과 나눈 작은 웃음과 의미는 무엇이었는지. 아쉬움이 남기도 하지만, 그 안에서 분명히 연결된 마음의 흔적 하나를 붙잡는다.

흔들리되 무너지지 않는다는 건 이런 것이다. 예측할 수 없고 늘 즉흥적인 교실이라는 공간 속에서, 교사는 무대 위의 배우이자 연출가로서 하루하루 자신을 빚어간다. 그날의 장면이 완벽하지 않더라도, 그 빛나는 순간들을 온전히 담아내려 애쓴 교사는 그 자체로 충분히 예술가다.

숲의 나무들이 저물어가는 빛을 묵묵히 바라보듯, 우리는 또 내일의 수업을 준비한다. 오늘을 정리하고 다시 걸음을 떼는 그 마음. 그 마음이 야말로 교사가 지닌 가장 따뜻하고 단단한 용기다.

그래서 오늘도 하루의 끝에서 나는 나에게 속삭인다.
"참 잘했고, 수고 많았다"고.
슬픔을 안고도 끝까지 버틴 나에게, 조용히 토닥토닥 칭찬을 건넨다.

성찰 질문

- 교사로서 명확한 경계를 세우면서도 유연성을 발휘하는 균형점을 어떻게 찾고 있나요?
- 수업이 즉흥 연극이나 재즈 연주와 같다는 말에 동의하나요? 그렇게 느낀 순간이 있었나요?
- 수업 실행 능력을 키우기 위해 앞으로 집중적으로 발전시키고 싶은 영역은 무엇인가요?

실천 과제

- **수업 실행 영역 진단하기**: 경계성, 유연성, 민감성, 소통성의 네 영역에 대해 자신의 강점과 약점을 솔직하게 진단합니다.
- **한 가지 능력 집중 계발하기**: 네 가지 수업 실행 능력 중 한 가지를 선택해, 한 달간 집중적으로 계발하는 계획을 세웁니다.
- **수업 예술성 탐구하기**: 재즈, 즉흥극, 요리 등 다양한 예술 형태에서 수업에 적용할 수 있는 원리나 접근법을 탐색합니다.

오늘의 그림

펠릭스 발로통, 해질녘 풍경, 1918년.
캔버스에 유채, 54 × 81cm, 취리히 미술관(Kunsthaus Zürich, Zurich)

영감을 준 인물들

나심 니콜라스 탈레브(Nassim Nicholas Taleb), 『안티프래질』(와이즈베리, 2013)
탈레브의 핵심 개념은 '안티프래질(Antifragile)'입니다. 이는 단순히 부서지지 않는 강함이 아니라, 흔들리고 깨질수록 더 강해지는 시스템을 뜻합니다. 교사에게 이 사유는 실패나 혼란을 두려워하지 말라는 통찰을 줍니다. 수업이 계획대로 흘러가지 않더라도 그것은 실패가 아니라 성장의 재료가 될 수 있습니다. 교사는 매 순간 실험하고 배우며 더 강한 교육자로 재탄생할 수 있습니다.

노자(老子), 『도덕경』(현암사, 2010)
노자의 핵심은 '무위자연(無爲自然)'입니다. 억지로 통제하지 않고 스스로의 흐름에 맡기는 것이 오히려 가장 큰 힘이라는 사유입니다. 교사에게 이 철학은 학생을 지나치게 몰아붙이지 않고, 기다리고 지켜보는 교육의 지혜를 일깨워줍니다. 말하지 않아도 배움은 일어나고, 강요하지 않아도 학생은 성장할 수 있습니다.

마르틴 부버(Martin Buber), 『나와 너』(문예출판사, 2001)
부버는 '나-너 관계'에서 인간 존재의 진정성을 봅니다. 상대를 단순한 대상(그)으로 취급할 때가 아니라 온전한 인격(너)으로 만날 때 참된 관계가 생겨난다고 말합니다. 교사에게 이 개념은 수업이 단순한 정보 전달이나 통제가 아니라, 교사와 학생 사이의 인격적 만남에서 출발해야 한다는 통찰을 줍니다.

모리스 메를로 퐁티(Maurice Merleau-Ponty), 『지각의 현상학』(문학과지성사, 2002)
메를로 퐁티는 인간의 인식이 논리나 이성보다 먼저 몸과 감각에서 출발한다고 봅니다. 교사에게 이 사유는 학생의 표정, 자세, 눈빛, 숨결 같은 비언어적 신호를 읽는 민감한 감각이 수업의 핵심임을 일깨워줍니다. 수업은 논리적으로 설계된 구조물이 아니라, 교사와 학생이 몸으로 마주하고 지각하며 함께 만들어가는 살아 있는 예술입니다.

미하일 바흐친(Mikhail Bakhtin), 『미하일 바흐친과 폴리포니야』(이강은, 역락, 2011)
바흐친은 '폴리포니(polyphony)', 즉 여러 목소리가 공존하는 다성적 세계를 강조했습니다. 교실도 교사 한 사람의 목소리로만 채워지는 공간이 아니라, 학생들의 말, 생각, 감정이 함께 울리는 공간이어야 합니다. 교사는 지휘자가 아니라 각자의 소리가 어우러지도록 돕는 촉진자입니다.

비올라 스폴린(Viola Spolin), 『연극게임』(예니출판사, 2001)
스폴린은 연극의 즉흥성과 놀이성을 강조했습니다. 교사는 계획된 각본에만 의지하지 않고, 교실 에너지와 아이들의 반응에 귀 기울여야 합니다. 수업은 교사와 학생이 함께 만들어가는 공동 창작물이며, 그 속에서 창조성이 피어납니다.

루트비히 비트겐슈타인(Ludwig Wittgenstein), 『철학적 탐구』(책세상, 2019)
비트겐슈타인은 언어가 단순한 표현 수단이 아니라, 우리가 사는 세계 그 자체라고 봅니다. 교사의 말, 질문, 표현은 단순한 전달이 아니라 아이들의 지적 세계를 구성하는 중요한 재료입니다. 수업은 '말의 예술'이자 '언어로 짜여진 우주'입니다.

알프레드 아들러(Alfred Adler), 『인간이해』(일빛, 2009)
아들러는 인간의 기본 욕구가 우월성이 아니라 소속감에서 비롯된다고 보았습니다. 교사에게 이 사유는 수업이 경쟁의 장이 아니라 협력과 소속의 공간이어야 함을 알려줍니다. 학생들이 함께 자라고 서로 기여하며 자신이 가치 있는 존재임을 느낄 때, 그 수업은 진정한 교육의 공간이 됩니다.

에마뉘엘 레비나스(Emmanuel Levinas), 『전체성과 무한』(그린비, 2018)
레비나스는 타자의 얼굴에서 윤리의 시작을 봅니다. 교사에게 수업은 지식 전달 이전에 학생 한 사람 한 사람의 얼굴을 마주하고, 그 얼굴에서 책임감을 느끼는 윤리적 만남의 공간입니다. 교실은 단순한 학습장이 아니라, 인간적 책임과 돌봄이 시작되는 자리라는 깨달음을 줍니다.

장 폴 사르트르(Jean-Paul Sartre), 『실존주의는 휴머니즘이다』(문예출판사, 2013)
사르트르는 인간은 본질이 정해져 있는 존재가 아니라, 매 순간 선택을 통해 자신을 만들어가는 존재라고 봅니다. 교사는 수업이 잘되지 않았을 때 환경 탓을 하기보다, 스스로 무엇을 선택하고 어떤 책임을 질지를 고민합니다. 교사는 시행착오 속에서 끊임없이 선택하며 배우는 사람입니다.

토마스 고든(Thomas Gordon), 『교사 역할 훈련』(양철북, 2021)
고든은 '능동적 경청'과 '나-전달법' 같은 소통 기술을 통해 교사가 학생의 감정과 이야기를 귀 기울여 들어야 한다고 강조합니다. 교사는 문제 해결사가 아니라, 아이들이 자기 감정을 표현하고 마음을 열 수 있도록 돕는 안내자입니다. 그의 대화법을 배우면 교실에서 더 따뜻한 신뢰 관계를 만들 수 있습니다.

한강(Han Kang), 『희랍어 시간』(문학동네, 2011), 『채식주의자』(창비, 2022)
한강의 소설에는 말로 표현되지 않는 침묵과 감정의 깊이가 담겨 있습니다. 교실에도 말로 다 설명되지 않는 마음들이 흐릅니다. 교사는 그 보이지 않는 감정을 감지하고 귀 기울일 수 있어야 합니다. 한강의 작품 세계를 들여다보면, 교사로서 '타인의 고통을 느끼는 공감'과 '아픔을 통한 연대'의 가치를 새롭게 발견할 수 있습니다.

4장

성찰
수업과 나를 다시 세워가다

01

거울, 내 수업을 다시 바라보는 창

교사로 산다는 것은, 결국 매일의 수업 속에서 '나'와 마주하는 일이다. 교실은 단지 지식을 전하는 공간이 아니다. 그 안에서 교사는 아이들의 눈빛, 표정, 말투, 작은 몸짓 하나하나를 통해 자신을 비추는 거울을 마주한다. 아이들의 반응은 때로는 따뜻한 응원이 되기도 하고, 때로는 조용한 질문이 되기도 한다.

수업이 끝나고 나면 누구나 한 번쯤은 이렇게 생각한다. '뭔가 부족했던 것 같아', '그 장면에서 조금 더 기다려줄 걸' 등 지나간 수업에 미련이 남는다. 하지만 완벽한 수업은 없다. 언제나 조금은 모자라고, 어딘가 마음에 걸리는 장면들이 남는다. 그렇다고 해서 그 마음을 애써 덮어두면, 우리는 같은 실수, 같은 잘못을 반복하게 된다. 하지만 불편하더라도 그 순간을 마주하고 '왜 그런 선택을 했을까?', '내 진짜 감정은 무엇이었을까?' 스스로에게 묻기 시작할 때, 수업은 조금씩 다른 방향으로 흐르기 시작한다.

건강검진을 앞두면 마음이 무거워진다. 혹시 내 몸 어딘가에 문제가 생긴 건 아닐까, 괜히 불안해진다. 하지만 피한다고 해결되진 않는다. 들여다보아야 비로소 고칠 수 있다. 성찰도 마찬가지다. 수업이 끝난 후 그냥 '괜찮았어' 하고 넘기기보다, 그 안에 숨은 진짜 나의 감정을 천천히 들여다보는 시간. 그게 바로 수업을 더 깊게, 더 따뜻하게 만드는 출발점이다.

수업 디자인이 수업의 겉모습을 만든다면, 성찰은 그 속을 채운다. 마음을 다해 돌아보는 이 시간이 쌓여야, 교사는 단단해지고 수업은 더 살아난다. 성찰이란, 내가 어떤 교사인지 다시 생각해 보게 하고, 내가 진짜 하고 싶은 수업이 무엇인지 조용히 묻는, 교사로서 한 걸음 더 깊어지는 가장 자연스러운 성장의 길이다.

수업이 끝난 후 교무실로 돌아가는 길, 나는 늘 마음 한구석에 작은 아쉬움과 묵직한 감정을 품는다. 수업이 계획대로 흘러가지 않았거나, 학생들의 반응에서 나의 부족함이 드러났을 때 더욱 그렇다. 그럴 때 필요한 것은, 그 불편한 감정과 마주하는 용기다. 그 감정이 어디에서 비롯된 것인지 무엇이 나를 힘들게 했는지 곰곰이 살펴야 한다. 학생 때문인지, 내 수업의 구조 때문인지, 혹은 내 감정 조절의 미숙함 때문인지. 그 '불편함'은 수업이 전하고 있는 신호다. 그 신호를 읽어야 다음 수업이 달라진다.

오랜 시간 수업코칭을 하며 느낀 점은, 의외로 많은 교사가 자신의 수업에서 실제로 무슨 일이 일어나고 있는지를 잘 알지 못한다는 것이다. 학생들과 관계가 좋다고 말하던 교사는, 실제로는 학생들이 교사의 직설적인 말투에 상처를 받고 있었다. 질문을 많이 한다고 자부하던 교사는, 질문을 던지자마자 스스로 답해버리는 장면이 반복되었다. 성찰이 없다면, 우리는 같은 자리를 계속 맴돌게 된다. 수업 속 진짜 문제는 드러난 장면 너머에 숨어 있고, 그것을 보려면 의식적으로 '멈추어 보는 힘'이 필요하다.

성찰은 내 수업의 풍경을 조용히 멈춰 세우는 일이다. 무조건 앞으로 나아가는 것이 아니라, 잠시 걸음을 멈춰 수업의 속살을 들여다보는 일. 그 안에서 나는 어떤 감정에 흔들렸는지, 무엇을 고민했는지, 그리고 결국 나는 교사로서 무엇을 더 잘하고 싶었는지를 다시 마주하는 일. 성찰은 나의 약함을 확인하는 과정이 아니라, 내가 진짜 바라는 수업의 방향을 되찾는 출발점이다.

도널드 쇤(Donald Schön)은 이런 성찰의 중요성을 일찍이 짚은 교육학자다. 그는 교사의 전문성이 단지 지식을 많이 아는 데 있지 않고, 끊임없는 성찰을 통해 자신을 다듬는 능동적 실천에 있다고 보았다. 그리고 이를 위해 두 가지 중요한 성찰의 방향을 제시했다.

첫째는 '행위 중 성찰'이다. 수업 중에 갑작스럽게 등장한 학생의 질문이나 예기치 못한 흐름 속에서, 교사는 직관적으로 판단하고 즉흥적으로 방향을 조율한다. 바로 그 순간, 과거의 경험과 지금의 감각이 어우러지며 새로운 판단이 만들어진다. 이는 3장에서 다룬 '수업 실행'과 맞닿아 있다. 말하자면, 교사는 하나의 예술가처럼 현장에서 유연하게 반응하며 수업이라는 작품을 만들어간다.

둘째는 '행위 후 성찰'이다. 수업이 끝난 뒤, 교사는 조용히 그날의 교실을 다시 떠올린다. 어떤 흐름이 좋았는지, 어떤 장면에서 내 마음이 무거웠는지, 그리고 다음에는 무엇을 바꾸면 좋을지 스스로에게 묻는다. 이 성찰은 보다 깊고 계획적인 방식으로 이루어지며, 교사의 지속적인 성장을 가능하게 하는 중요한 바탕이 된다.

쇤이 말한 이 두 성찰은 교사가 단순한 지식 전달자가 아니라, 늘 자기 자신과 마주하며 배우는 존재임을 일깨워준다. 수업이 끝났다고 교사의 역할이 끝나는 것이 아니다. 오히려 그 이후에 진짜 배움이 시작된다.

그래서 우리는 이 내면의 성찰을 실제 변화로 이어가기 위해, 수업 성찰의 과정을 네 가지 실천으로 나누어 함께 살펴보려 한다. 바로 '수업보기' – '수업나눔' – '수업쓰기' – '수업코칭' 이다. 이 네 가지는 단순한 활동의 나열이 아니라, 교사 자신을 비추는 거울이자, 수업을 다시 사랑하게 만드는 과정이 되어줄 것이다.

'수업보기'는 내 수업을 다시 따뜻한 시선으로 바라보는 일이다. 그저 잘했는지, 못했는지를 따지는 평가가 아니다. 학생들의 눈빛, 머뭇거림, 작은 표정 하나까지, 그날 교실에 흘렀던 공기와 내 안에서 일어났던 감정들까지 조심스레 들여다보는 과정이다. '그 학생은 왜 말을 멈췄을까?', '그 순간 내가 어떤 신호를 놓쳤던 건 아닐까?' 교사는 다시 그 장면 앞에 서서, 눈에 보이지 않던 무언가를 서서히 읽어내기 시작한다. '수업보기'는 단순한 재현이 아니라, 교실이라는 풍경을 다시 펼쳐 놓고 그 안에 숨겨진 마음의 결까지 함께 읽어내는 섬세한 시도다.

'수업나눔'은 혼자서는 보지 못한 것을 함께 보는 일이다. 수업을 나눈다는 것은 단순히 수업 자료를 공유하는 것이 아니다. 나 혼자였으면 무심히 지나쳤을 한 장면이, 동료의 따뜻한 질문 한마디로 다시 살아나고, 내가 놓쳤던 학생의 반응이 동료의 눈길을 통해 비로소 보이게 된다. 우리는 서로의 수업을 거울처럼 비추며, 각자의 내면에 숨겨져 있던 진심과 더 깊이 연결된다. 수업나눔은 평가의 자리가 아니다. 서로의 고민과 시선을 따뜻하게 지지하며, 함께 성장의 걸음을 내딛는 대화의 시간이다.

'수업쓰기'는 마음속에 흩어진 성찰을 조용히 글로 모으는 일이다. 머릿속에 맴돌던 느낌을 글로 옮기는 순간, 희미했던 배움의 흐름이 선명해진다. 그날의 수업 장면을 다시 떠올리며, 왜 그 말이 마음에 남았는지, 왜 그 순간이 불편했는지를 써 내려가다 보면, 교사는 자신이 진심으로 고민하는 질문들과 만나게 된다. 그리고 그 질문은 내가 어떤 교사가 되고 싶은지, 어떤 수업을 만들고 싶은지를 다시 떠올리게 해준다. 수업쓰기는 단순한 기록이 아니라, 성찰을 실천으로 옮기는 다리이자, 교사의 성장 곡선을 따라가는 내면의 일기장이다.

'수업코칭'은 다른 이의 성장을 지켜보며 함께 자라는 일이다. 코칭은 누군가의 수업을 평가하거나 가르치는 자리가 아니다. 그 수업의 흐름 안에 함께 머물며, 공감하고, 함께 더 나은 길을 상상하는 동료적 대화다. 코칭을 잘하는 사람은 먼저 자기 자신을 성찰해 본 사람이다. 불편한 감정과 마주해본 경험이 있는 사람, 쓰고 나누고 고민한 시간이 축적된 사람이다. 그래서 수업코칭은 단순한 기술이 아니라, 성찰의 깊이가 만들어낸 또 하나의 성장이다. 나 하나만 성장하는 것이 아니라, 공동체 안에서 서로를 북돋우며 함께 나아가는 길이다.

보기, 나눔, 쓰기, 코칭.

이 네 가지는 따로따로 떨어져 있는 활동이 아니다. 교사가 자신의 수업을 진심으로 바라보고, 동료와 함께 나누며, 글로 정리하고, 다른 이의 수업에 귀 기울여 함께 고민할 때, 비로소 깊고 단단한 '자기만의 수업'이 완성되어 간다. 그것은 단순한 기술의 축적이 아니라, 교사로서의 내면이 점점 다져지는 과정이며, 수업이라는 삶의 중심을 조금씩 찾아가는 길이다.

그 여정은 결국, 거울 앞에 서는 데서 시작된다. 윌리엄 메릿 체이스(William Merritt Chase)의 그림 속 여인은 화려한 거울 앞에 조용히 서 있다. 그러나 그녀의 얼굴에는 어딘가 마음에 들지 않는 표정이 번져 있다. 마치 지금의 내 수업, 내 모습이 스스로에게도 선뜻 "좋다"고 말하기 어려운 순간처럼. 우리는 종종 수업의 진짜 얼굴을 외면한다. 잘 되었다고, 괜찮았다고 스스로를 다독이며, 그 안에 감춰진 불편함은 살짝 덮어둔다.

하지만 성찰은 그 거울을 똑바로 바라보는 일이다. 조금은 낯설고 불편하더라도, 그 안에 비친 나의 눈빛과 마음을 솔직하게 마주하려는 태도에서 모든 변화는 시작된다. 진짜 변화는 외부의 방법에서 오는 것이 아니라, 나 자신을 정직하게 보는 데에서 비롯된다. 그리고 바로 그 바라봄이, 수업이라는 무대 위에서 '진짜 나'를 만나게 해준다.

"
산모퉁이를 돌아 논가 외딴 우물을
홀로 찾아가선 가만히 들여다봅니다.

(중략)

우물 속에는 달이 밝고 구름이 흐르고

하늘이 펼치고 파아란 바람이 불고 가을이 있고

추억처럼 한 사나이가 있습니다.

"

문득 윤동주의 시 〈자화상〉을 떠올린다. 시인 동주도 우물 앞에 선다. 그 우물 속에는 달이 비치고, 구름이 흐르고, 계절이 담겨 있다. 하지만 그 모든 풍경을 품은 끝에 마주하게 되는 건 다름 아닌 나 자신이다.

교사로서의 성찰도 그와 같다. 교실이라는 무대 위에서, 수없이 흔들리고 웃고 울며 홀로 우물 앞에 서서 나를 비추어 본다. 그곳에서 나는 깨닫는다. 완벽하지 않아도 괜찮다는 것을. 조용히 웃으며 그저 나를 바라봐 주는 그 시선 하나가 나를 다시 일으킨다는 것을. 성찰은 결국, 다시 교사로 서게 만드는 고요한 힘이다. 그렇게 우리는 오늘도 한 걸음, 다시 나아간다.

추억처럼 우리도 우물 앞에 서 있다.

성찰 질문

- 하루를 마치고 나의 수업을 돌아보는 시간을 규칙적으로 갖고 있나요? 그렇지 않다면 어떤 방해 요소가 있나요?
- 수업 중에 일어난 작은 성공과 실패의 순간들을 얼마나 구체적으로 기억하고 있나요?
- 성찰이 없는 교사 경험은 어떤 한계를 가질까요? 반대로 성찰이 있는 교사 경험은 어떤 가치를 가질까요?

실천 과제

- **수업 성찰 시간 5분 확보하기:** 매일 수업이 끝난 후 5분만이라도 조용히 앉아 오늘의 수업에서 가장 의미 있었던 순간과 아쉬웠던 순간을 메모합니다.
- **성찰 질문 카드 만들기:** 수업을 돌아볼 때 사용할 3-5개의 핵심 질문을 카드에 적어 교무실 책상에 두고 정기적으로 활용합니다.
- **주간 성찰 시간 설정하기:** 매주 같은 요일, 같은 시간에 30분 정도 수업 성찰 일지를 쓰는 시간을 시간표에 넣어봅니다.

오늘의 그림

윌리엄 메릿 체이스, 거울, 1900년.
캔버스에 유채, 91.4 x 71.3cm, 신시내티 미술관(Cincinnati Art Museum, Ohio)

02

보기, 수업에 거리를 두고 들여다보는 풍경

수업을 성찰하는 첫걸음은, 내가 지금 어떤 시선으로 수업을 바라보고 있는지를 자각하는 것에서 시작된다. 그냥 '본다'고 해서 다 같은 것을 보는 것이 아니다. 우리는 같은 장면을 보고도, 전혀 다른 느낌과 해석을 하게 된다. 왜일까? 바로 그 이유는 '시선' 속에 숨어 있는 나의 관점과 태도 때문이다.

철학자 프리드리히 니체(Friedrich Nietzsche)는 "사물은 그것을 바라보는 시선에 따라 달라진다"고 말했다. 그는 시선을 단순히 눈으로 보는 것이 아니라, 세상에 의미를 부여하는 '해석의 틀'이라고 보았다. 니체의 관점주의는 우리가 어떤 사물이나 현상을 고정된 진리로 볼 수 없으며, 그것을 어떤 위치에서, 어떤 마음으로 바라보느냐에 따라 전혀 다른 모습으로 다가온다고 말한다.

수업도 마찬가지다. 같은 수업을 보더라도, 교장 선생님의 눈에는 '학교의 방향성과 운영', 학부모의 눈에는 '우리 아이에게 도움이 되는가?', 학생의 눈에는 '이 수업이 재미있고 의미 있는가?'가 보인다. 동료 교사는 또 다른 시선으로, 그리고 나는 나만의 고민과 기대를 담아 그 수업을 바라본다. 서 있는 자리와 마음 상태에 따라 수업은 매번 다른 얼굴을 하는 셈이다.

그래서 한 가지 시선으로만 수업을 판단하거나 해석하려는 태도는 자칫 수업의 풍부함과 깊이를 놓치게 만든다. 다양한 시선으로 수업을 바라보고, 그 안에 담긴 여러 의미를 천천히 읽어내는 것. 그것이야말로 교사 성찰의 첫 단추이며, 나의 수업을 더 깊이 이해하고 사랑하게 되는 시작점이다. 수업은 언제나 '하나의 정답'을 주지 않는다. 그래서 우리는 더 많은 '시선'을 필요로 한다. 내가 보지 못한 것을 누군가가 보아주고, 내가 놓친 의미를 함께 읽어내 줄 때, 수업은 비로소 더 넓고 깊은 이야기를 들려주기 시작한다.

수업을 바라보는 여러 시선 중, 가장 먼저 떠오르는 것은 '평가의 시선'이다. 이 시선은 명확한 기준과 척도를 바탕으로 수업을 객관적으로 분석하고 판단하려는 태도다. 수업 장학이나 컨설팅에서 흔히 사용되는 방식으로, 교사의 수업 목표 달성 여부, 학생들의 참여도, 수업 설계의 타당성과 교수 방법의 적절성 등을 중심으로 수업을 들여다본다. 이 시선은 수업의 개선점을 구체적으로 짚어줄 수 있고, 교사에게 성장의 방향성과 실제적인 피드백을 제공할 수 있다는 점에서 분명 유익한 도구가 된다.

그러나 현실 속의 '평가'는 종종 그 본래의 취지와 멀어지곤 한다. 수업 장학이 교사의 능력을 점검하거나 비교하는 방식으로 운영되면, 수업을 공개하거나 피드백을 받는 일이 부담스럽고 꺼려지는 일이 된다.

'내 수업이 괜찮을까?', '혹시 부족하다고 여겨지면 어쩌지?' 하는 두려움은 교사에게 위축감을 안기고, 결국 자발적인 성찰의 기회를 가로막는다. 수업이 누군가의 시선에 의해 '측정 당하는 대상'으로 전락할 때, 교사는 점점 마음의 문을 닫게 된다. 그래서 평가의 시선은 객관성과 전문성을 유지하되, 교사의 감정과 수업의 맥락을 함께 존중하는 태도와 만나야 한다. 그때 비로소 평가는 교사의 성장을 돕는 건강한 거울이 될 수 있다.

반면, 또 다른 방식으로 수업을 바라보는 '비평의 시선'도 있다. 이 시선은 수업을 하나의 예술 작품처럼 바라본다. 청주교대 이혁규 교수는 이 개념을 제안하며, 수업을 평가의 대상이 아닌 '비평의 대상', 곧 해석과 감상의 대상으로 보자고 했다. 이 관점에서 수업은 단지 잘했는가 못했는가를 판단 받는 자리가 아니라, 교사의 창의성과 정서, 수업의 리듬과 분위기, 교사와 학생이 오간 말 한마디, 눈빛 하나까지 모두 '예술적'으로 읽히는 장면이 된다. 그 안에는 교사의 고유한 색깔과 철학, 수업이라는 문화를 만들어가는 섬세한 손길이 담겨 있다. 이 시선을 통해 교사는 자신이 만들어낸 수업의 미묘한 흐름과 아름다움을 새롭게 인식하고, 수업에 대한 자부심과 교사로서의 정체성을 되찾게 된다. 수업을 지식 전달의 수단이 아니라, 문화적 창조의 행위로 바라볼 때, 교사는 그 속에서 스스로를 다시 발견하게 된다.

하지만 비평의 시선은 평가처럼 명확한 기준이나 틀이 없기 때문에, 현장의 교사들에게는 다소 추상적이고 어렵게 느껴질 수도 있다. 실제로 이 접근은 한때 현장에서 활발히 시도되었지만, 연구자 중심으로 옮겨가며 실천 현장과의 거리가 생기고 있는 것도 사실이다.

수업을 바라볼 때, '평가의 시선'과 '비평의 시선'을 함께 가진다는 것은 매우 중요하다. 하나의 시선만으로는 수업의 전체를 담아낼 수 없기 때문이다. 평가의 시선은 수업의 구조와 흐름을 분석하고 개선점을 찾아낸다. 그것은 교사에게 방향성과 기준을 제시해 주는 든든한 나침반이 된다. 반면, 비평의 시선은 수업을 하나의 예술처럼 바라보게 한다. 교사의 말투, 아이들의 눈빛, 수업의 리듬과 분위기까지. 모든 것이 수업이라는 무대 위에서 만들어낸 하나의 장면이 된다. 비평은 수업에 숨결을 불어 넣고, 교사에게 자신만의 색깔과 정체성을 돌아보게 해 준다.

이 두 시선은 마치 '형식'과 '깊이'를 나눠주는 두 손처럼, 서로 다른 방식으로 교사의 성장을 도와준다. 그러나 이 두 시선에도 공통된 한계가 있다. 그것은 바로, 두 시선 모두 '외부자의 시선'이라는 점이다. 수업 장면을 객관적으로 바라볼 수는 있지만, 그 안에서 교사와 학생이 실제로 느끼고 경험한 감정까지는 온전히 다가가기 어렵다. 눈에 보이는 것과 실제 안에서 흐르는 마음의 결 사이에는 늘 거리가 있기 마련이다.

철학자 에드문트 후설(Edmund Husserl)은 겉으로 드러난 객관적인 사실보다, 사람이 직접 경험한 감정과 의식의 흐름, 다시 말해 '그 순간의 마음'이 훨씬 더 중요하다고 보았다. 그는 "사물 자체로 돌아가라"는 말을 남기며, 우리가 어떤 현상을 볼 때, 그것이 나에게 어떻게 다가왔는지, 그 체험 자체를 더 깊이 들여다보라고 했다.

예를 들어, 귀스타브 카유보트의 그림 〈오르막길〉을 떠올려 보자. 언뜻 보면 계단 위 두 남녀는 다정한 대화를 나누는 듯 보인다. 하지만 조금 다른 시선으로 보면, 그들은 말다툼하는 중일 수도 있고, 이별의 순간을 맞이하고 있을 수도 있다. 그림은 그대로지만, 보는 이의 마음에 따라 전혀 다른 장면이 된다. 우리가 보는 건 어디까지나 겉모습일 뿐, 그 안의 감정까지는 알 수 없다. 이것이 바로 외부자의 시선이 가진 한계다.

그래서 후설은 '판단중지(Epoche)'라는 태도를 제안한다. 익숙한 판단을 잠시 멈추고, 대상 자체와 새롭게 만나보려는 열린 마음을 가지라는 것이다. 수업도 마찬가지다. 평가와 비평은 마치 삼인칭의 시선처럼 수업을 분석하고 해석하지만, 그 안에서 교사가 어떤 마음으로 서 있었는지, 아이가 어떤 감정으로 앉아 있었는지는 쉽게 보이지 않는다. 그래서 우리는 늘 기억해야 한다. 내가 수업을 바라보는 이 시선 역시, 언제나 부분적이고 불완전하다는 사실을. 그 겸손한 인식이 교사로서 더 깊어지는 길이 된다.

그러나 이 모든 한계를 인정하더라도, 절대 잊지 말아야 할 단 한 가지 사실이 있다. 바로, 수업을 한 교사는 그 존재 자체로 깊이 존중받아야 한다는 것이다. 그 수업이 잘되었는지, 효과적이었는지, 기술적으로 완성되었는지를 말하기에 앞서, 우리는 먼저 그 수업을 준비한 한 사람의 마음, 그 수업을 감당해 낸 한 사람의 손길, 그리고 그 자리에서 묵묵히 서 있었던 한 사람의 존재를 바라보아야 한다.

문득, 엄마의 밥상이 그리워질 때가 있다. 특별히 기억나는 반찬은 고구마 줄기다. 솔직히 말하자면, 그 반찬은 늘 조금 심심했고, 입에 착 감기는 맛도 아니었다. 종종 투정을 부리며, "또 이거야?" 하고 더 맛있는 반찬을 찾곤 했다. 하지만 시간이 흐른 지금, 그 고구마 줄기는 세상 어떤 음식보다 따뜻하고 깊은 맛으로 내 안에 남아 있다.

왜일까? 그것은 고구마 줄기를 하나하나 손질하던 엄마의 손길 때문이었다. 때 묻은 앞치마 위로 내려앉던 햇살, 조용히 부엌에 앉아 껍질을 씻던 그 정성스러운 마음이 그 음식에 함께 담겨 있었기 때문이다.

수업도 이와 다르지 않다. 외부자는 수업을 평가하고 분석할 수 있다. 수업의 목표가 잘 이루어졌는지, 구성은 적절했는지, 학생들의 반응은 어땠는지를 따져볼 수 있다. 하지만 그 수업을 준비한 교사의 마음과 고달픈 손길까지는 다 알 수 없다. 수업을 마치고 텅 빈 교실에 혼자 앉아 있던 순간들, 아이들의 눈빛 하나에 흔들리고 또 다잡으며 고민했던 밤들, 그 모든 시간은 숫자나 기준으로는 결코 환산될 수 없다. 그래서 우리는 수업을 단순히 상품처럼 평가하거나, 교사를 능력치로 비교하는 시선으로는 수업의 진짜 가치를 알아볼 수 없다. 우리가 진짜 가져야 할 것은, 그 수업을 만들어낸 교사를 따뜻하게 바라보는 시선, 환대하는 마음이다.

기교나 완성도보다 먼저 봐야 할 것은, 그 교사가 수업을 위해 얼마나 많은 시간과 마음을 쏟아부었는지, 아이를 바라보는 눈빛에 얼마나 깊은 사랑이 담겨 있었는지, 그리고 그 하루를 얼마나 애쓰며 견뎠는지다.

감 하나가 맺히기까지 나무는 긴 겨울을 묵묵히 견뎌낸다. 짧은 수업의 순간에도, 말없이 지나간 교사의 마음과 시간이 깊게 배어 있다. 우리는 그 순간을, 단지 잘했냐 못했냐로 판단할 것이 아니라, 한 존재가 견디며 지켜낸 진심의 흔적으로 존중해야 한다. 그렇게 수업을 바라볼 때, 우리는 비로소 수업이 가진 깊은 감동과 아름다움을 발견하게 된다.

성찰 질문

- 나의 수업을 보는 것이 왜 어려운가요? 어떤 감정이나 생각이 방해가 되나요?
- 다른 교사의 수업을 볼 때와 나의 수업을 돌아볼 때, 어떤 시선의 차이가 있나요?
- 수업 장학이나 컨설팅을 받을 때 가장 도움이 되었던 피드백과 그렇지 않았던 피드백은 무엇이었나요?

실천 과제

- **자기 수업 촬영하기:** 한 차시 수업을 녹화하고, 객관적 관찰자의 시선으로 영상을 보며 발견한 장단점을 메모합니다.
- **평가-비평 연습하기:** 같은 수업 장면을 '평가의 시선'(객관적, 기준 중심)과 '비평의 시선'(심미적, 맥락 중심)으로 각각 바라보는 연습을 해봅니다.
- **동료 수업보기:** 신뢰하는 동료 교사와 서로의 수업을 관찰하고, 각자 평가와 비평의 시선으로 피드백을 주고받습니다.

수업을 바라보는 틀
(평가, 비평)

오늘의 그림

귀스타브 카유보트, 오르막길, 1881년.
캔버스에 유채, 100 x 125cm, 개인 소장

03

시선, 배움과 내면을 함께 바라보는 온기

구로사와 아키라의 영화 〈라쇼몽(Rashomon)〉은 깊은 숲속에서 벌어진 한 살인 사건을 중심으로 전개된다. 놀라운 점은, 그 하나의 사건을 두고 서로 다른 인물들이 전혀 다른 이야기를 한다는 것이다. 누구는 자신이 피해자였다고 말하고, 또 다른 누구는 진실을 알고 있다고 주장한다. 도대체 누구의 말이 진실일까? 하지만 영화는 끝내 정답을 제시하지 않는다. 오히려 이 모호함을 통해 묻는다. "진실이 과연 하나일 수 있는가?" 영화는 말한다. 진실은 단일한 사실이 아니라, 각자의 시선과 기억, 그리고 그 안에 담긴 내면의 감정과 해석이 얽혀 만들어진 복합적인 이야기라고.

수업도 이와 닮아있다. 하나의 수업, 단 한 장면을 두고도 교사의 눈, 학생의 마음, 동료 교사의 관찰 속에서는 서로 다른 풍경이 펼쳐진다. 교사는 흐름이 매끄럽지 않아 아쉬워하지만, 한 학생은 그 수업 속에서 깊은 울림을 느낄 수도 있다. 반대로 교사는 만족스러웠지만, 학생은 외로움이나 소외감을 경험했을 수도 있다. 그래서 수업을 단순한 '객관적 분석'으로만 보면 안 된다. 우리는 수업을 다층적이고 감각적인 시선, 곧 '배움의 시선'과 '교사 내면의 시선'으로 바라볼 필요가 있다.

'배움의 시선'은 학생들의 마음에 일어나는 작은 떨림에 귀 기울이는 눈이다. 이 시선은 수업이 계획대로 잘 진행되었는지, 목표가 달성되었는지를 따지는 것이 아니다. 오히려 그 속에서 학생들이 어떤 감정을 지나고, 어떤 경험을 하며, 어떤 생각의 움직임을 겪고 있는지를 민감하게 포착하려는 태도다. 지식을 전달하고 평가하는 것을 넘어, '무언가를 알게 된다는 것'이 아이들에게 어떤 감정이며, 어떤 도약과 충돌을 수반하는지를 함께 느끼려는 시선이다.

교육학자 사토 마나부는 이러한 배움의 순간을 '점프(jump)'라는 단어로 설명했다. 그는 학생의 성장이 혼자 생각을 붙잡는 '나와의 대화', 타인의 말에 귀 기울이고 자기 생각을 비춰보는 '타자와의 대화', 그리고 삶과 세계로 시선을 확장하는 '세계와의 대화' 속에서 일어난다고 말한다. 이 세 가지 대화는 교실이라는 공간 안에서 하나의 '앎'이 어떻게 태어나는지를 보여주는 내밀한 풍경이다.

이 점프가 일어나는 순간, 아이들은 달라진다. 질문이 많아지고, 친구의 말에 고개를 끄덕이며, 더듬더듬 자기 생각을 말로 꺼내려 애쓴다. 배움은 지식을 쌓는 일이 아니라, 감정의 변화이고, 존재의 확장이다.

이런 배움의 순간은 교사에게 아주 조용하고도 섬세한 신호로 다가온다. 고개를 푹 숙이고 있던 아이가 어느 순간 자세를 고쳐 앉는다. 산만하던 눈동자가 칠판 한 곳에 멈춰 선다. 그 찰나에 교사는 안다. 지금, 무언가가 그 아이의 마음에 닿았다는 것을. 배움은 그렇게 불쑥 열린다.

학생의 내면이 살짝 흔들리고, 눈빛에 호기심이 스며드는 그 순간. 배움은 늘 조용히 시작되지만 그 진폭은 생각보다 훨씬 크다. 시간이 흐르면 교실 안에 대화의 온기가 퍼진다. 아이들은 친구의 말에 귀 기울이고, "나는 좀 다르게 생각해"라며 조심스럽게 자기 생각을 보탠다. 때로는 의견이 부딪치기도 하고, 어떤 순간엔 서로의 말에 깊이 공감한다. 질문이 또 다른 질문을 낳고, 생각이 생각을 확장한다. 그 속에서 교사는 문득 깨닫는다. 이 교실 안에서는 지금, 지식만이 아니라 '관계'와 '사유', 그리고 협력의 관계가 자라고 있다는 것을. 참여와 상호작용은 단지 협동의 기술이 아니다. 그것은 서로를 통해 더 나은 생각에 닿고자 하는 마음의 태도다. 말과 말 사이, 눈빛과 표정 사이에서 배움은 조용히 숨 쉬고 있다.

이렇듯 수업은 단지 지식이 오가는 장이 아니라, 살아 있는 감정과 관계, 생각이 얽히는 복합적인 풍경이다. 배움의 시선으로 수업을 본다는 것은, 그 교실 안에 흐르는 섬세한 과정 하나하나를 들여다보는 일이다. 누가 먼저 호기심을 품었는지, 어떤 말이 친구의 생각을 흔들었는지, 어느 순간 아이가 스스로 도약했는지를 세심하게 감지하는 일이다. 그것은 단순한 '관찰'이 아니다. 그것은 교사가 아이들과 함께 호흡하고자 하는 마음 깊은 곳의 감응이며, 배움이라는 작은 기적 앞에 조용히 귀 기울이는 교사의 자연스러운 관심이다.

그러나 '배움의 시선'만으로는 수업의 모든 풍경을 다 담아낼 수 없다. 수업은 오직 학생들의 배움만으로 이루어지는 것이 아니다. 그 배움이 일어나기까지, 보이지 않는 곳에서 수없이 고민하고, 흔들리고, 스스로를 다잡아온 한 사람의 교사가 있기 때문이다. 그래서 우리는 또 하나의 시선, '교사 내면의 시선'이 필요하다.

　이 시선은 교사의 수업을 따뜻하게 바라보는 눈이다. 교사가 수업을 공개하는 이유는 단지 잘했다는 평가를 받고 싶어서가 아니다. 오히려 그 반대다. 수업을 공유한다는 건, 진짜 어려움을 함께 나누고, 공감을 통해 다시 수업할 용기와 힘을 얻고 싶다는 마음의 표현이다. 마치 상담에서 진심을 털어놨는데, 상대가 그것을 가볍게 넘기거나 훈계로 반응할 때 오히려 더 지치듯이, 공개 수업 후 교사가 느끼는 감정도 그와 같다.
"수업 잘했네."
"여긴 조금 아쉽네."
　그 말만 남는다면, 수업을 보여주는 일은 오히려 교사를 더 초조하게 만들고, 때로는 외롭게 만든다. 형식적인 피드백 속에 수업자의 진짜 고민은 묻히고, 수업의 생생한 느낌은 사라진다. 그 자리에 남는 건 판단자의 시선뿐이다. 하지만 교사가 바라는 것은 정답이 아니라, 자신의 마음을 누군가 함께 느껴주었으면 하는 바람이다. 진정한 공감은 교사의 감정을 정확히 분석하는 것이 아니라, 그 곁에 머물겠다는 태도에서 비롯된다.

　수업 중 실수가 생기는 순간, 교사는 잠시 멈칫한다. 아이들의 시선을 의식하며 마음을 다잡아보지만, 당황과 자책이 동시에 밀려온다. 스스로를 다독이려는 의지와 작아지는 마음이 엉켜 버린다. 그 순간, 교사는 누구보다도 자기 자신과 마주하게 된다.

　학생들과의 상호작용 속에서도 교사의 내면은 자주 흔들린다. 예상과는 다른 학생들의 반응, 어색하게 흐르는 분위기, 집중하지 않는 아이들의 눈빛! 그 속에서 교사는 서운함, 초조함, 당혹감 같은 말로 다 하지 못할 감정들을 조용히 견뎌낸다. 말은 계속 이어가야 하기에, 심란한 마음을 삼키고 다시 교실 앞에 선다.

게다가 교실 바깥의 여건들도 교사의 마음에 조용히 짐처럼 얹힌다. 불안정한 냉난방, 빠듯한 수업 시간, 끊이지 않는 행정 업무. 수업에 온전히 집중하고 싶지만, 교사의 마음을 끌어당기는 수많은 현실적 제약이 늘 함께 있다. 이것이 바로 외부환경 사이에서 교사가 감내해야 하는 보이지 않는 압박이다.

이렇듯 교사는 수업을 하는 한 시간 동안에도 끊임없이 '교사와 나', '교사와 학생', '교사와 수업', '교사와 환경' 간에 복잡한 감정을 느끼게 된다. 그렇기에 수업을 단순히 '잘했느냐, 못했느냐'로 평가하는 것은 절대 온당하지 않다. 우리는 그 수업을 통해 교사가 무엇과 부딪혔고, 어디에서 마음이 무너졌으며, 어떻게 다시 일어섰는지를 함께 바라보아야 한다. 교사의 내면을 본다는 것은, 단지 분석하거나 위로하려는 것이 아니다. 교사의 아픔과 회복을 함께 지켜보며, 다시 교실로 돌아올 용기를 지지하는 따뜻한 동행의 태도다. 그 시선이 있을 때, 교사는 다시 한 번 아이들 앞에 설 수 있는 힘을 얻는다.

하지만, 이 네 시선 그 어느 하나도 완전하지 않다. 배움의 시선만으로는 수업 전체의 구조나 객관성을 놓치기 쉽고, 교사 내면의 시선만을 좇다 보면 감정에만 머물러 수업의 흐름을 놓칠 수 있다. 반대로 평가의 시선은 교육의 깊은 감정과 맥락을 잘라내 버릴 수 있고, 비평의 시선은 추상적인 해석에만 머물러 교사의 실제 고민과 거리를 둘 수도 있다.

그래서 우리는 이 네 가지 시선이 서로를 보완하고 조화롭게 어우러져야 한다는 것을 기억해야 한다. 마치 서로 다른 색이 겹쳐질 때 비로소 한 폭의 그림이 완성되듯, 각기 다른 시선들이 모일 때 우리는, '잘했다', '못했다'는 이분법적 판단이 아닌 수업의 진짜 얼굴을 마주할 수 있다.

화가 구스타프 클림트(Gustav Klimt)의 그림 <메다 프리마베시>는 아홉 살 소녀를 그린 초상화다. 하지만 그 소녀는 결코 나약하거나 보호받아야 할 대상으로 그려지지 않는다. 그림 속 메다는 정면을 응시하며, 한 치의 주저함도 없이 자기 존재를 증명한다. 클림트는 그녀의 얼굴을 결코 흐릿하게 처리하지 않는다. 오히려 또렷한 눈빛과 굳건한 자세로, 그녀를 하나의 '존재 선언'처럼 화면에 새긴다.

그 소녀가 입은 흰 드레스는 단순한 옷이 아니다. 꽃무늬와 색점들로 장식된 이 옷은 마치 그녀가 어떤 세계를 통과해 온 사람임을 말해준다. 수줍거나 연약한 존재가 아니라, 자신의 삶을 입고 선 아이. 바탕의 장식적 무늬와 자유로운 선들은 그녀가 단지 현실의 한 장면에 머무는 인물이 아니라, 감정과 상상, 자유의 세계를 품은 존재임을 드러낸다.

그림 속 메다는 말없이 말한다.
"나는 나로서 여기에 있다."
"나는 당당하고, 강인하며, 속박되지 않은 존재로서 이 자리에 서 있다."

수업을 바라보는 시선도 이와 같아야 한다. 교사는 자신의 수업을 내면 깊숙한 곳에서 바라보되, 다양한 시선을 두려워하지 않고 받아들이며, 때로는 흔들리더라도 다시 중심을 잡는 힘을 길러야 한다. 그 중심에는 언제나 한 가지 진실이 있다. 수업을 만들어가는 존재는 바로 '나'라는 것. 그리고 그 사실을 부끄러워하지 않고, 오히려 자랑스럽게 받아들일 수 있을 때, 수업은 평가받는 장면이 아니라 삶을 나누는 자리로 바뀌기 시작한다. 그 순간, 교사의 자존은 조용히 그러나 단단하게 세워지고, 수업은 한층 더 깊어지며, 살아 있는 성장을 시작한다.

성찰 질문

- 수업 중 학생들의 진짜 배움이 일어나는 순간을 어떻게 알아차리나요? 그때의 신호나 징후는 무엇인가요?
- 수업 중 나의 내면에서 일어나는 감정과 생각의 흐름을 얼마나 의식하고 있나요?
- 학생의 배움과 나의 내면 상태 사이에 어떤 연결고리가 있다고 생각하나요?

실천 과제

- **배움의 순간 포착하기:** 다음 수업에서는 학생들의 표정, 몸짓, 대화에 더 주목하며 진짜 배움이 일어나는 순간을 적어도 세 가지 이상 기록해봅니다.
- **교사 감정 지도 그리기:** 한 차시 수업 동안 느낀 다양한 감정(기쁨, 불안, 당혹감, 성취감 등)을 시간 흐름에 따라 곡선으로 그려봅니다.
- **자기 수업 촬영하기:** 자기 수업을 촬영하고 스스로 배움의 시선, 교사 내면의 시선으로 살펴보고 수업을 보기 전과 보기 후, 자신의 수업에 대한 느낀 점을 적어봅니다.

오늘의 그림

구스타프 클림트, 메다 프리마베시, 1912년.
캔버스에 유채, 149.9 x 110.5cm,
메트로폴리탄 미술관(Metropolitan Museum of Art, New York)

• 부록 •

〈배움의 시선〉으로 수업보기

1. 배움의 네가지 모습 이해하기

학생의 배움은 매우 복합적이고 다면적입니다. 하지만 이 틀에서는 교실 현장에서 직관적으로 관찰 가능한 배움의 요소를 네 가지 층위로 나누어 정리하였습니다.

① **흥미** (배움이 시작되는 첫 불꽃)

학생의 눈빛이 번쩍이거나, 몸이 앞으로 쏠리거나, "해보고 싶다", "재밌다"는 말이 나올 때 우리는 배움이 시작되었음을 알 수 있습니다. 흥미는 단순한 '좋아함'이 아니라, 학생의 감정과 수업 내용이 접속되는 지점입니다. 이 접속은 질문일 수도 있고, 자료일 수도 있고, 교사의 한 마디일 수도 있습니다.

② **협력** (함께 배우는 움직임)

학생은 혼자서 배우지 않습니다. 친구와 대화를 나누고, 함께 웃고, 의견을 주고받고, 때로는 갈등을 겪으며 배움의 깊이를 더해갑니다. 협력이란 단지 모둠 활동에 참여하는 것이 아니라, 학생이 동료와 관계 맺으며 배움을 열어가는 모습을 말합니다. 학생은 어떤 순간에 친구의 말에 귀를 기울이고, 자신의 생각을 꺼내고, 질문을 건네는가? 그 장면 속에 '함께 배우는 존재'로서의 학생이 드러납니다.

③ **탐구** (생각이 깊어지는 시간)

탐구는 학생이 스스로 생각하고, 질문을 던지고, 그 질문을 좇아가는 과정입니다. 교사의 질문이나 과제에 반응할 뿐 아니라, 그 질문 속에서 자신의 의문을 발견하고, 더 알아보려는 태도가 보일 때, 학생은 사고의 방 안으로 깊숙이 들어갑니다. 탐구는 곧 배움의 심화이며, 이는 멈춰서 골똘히 고민하는 침묵, 친구에게 다시 묻는 말, 노트에 뭔가를 끄적이는 손끝 등으로 나타납니다.

331

④ **깨달음**(배움이 삶과 연결되는 순간)

배움은 결국 깨달음으로 이어집니다. 이 깨달음은 '정답을 알게 됨'이 아니라, 학생이 그 내용을 자신의 삶, 감정, 세계와 연결 짓는 행위입니다. "이건 내 이야기 같아요", "다음에 이렇게 해볼래요" 같이 배운 것이 내 안에서 의미를 갖고, 그 의미가 말이나 글, 표정으로 표현될 때, 우리는 그 순간을 배움의 내면화라고 부를 수 있습니다.

2. 수업 중 관찰하기

① 관찰 질문

수업을 그냥 보는 것이 아니라 미리 질문을 만들어 놓고 보는 것이 좋습니다. 이 질문들은 단지 관찰용이 아니라, 나중에 수업자와 대화를 나눌 수 있는 실마리가 되기도 합니다. 아래 표에 관찰 질문을 흥미, 협력, 탐구, 깨달음으로 나누어서 미리 제시했으나 수업친구가 보고 싶은 부분을 미리 질문을 적어두고 보는 것도 좋습니다.

② 관찰 모습

학생의 표정, 말투, 몸짓, 언어, 반응 등을 가능한 한 객관적으로, 그리고 구체적인 시간과 함께 기록합니다. 이처럼 구체적인 시간과 장면 묘사를 함께 적어두면, 나중에 수업자와 함께 수업 영상을 다시 보거나 대화를 나눌 때 맥락을 더 선명하게 공유할 수 있습니다.

- 관찰 모습 예시:
  - "자료 제시 직후, 학생이 몸을 앞으로 기울이고 '오!' 하고 말함(수업 10분경)"
  - "교사의 질문에 친구 얼굴을 바라보며 '이거 해보고 싶어' 라고 말함(모둠 전환 시점)"

③ 배움의 맥락 추론

관찰된 장면이 왜 일어났는지를 상상해보고, 그 학생이 어떤 생각이나 감정 속에서 그런 반응을 보였는지를 추론합니다. 이 추론은 절대적인 해석이 아니라, 학생의 배움을 이해하려는 따뜻한 상상이어야 합니다. 그 상상 위에서 우리는 배움의 흐름과, 교사의 역할, 수업의 구조를 함께 다시 바라볼 수 있습니다.

- 배움의 맥락 추론 예시:
  - "교사의 자료 제시 방식이 학생의 관심사와 연결되어 감정적 반응을 유도한 것으로 보임"
  - "과거 경험과 수업 내용이 맞닿으면서 학생이 자신의 이야기를 떠올렸을 가능성이 있음"

3. 수업 '깊게' 보기

우리는 종종 수업을 평가하거나 분석할 때, '잘된 수업', '배움이 잘 일어난 장면'만을 찾아보려는 경향이 있습니다. 그러나 실제 교실 속에서 학생의 배움은 그렇게 단선적이지 않습니다. 아이들은 각자 다른 리듬으로 수업을 살아가며, 배움은 어떤 순간엔 피어오르고, 생각지도 못한 곳에서 멈추기도 하고, 어디선가 다시 이어지기도 합니다.

어떤 학생은 교사의 질문 한 마디에 표정이 밝아지고, 어떤 학생은 친구의 말에 감탄하며 자신의 생각을 확장하고, 또 어떤 학생은 조용히 고개를 끄덕이며 배운 것을 마음에 담습니다. 하지만 그 반대의 장면도 존재합니다. 집중하지 못하고 창밖을 바라보는 학생, 과제 앞에서 손을 멈춘 채 주저하는 학생, 대화에 끼지 못하고 외로워 보이는 학생. 이 모든 순간은 '배움이 없는 장면'이 아니라, 배움이 잠시 멈춰진 '상태'일 뿐입니다.

수업 '깊게' 보기는 바로 이 모든 흐름을 함께 바라보는 시선을 말합니다. 잘된 장면만 보는 것이 아니라, 형성되고, 확장되고, 단절되고, 좌절되는 모든 배움의 양상을 함께 이해하려는 태도입니다. 학생 각자가 어떤 순간에 살아 있었는지, 어디에서 관계가 단절되었는지, 교사의 말이 어떻게 학생의 마음에 닿거나 멀어졌는지를 평면이 아닌 입체적으로, 정답이 아닌 가능성으로 바라보는 것입니다.

그리고 이 시선은 수업자에게도 그대로 이어집니다. '이 장면에서 내가 했던 말이 학생의 몰입을 이끌어냈구나', '그 아이가 멀어진 순간, 나는 너무 서둘렀던 건 아닐까?' 이러한 질문을 스스로에게 던지면서 교사는 자신의 수업을 더 깊고 넓은 시선으로 바라보게 됩니다. 입체적으로 본다는 것은 단순히 기술적인 관찰을 하는 것이 아니라, 교사와 학생이 수업 안에서 어떻게 연결되고, 어떻게 마주하고, 어떻게 살아가는지를 함께 지켜보는 일입니다.

그렇게 바라볼 때, 우리는 수업을 '고쳐야 할 무엇'이 아니라, 함께 성장해가는 '살아 있는 장면'으로 다시 받아들이게 됩니다.

* 배움이 만들어지는 순간

관찰 요소	관찰 질문	관찰 모습	배움의 맥락 추론
1. 흥미 배움이 시작되는 순간	- 어떤 계기(질문, 자료, 활동 등)에 주목하며 눈빛이나 자세가 바뀌는가? - "재밌다", "해보고 싶다"는 말이 오가는가? - 수업에서 흥미를 가장 크게 느끼는 학생은 누구인가?		
2. 협력 관계 속에서 배우는 장면	- 학생들이 서로를 바라보거나 말문을 여는 시점은? - 수업에서 협력적인 배움이 가장 잘 만들어진 장면은 언제인가? - 모둠 안에서 협력을 주도하고 있는 학생은 누구인가?		
3. 탐구 배움이 깊어지는 과정	- 학생이 스스로 질문하거나 자료를 더 찾아본 순간은? - 탐구 주제에 대해서 생각의 도약이 일어난 지점은? - 탐구 활동을 주도하는 학생은 누구인가?		
4. 깨달음 배움이 내면화되고 함께 공유되는 순간	- 깨달음을 가장 많이 보인 학생은 누구인가?		

* 배움이 멈춰지는 순간

관찰 요소	관찰 질문	관찰 모습	배움의 맥락 추론
1. 무관심 관심이 꺼지는 순간	- 어떤 계기에서 학생이 무반응하거나 시선을 피했는가? - "왜 해야 해요?", "몰라요"라는 말이 오가는가? - 수업 중 흥미에서 가장 멀어져 보인 학생은 누구인가?		
2. 단절 관계가 끊어지는 순간	- 학생들이 말없이 고개를 숙이거나, 대화에 참여하지 못한 순간은? - 모둠 안에서 소외된 학생은 누구인가? - 협력이 가장 어려웠던 장면은?		
3. 정체 사고가 멈추는 순간	- 학생이 탐구 활동을 피하거나 질문을 멈춘 순간은? - "그냥 하자", "모르겠어요"라는 말이 등장한 시점은? - 탐구 활동에서 소외된 학생은 누구인가?		
4. 침묵 배움이 내면화되지 못한 순간	- 학생이 의미를 찾지 못하고 침묵했던 장면은? - "그냥 그런 거였어요"라고 말하거나 깨달음이 느껴지지 않는 순간은? - 깨달음이 가장 적어서 쓰기 및 발표 활동 시간에 침묵하고 있는 학생은 누구인가?		

4. 수업보기 후 수업나눔

수업이 끝난 후에는 수업친구가 기록한 내용을 바탕으로 수업자와 대화를 나누는 시간을 갖습니다. 이 시간은 단순한 피드백이나 평가가 아니라, 수업 속에 담겨 있던 학생들의 배움을 함께 찾아가며, 그 배움이 어떤 흐름 속에서 형성되었고 또 어떤 맥락에서 멈추거나 흔들렸는지를 되짚는 따뜻한 성찰의 시간입니다. 자세한 내용은 다음에 나오는 〈나눔, 이야기를 열고 마음을 건네는 선물〉에 있습니다.

〈교사 내면의 시선〉으로 수업보기

1. 교사의 네가지 관계 이해하기

이 틀에서는 교사의 내면을 다음 네 가지 시선으로 나누어 살펴봅니다. 이 네 가지 영역은 모두 수업을 구성하는 실질적인 관계이며, 이 관계 속에서 교사는 내면 속에서 수많은 감정의 흔들림을 경험합니다. 모든 영역을 골고루 관찰해도 좋고, 수업자와 함께 상의하여 이번 나눔에서 중심적으로 보고 싶은 영역에 집중해도 괜찮습니다. 각 영역에 대한 개방형 질문들은 수업자의 내면 평가가 아닌, 그 마음에 더 다가가고 공감하기 위한 이야기의 시작점입니다.

① **교사와 자신**

수업에서 교사가 자신의 감정, 신념, 태도, 실수, 회복 등을 어떻게 느끼고 표현하는지를 살펴보는 시선입니다. 이 영역은 '내가 수업 안에서 나로서 존재하고 있었는가?'를 조용히 묻는 공간입니다. 1장에 다뤘던 '자존'의 영역과 관련이 있습니다.

② **교사와 학생**

학생과의 관계 속에서 교사가 어떤 정서적 거리감 또는 친밀감을 형성했는지, 어떻게 반응하고 소통했는지 관찰합니다. '그 학생과 나는 연결되어 있었는가?'를 되돌아 봅니다. 3장에서 다뤘던 경계성, 소통성과 관련이 있습니다.

③ **교사와 수업**

수업의 흐름, 리듬, 전개, 전환, 몰입 유도 등을 통해 교사의 내면이 어떻게 드러나는지를 살펴봅니다. 특히 교사가 수업을 '어떻게 만들고 이끌어가고 있었는가'를 함께 읽어내려는 시선입니다. 3장에서 다뤘던 유연성, 민감성과 관련이 있습니다.

④ **교사와 환경**

공간의 분위기, 교실 배치, 주변 자극(소음, 구조, 조도 등)에 교사가 어떻게 감각적으로 반응하고 있었는지를 관찰합니다. 교실은 교사의 존재가 펼쳐지는 무대이기도 합니다. '교사는 이 공간 안에서 어떻게 존재하고 있었는가'를 함께 바라봅니다.

2. 수업 중 관찰하기

① 관찰 질문

수업을 단지 바라보는 것이 아니라, 미리 질문을 준비하고 보는 것이 좋습니다. 질문을 통해 특정 장면이 눈에 더 잘 들어오고, 이후 수업자와의 대화에서도 중요한 실마리가 되어줍니다. 질문은 영역별로 정리된 예시표를 활용해도 좋고, 자신이 보고 싶은 부분을 자유롭게 메모해 두고 관찰해도 좋습니다.

② 관찰 모습

교사의 표정, 말투, 몸짓, 언어, 목소리, 학생과의 상호작용 등을 가능한 한 객관적으로 그리고 언제 일어났는지를 포함해서 기록합니다. 그 순간의 분위기를 정확히 기억하기 위해 구체적인 시간과 함께 적어두는 것이 좋습니다.

- 관찰 모습 예시:

  자료가 누락된 것을 알게 된 후 "이거는 제가 빼먹었네요!"라며 웃으며 넘김(수업 10분경)

  실수를 알아차린 직후 얼굴이 굳고, 말이 빨라짐. 이후 학생 질문 없이 바로 다음 활동으로 넘어감(수업 12분경)

③ 교사의 내면 추론

이 장면이 교사의 어떤 내면에서 비롯된 것이었는지를 따뜻한 상상으로 추론해보는 작업입니다. '이건 분명히 이랬다'는 식의 단정이 아니라, '이때 선생님은 어떤 마음이셨을까?'라는 열린 추정입니다. 이러한 추론은 수업자에게도, 수업친구에게도 교사의 내면이 어디에서 단단히 서 있었고, 어디에서 흔들렸는지를 함께 되짚어보는 출발점이 됩니다.

- 교사의 내면 추론 예시:

  이 실수를 가볍게 웃으며 넘기는 태도에서, 교사가 자신을 지나치게 꾸미지 않고 있는 그대로 받아들이고 있다는 인상이 들었다.

  표정이 굳어지고 설명을 서두르던 장면은, 실수에 대한 부담감이나 완벽하게 보여야 한다는 긴장이 느껴지는 순간이었다.

3. 수업 '깊게' 보기

우리는 종종 수업을 분석하거나 나눌 때 '교사가 잘한 장면', '흐름이 매끄러웠던 순간' 등 겉으로 드러나는 수업의 외형에 집중하곤 합니다. 하지만 실제 교사의 수업 안에는 말과 몸짓, 표정, 호흡, 망설임 속에 수많은 내면의 감정과 생각이 겹겹이 담겨 있습니다. 교사는 수업 안에서 순간순간 긴장하고, 주저하고, 스스로를 격려하고, 때로는 당황하면서도 다시 중심을 찾는 과정을 겪습니다.

어떤 장면에서는 교사가 유연하게 상황을 수용하며 여유 있게 학생을 바라보고, 어떤 장면에서는 예상치 못한 반응 앞에서 잠시 말이 멈추기도 합니다. 또 어떤 순간에는 교사의 말 한마디가 교실의 분위기를 환하게 밝히기도 하고, 반대로 조용한 한숨이나 미묘한 표정이 교사의 부담감을 은연중에 드러내기도 합니다.

수업을 '깊게' 본다는 것은, 이런 교사의 내면의 움직임 하나하나를 존중하는 시선으로 바라보는 것을 의미합니다. 단단한 장면만을 칭찬하거나, 흔들린 장면만을 지적하는 것이 아니라, 교사의 내면이 어떻게 반응했고, 무엇에 주저했으며, 어디에서 중심을 다시 회복했는지를 함께 이해해보려는 태도입니다.

교사의 내면을 깊게 본다는 것은 결국, 수업을 단지 기능이 아닌 존재의 자리로 바라보는 일입니다. 그렇게 함께 바라볼 때, 우리는 수업을 '고쳐야 할 무엇'이 아니라 교사의 진심이 담긴 '살아 있는 장면'으로 존중하며 받아들이게 됩니다.

① 교사와 자신

No.	관찰 질문	관찰 모습	내면 추론
1	오늘 교사의 컨디션이나 심리·정서 상태가, 수업 장면에서 어떠한 영향이나 흔적을 남기는 듯 보이는가?		
2	예기치 못한 실수나 돌발 상황을 마주했을 때, 교사가 자기 자신을 다독이거나 적응하려는 태도·말이 포착되는가?		
3	수업 중 교사의 감정 표현(표정·말투·제스처)에서, 자신감 혹은 불안·위축을 느끼게 하는 장면이 있었나?		
4	사소한 일에도 감정이 크게 흔들리는 순간이 보인다면, 그때 교사는 어떤 방식으로 조절하거나 회복하려고 하는 듯 보이는가?		
5	수업이 마무리될 즈음, 교사가 스스로를 돌아보는 느낌("오늘 잘됐네" "조금 아쉽다" 등)이 드러나는 순간이 있는가?		

② 교사와 학생

No.	관찰 질문	관찰 모습	내면 추론
1	교사가 학생들과 어떤 관계를 맺고 있는 듯 보이는가? 예) 다정함, 거리감, 어색함, 긴장감 등		
2	학생이 예상 밖의 질문·발언을 할 때, 교사는 이를 어떻게 받아들이며 즉각적인 정서(반가움, 당황 등)나 말투 변화가 감지되는가?		
3	학습 참여가 저조하거나 과잉 행동을 보이는 학생에게, 교사가 어떤 식으로 접근·소통하는가?		
4	교사의 피드백이 학생에게 격려와 지지를 주는 모습인가? 혹은 평가와 비판 등으로 보이는 지점이 있는가?		
5	교사가 특정 학생에게만 집중하거나, 반대로 특정 학생을 방치(무관심)하는 순간이 있는가? 그때 다른 학생들과의 상호작용은 어떻게 보이는가?		

③ 교사와 수업

No.	관찰 질문	관찰 모습	내면 추론
1	교사가 중요하다고 여기는 주제나 개념을 설명할 때, 열정(목소리 변화, 제스처 확대 등)이 감지되는가? 그렇다면 그 순간 교사의 마음은 어떻게 느껴지는가?		
2	교사가 교과 내용(개념·이론)에 익숙해 보이는가? 혹은 불안해 보이는가?		
3	시간 흐름이 원활하다고 느껴지는지, 중간에 교사가 초조해하거나 여유로운가? 그 심리 상태는 어떤 모습으로 드러나는가? (눈빛, 말투 등)		
4	교사의 발문(질문) 방식이 열정적·개방적이어서, 학생 사고를 끌어내려는 느낌인지, 아니면 일방 전달에 가깝다는 인상이 있는가? 그때 교사의 정서는 어땠을 것 같은가?		
5	수업을 마무리하는 장면에서 교사가 핵심 내용을 되짚거나, 다음 단계와 연결하려는 시도가 보이는데, 그때 교사 표정·말투에 만족 혹은 아쉬움이 묻어나는가?		

④ 교사와 환경

No.	관찰 질문	관찰 모습	내면 추론
1	교실의 물리적 조건(자리, 소음, 조명 등)이 수업에 영향을 줄 때, 교사는 이를 받아들이고 대처하는 모습(당황, 침착 등)이 어떤 식으로 나타나는가?		
2	장비·자료(PPT, 실험 도구 등) 문제가 생겼을 때, 교사가 "어떡해…" 하며 불안정한지, "괜찮아, 다른 방법이 있지!" 등 즉시 다른 방안을 찾는 듯한지, 그 표정·말투는 어떠했는가?		
3	외부 참관(동료·관리자·학부모 등)이 갑자기 있거나 예고된 상태에서, 교사가 평소와 달리 긴장·의욕이 커지는지, 혹은 크게 흔들리는 순간이 있는가? 그때의 말투·표정 변화는 어떠했는가?		
4	교사가 소음(교실 밖 방송·공사 등)이나 돌발 방문으로 수업 흐름이 끊기면, 어떤 방식(잠깐 기다림, 자리 이동 등)으로 다시 학생의 집중을 끌어들이려 하는가? 그 시도에서 교사의 마음가짐은 어떻게 보이는가?		
5	제도·시책(시험, 평가 기준 등) 때문에 교사가 무언가 갈등·압박을 느끼는 듯한 장면("이건 해야 해서…")이 있는가? 혹은 의연히 넘어가려는 반응이 보이는가?		

4. 수업보기 후 수업나눔

수업이 끝난 뒤에는, 수업친구가 기록한 내용을 바탕으로 수업자와 대화를 나누게 됩니다. 이 나눔은 단순히 "이 장면이 좋았다", "이 부분은 아쉬웠다"를 말하기 위한 시간이 아닙니다. 오히려 그 장면 속에서 교사의 마음은 어떤 움직임을 보였는지, 내면이 어디에서 단단했고 어디에서 흔들렸는지를 함께 돌아보는 시간입니다.

이 수업나눔은 교사를 위한 성찰의 공간이자, 교사 자신의 이야기가 존중받는 자리입니다. 여기서는 교사의 단단함도, 흔들림도 모두 의미 있는 이야깃거리가 됩니다. 교사는 나눔을 통해, 자신이 애쓰고 있음을 다시 느끼고, 조심스럽게 멈추었던 마음의 순간들을 따뜻하게 되짚으며, 자신의 수업을 조금 더 너그러이, 그리고 사랑스럽게 바라보게 됩니다. 자세한 내용은 다음에 나오는 〈나눔, 이야기를 열고 마음을 건네는 선물〉에 있습니다.

04

나눔, 이야기를 열고 마음을 건네는 선물

영화를 혼자 보고 극장 문을 나설 때와, 친구와 함께 영화를 보고 이야기 나누며 극장을 나설 때의 발걸음은 다르다. 혼자 본 영화는 조용히 내 안에서만 파문을 남기지만, 누군가와 나누는 영화는 대화 속에서 다시 살아난다. 서로의 감상이 겹치고, 해석이 뒤섞이며, 그 이야기는 더 이상 나만의 것이 아닌, '우리의 경험'으로 확장된다. 그림 앞에서도 마찬가지다. 혼자 바라볼 때는 미처 느끼지 못했던 색감과 선들이, 누군가와 함께 이야기 나누는 순간 새로운 의미로 떠오른다. 같은 그림을 보았어도, 각자의 시선과 감정이 교차하는 그 자리에서, 우리는 또 다른 세계를 만나게 된다.

수업도 이와 같다. 혼자서 돌아보는 수업은 깊고 내밀하다. 그러나 그 성찰이 변화의 에너지로 번지기 위해서는 반드시 누군가와의 나눔이 필요하다. 성찰은 '함께'일 때 비로소 흐름이 생기고, 울림이 커진다. 혼자의 생각은 때로 고여 있지만, 나눔은 그것을 흘러가게 하고, 또 다른 가능성으로 이끈다.

철학자 하버마스는 현대 사회에 만연한 '왜곡된 소통'을 비판하며, 이를 넘어서는 방법으로 '의사소통적 합리성'을 제안했다. 그는 말한다. 진정한 소통이란 상대를 이기려는 설득이 아니라, 서로를 이해하고 존중하며, 대화를 통해 함께 의미를 찾아가는 태도라고. 그가 말한 소통은 어느 한쪽이 옳음을 입증하는 싸움이 아니다. 모두가 동등하게 말하고, 경청할 수 있는 자리에서만 가능한 것. 그리고 바로 그런 대화 속에서, 우리는 진짜 변화를 만난다.

그러나 지금 우리의 학교는 어떤가. '공개 수업'은 언제부턴가 평가와 비교의 장이 되어버렸다. 따뜻한 성찰의 언어는 점점 사라지고, 대신 점수와 서열이 교사의 마음을 조용히 옥죄기 시작했다. '장학'이라는 이름 아래, 교사의 고민은 보이지 않는 곳에 숨겨졌고, 서로의 수업을 나눈다는 것은 이제 자료를 공유하거나, 수업의 잘잘못을 논평하는 자리로 축소되고 말았다.

함께 걷던 성찰의 길은 그렇게, 점점 외롭고 좁은 길이 되어가고 있었다. 한때 우리는 '공동체'라는 이름 아래, 잠시나마 서로의 수업 앞에 겸손히 머물렀던 시절이 있었다. 교실에서 일어난 사소한 감동과 실패조차 소중히 나누던 시간, 완벽을 요구하기보다는, 함께 흔들리고 배우는 과정을 기꺼이 품어주던 교실들. 하지만 코로나 이후 급격히 변해버린 현실 속에서, 그런 장면들은 점점 멀어져 갔다. 지금 우리에게 필요한 것은, 그 잃어버린 시간의 마음을 되찾는 일이다. 겸손히 서로의 이야기에 귀를 기울이고, 다시 함께 성찰의 길을 걸을 수 있는 용기.

교육의 전문가란 무엇일까?
경영학자 피터 드러커는 프로페셔널의 조건으로 '지속적인 자기 성찰과 피드백'을 꼽았다. 깨어 있는 의사들이 서로의 임상 경험을 나누며 의술을 깊게 하고, 열정적인 화가들이 자신의 작업을 친구들과 이야기 나누며 새로운 표현을 시도하듯, 교사 역시 수업을 통해 배우고, 나눔을 통해 성장하는 존재다. 나의 수업은 끝났지만 그 이야기를 나누는 순간, 수업은 다시 시작된다.

사실 인상파 화가들도 그랬다. 모네, 드가, 르누아르, 피사로. 그들은 작품을 완성하고도 늘 카페에 모여 앉았다. 서로의 그림을 조심스레 꺼내어 말없이 바라보다가, 한마디씩 건넸다. "이건 네가 정말 너답게 표현했구나." "여기, 붓질을 조금 다르게 해보면 어땠을까?" 정직하고 자유로운 대화 속에서, 예술은 예술이 되었고, 화가는 화가다워졌다. 예술은 그렇게, 혼자가 아닌 함께일 때 더 깊어지고 살아났다.

우리도 다시 그 길을 걸어야 한다. 수업을 나누는 일은 '평가'를 위한 자리가 아니라 '사람'의 이야기를 나누는 시간이어야 하고, '정답'을 말하는 공간이 아니라 '마음'이 오가는 장이어야 한다. 수업을 나눈다는 것은 결국, 나의 교실을 타인의 시선에 내어주는 용기이자, 타인의 수업에 나의 온기를 더하는 존중이다. 이 길은 혼자 걸을 수 없다. 함께여야 가능하고 함께일 때에야 비로소 아름답다.

이런 문제의식을 품고, 나는 십여 년 전 '좋은교사 수업코칭연구소(수코연)'를 만들었다. 함께 수업을 바라보고 고민을 나누는 동료 교사들을 '수업친구'라 부르며, 수업나눔 운동을 시작했다. 이 운동은 수업을 평가하거나 비판하는 자리가 아니라, 서로를 위로하고 함께 성찰하는 공간이 되어야 한다는 믿음에서 출발했다. 수업친구들과의 대화는 늘 진솔했다. 형식적인 칭찬도, 날 선 평가도 없었다. 대신 애정 어린 시선으로 서로의 수업을 바라보았고, 마음 깊은 곳에 감추어두었던 고민을 조심스럽게 꺼내놓았다. 그러자 참석자들은 자신 안에 오래도록 숨겨두었던 진심 어린 고백을 하나둘 꺼내기 시작했다. 그 고백은 어느 한 개인만의 문제가 아니었다. 교사라면 누구나 가슴 깊이 품고 있었던 공통의 질문이었고 외로움이었다. 우리는 그 이야기를 함께 품으며, 수업의 본질에 한 걸음 더 가까이 다가갔고, 또 다시 새로운 도전을 향한 에너지를 얻을 수 있었다.

이 경험을 토대로, 우리는 '이해-격려-직면-도전'이라는 수업나눔의 네 단계 프로세스를 만들었다. 이 과정은 하버마스가 말한 의사소통의 이상적 조건, 즉 평등, 진실성, 이해 가능성과 깊이 맞닿아 있다. 먼저 '이해'는 상대의 입장을 온전히 받아들이고, 말보다 마음을 먼저 들여다보는 데서 시작된다. 그가 어떤 의도로 수업을 구성했는지, 무엇을 기대했는지, 애쓴 마음을 조용히 헤아리는 시간이다. '격려'는 수업 속 의미 있는 장면을 함께 기억하며, 교사의 자존감과 가능성을 다시 일으켜 세우는 과정이다. 스스로 보지 못했던 아름다운 순간을, 함께 기억해주는 것이다.

'직면'은 피하지 않고, 수업 속 고민과 아쉬움을 함께 응시하는 용기의 시간이다. 위로나 회피가 아니라, 진심 어린 신뢰를 바탕으로 부족한 지점을 조심스럽게 바라본다. 그리고 마지막으로 '도전'은, 그 성찰과 통찰을 바탕으로 작은 변화의 방향을 함께 설정하고, 다시 걸음을 내딛는 과정이다.

수업을 나눈다는 것은 단지 의견을 주고받는 일이 아니다. 자신의 수업을 낯선 눈으로 다시 비추어 보는 일이며, 혼자서는 미처 발견하지 못한 가능성과 아름다움, 그리고 앞으로 나아갈 길을 새롭게 발견하는 일이다. 그 안에는 성찰의 힘이 있고, 회복의 힘이 있으며, 무엇보다 다시 가르치고 싶어지는 마음의 힘이 있다. 그러나 이런 수업나눔은 혼자서는 결코 이루어질 수 없다. 그래서 우리는 '수업친구'가 필요하다.

수업친구는 나의 교실을 함께 바라보며, 무엇이 나를 설레게 했는지, 어디서 내가 멈칫했는지를 함께 읽어주는 존재다. 교실 문을 닫고 혼자 끙끙 앓던 고민을, 조심스레 꺼내어 놓을 수 있게 해주는 사람이다. 그리고 수업 속에서 내가 미처 알아차리지 못했던 빛나는 순간을, 나보다 먼저 발견해주는 사람이기도 하다. 수업나눔 공동체는 단지 모임이 아니다. 서로의 마음을 기대어 성장의 숨을 고를 수 있는, 따뜻한 연대의 장이다.

그 안에서 이루어지는 대화는 단순한 해석을 넘어, 가르침에 대한 철학이 되고, 교사로서의 존재감을 다시 확인하는 시간이 된다. 마치 앙리 마르탱(Henri Martin)의 〈연인들〉 속, 서로를 조용히 감싸안은 두 사람처럼. 수업나눔 공동체 안에서 우리는 비판이 아닌 신뢰로, 평가가 아닌 위로로 서로를 마주한다.

그림 속 연인은 서로의 어깨를 가볍게 기대고, 같은 곳을 바라보며 물가에 나란히 서 있다. 남자의 팔은 여인의 어깨 위에 다정하게 얹혀 있고, 여인은 자연스레 그 품에 몸을 맡긴다. 이들의 몸짓은 소란스럽지 않고 과장되지 않으며, 그 자체로 신뢰와 평온을 전하는 언어이다. 말이 필요 없는 관계, 존재만으로 충분한 위로가 스며든다.

배경을 이루는 물은 이 장면의 정서를 더욱 깊게 한다. 앙리 마르탱은 점묘적인 필치로 물의 표면을 표현하면서도, 단순한 반사광이 아닌 시간의 흐름과 관계의 여운을 담아낸다. 잔잔히 흔들리는 수면 위에는 연인들의 그림자, 나무의 색채, 그리고 한가로이 떠 있는 돛단배가 떠오르며, 삶의 고요한 리듬이 물결처럼 퍼져 나간다. 이 물은 서로의 마음이 머무는 자리이자 침묵 속 대화가 이루어지는 공간이다.

수업나눔 공동체 역시 이 그림처럼 조용하고 따뜻한 풍경이어야 한다. 교사의 수업을 논의하는 자리는 기술을 평가하고 논평하는 자리가 아니라, 삶의 한 장면을 조심스럽게 건네는 자리이다. 우리는 서로의 수업 속에서 흔들린 마음을 마주하고 그 흔들림 속에 담긴 진심을 발견하며, 그것이 얼마나 용기 있는 선택이었는지를 말없이 응답한다.

그림 속 연인이 그러하듯, 우리도 같은 방향을 바라본다. 나란히 걷되 억지로 맞추려 하지 않고 서로의 속도와 간격을 존중하며 함께 나아간다. 그런 관계 속에서 수업은 단순한 전달이 아닌, 살아 있는 교류가 된다. 교사의 존재는 그 중심에서 조용히 빛나고 공동체는 그 존재를 따뜻하게 감싸안는다.

결국 수업나눔이란, 누군가의 어깨를 살며시 감싸는 일과 같다. 말보다 신뢰로, 지적보다 위로로, 우리는 서로의 곁에 선다.

> 성찰 질문

- 나의 수업 경험과 고민을 다른 교사와 나눌 때 어려움은 무엇인가요?
- 수업나눔을 통해 깨달음이나 위로를 얻었던 순간은 언제였나요?
- 학교 내에서 진정한 수업나눔 문화가 형성되려면 어떤 조건과 분위기가 필요하다고 생각하나요?

> 실천 과제

- **수업친구 찾기:** 서로의 수업에 대해 솔직하게 이야기 나눌 수 있는 교사 한 명을 찾아 정기적인 수업나눔 시간을 약속합니다.
- **마음 열기 연습하기:** 수업나눔을 할 때 자신의 약점이나 실패도 솔직하게 공유하며 진정성 있는 대화를 시도합니다.
- **나눔 주제 정하기:** 매월 한 가지 수업 고민 주제(예: 질문 기술, 학생 참여, 평가 방법 등)를 정해 동료 교사들과 집중적으로 나눕니다.

오늘의 그림

앙리 마르탱, 연인들, 1900년경.
캔버스에 유채, 101 x 121cm, 개인 소장

부록

수업나눔의 12가지 약속

❖ **수업자를 바라보는 우리의 마음**
  1. 평가의 대상이 아닌, 오늘 하루를 수업으로 버텨낸 교사로 위로합니다.
  2. 변화시켜야 할 대상이 아닌, 비슷한 고민을 품고 있는 동료로 환대합니다.
  3. 가르쳐야 할 대상이 아닌, 수업의 기쁨과 아픔을 함께 나누는 친구로 동행합니다.

❖ **수업을 바라보는 우리의 시선**
  4. 완성도를 판단하기보다, 수업자의 의도가 담긴 작품으로 바라봅니다.
  5. 문제점을 찾아내기보다, 수업자의 고민이 스며든 노력으로 바라봅니다.
  6. 겉모습만 보기보다, 가르침과 배움이 연결된 만남으로 바라봅니다.

❖ **수업나눔을 하는 우리의 대화**
  7. 조언을 앞세우기보다, 진심 어린 공감으로 수업자의 마음을 격려합니다.
  8. 문제를 지적하기보다, 따뜻한 경청으로 수업자의 진짜 고민을 이해합니다.
  9. 정답을 제시하기보다, 열린 질문으로 수업자와 함께 깊이 성찰합니다.

❖ **수업나눔이 지향하는 방향**
  10. 화려한 기술을 익히기보다, 내 색깔이 있는 수업을 함께 찾아갑니다.
  11. 완벽한 수업만 추구하기보다, 진심이 담겨 있는 수업에 함께 도전합니다.
  12. 혼자 빨리 가기보다, 공동체를 만들어가며 함께 성장합니다.

수업 참관록			
수업일시 ____월 ____일 ____교시		교실 ____학년 ____반	과목
수업자		수업친구	단원명

※ [수업친구의 마음가짐]
  □ 나는 수업의 기쁨과 아픔, 고민을 함께 나누는 '수업친구'로 교사를 따뜻하게 바라봅니다.
  □ 나는 수업의 완성도를 판단하기보다, 그 안에 담긴 교사의 의도를 소중하게 바라봅니다.
  □ 나는 수업의 문제점을 찾기보다, 그 안에서 애쓰고 있는 교사의 노력을 귀하게 바라봅니다.
  □ 나는 수업의 겉모습만 보지 않고, 가르침과 배움이 연결되는 만남의 순간을 섬세하게 바라봅니다.

1. 이해의 시선(수업자의 의도 이해하기)

질문	생각
이 수업에서 교사가 학생들에게 주고 싶은 배움은 무엇인가요?	
그 의도가 수업에서 잘 드러난 장면, 활동은 언제인가요?	

2. 격려의 시선(수업에서 빛나는 지점 찾기)

질문	생각
교사가 의도를 담기 위해 애쓰고 있는 순간이 잘 드러난 장면은 언제인가요?	
교사의 노력이 학생들의 배움과 잘 연결된 순간은 언제인가요?	
배움의 모습이 잘 드러나는 학생은 누구인가요?	

3. 직면의 시선(수업자의 고민 읽기)

질문	생각
교사의 의도가 학생들의 배움으로 충분히 연결되지 않은 순간은 언제인가요?	
오늘 수업에서 소외되거나 참여가 어려워 보인 학생은 누구인가요?	
수업을 마친 후, 수업자는 어떤 고민을 품고 있을까요? 혹은 이 수업을 보며 떠오른 내 수업의 고민은 무엇인가요?	

4. 도전의 시선(함께 도전하기)

질문	생각
수업의 고민을 해결하기 위해, 수업자와 함께 도전하고 싶은 과제는 무엇인가요?	
그 도전을 위해, 내 수업에서 작게라도 실천해 볼 수 있는 한 가지는 무엇인가요?	

[마음 나누기]
오늘 수업을 열어주신 선생님께 따뜻한 메시지를 나눠주세요.

이 수업 참관록은 도서 『수업의 본질』(김태현, 교육과실천)을 바탕으로 제작된 저작물입니다. 사용 및 배포 시 반드시 출처를 명시해 주시길 부탁드립니다.

수업 참관록

05

격려, 작은 빛을 발견하고 지지하는 마음

"당신의 수업에 담긴 마음이 느껴졌어요."

교사는 사실, 이 한마디가 필요하다. 매일 수많은 학생과 시간을 보내지만, 그 속에서도 홀로 무거운 책임감과 불확실함을 견디며 서 있다. 어떤 선택을 해도 늘 아쉬움은 남고, 옳았는지 틀렸는지조차 확신할 수 없는 날들이 이어진다. 하지만 안타깝게도, 교실 안에서는 이런 따뜻한 말을 듣기 어렵다. 그래서 교실은 때로 너무 넓고, 너무 차갑게 느껴진다.

이 외로움 속에서 교사에게는 따뜻한 동료가 필요하다. 바로 이 지점에서 '수업친구', 그리고 '수업나눔'이 빛을 발한다. 그러나 막상 누군가의 수업친구가 되어 수업을 나눈다고 생각하면, 마음 한편이 불안해진다. '내가 뭘 아나?', '내가 무슨 말을 해줘야 하지?' 우리는 종종, 수업나눔을 잘하려면 수업에 대한 깊은 전문성이나 분석력이 있어야 한다고 생각한다. 그러나 사실, 수업나눔의 본질은 조언이 아니다. 평가도 아니다. 그것은 그 교사의 마음에 조용히 머물러주는 일이다. 그가 느꼈을 두려움, 용기, 불안, 기대 등. 그 모든 감정을 진심으로 듣고, 함께 견뎌주는 태도다. 교사가 진정으로 듣고 싶은 말은 화려한 문장 속에 있지 않다. 오히려, 조용히 고개를 끄덕이며 "그 순간, 선생님 마음이 어땠을지 느껴졌어요"라고 전해주는 한마디. 그 말은 전문성에서 나오는 것이 아니라, 마음에서 나온다. 결국 수업나눔은 기술의 문제가 아니라, 진심의 문제다. 내가 수업친구로서 품은 애정과 관심으로 상대를 바라볼 때, 교사는 그 시선 안에서 조용한 위로를 얻고, 다시 걸어갈 힘을 얻는다.

이 지점에서 나는 칼 로저스(Carl Rogers)를 떠올린다. 그는 심리치료 초기, 전문가로서 문제를 진단하고 처방하는 방식으로 상담을 시작했다. 그러나 어느 날, 한 내담자가 스스로 변화하고 성장하는 과정을 지켜보며 그는 깊은 깨달음에 이른다.

"인간은 본래, 자신을 치유할 힘을 지닌 존재다." 이 깨달음 위에서 로저스는 '무조건적 긍정적 존중', '진정성', '공감'이라는 세 가지 태도를 세웠다. 그리고 이 세 가지는 인간을 대하는 가장 따뜻하고 단단한 방식이 되었다. 무조건적 긍정적 존중은 그 사람의 감정과 반응을 조건 없이 받아들이는 태도다. '잘했느냐, 못했느냐'를 따지기보다, 그저 "당신이 그런 마음이었군요"라고 인정해 주는 것. 평가 대신 이해로 다가가는 이 태도는, 상대가 자기 자신을 숨김없이 드러낼 수 있도록 만들어준다.

진정성은 마음과 말이 일치된 상태다. 내가 진심으로 느끼는 것을, 솔직하게 표현하는 태도. 수업친구가 진심으로 상대를 바라볼 때, 수업자는 비로소 자기 안에 있는 진짜 질문을 마주할 용기를 얻는다. 공감은 상대의 마음을 이해하려 애쓰는 노력이다. 단지 "그랬겠네" 하고 지나치는 것이 아니라, 그 사람이 느꼈던 감정을 내 마음 안에서 함께 느껴보려는 시도. 공감받은 사람은 자신의 감정을 선명하게 인식하게 되고, 변화의 가능성을 스스로 발견하게 된다.

수업나눔도 마찬가지다. 수업친구가 화려한 말로 수업을 포장하려 애쓰지 않고, 조심스럽게 그 교사의 마음에 깊이 머물려 할 때, 수업자는 스스로 자신의 수업을 다시 들여다보게 된다. 때로는 위로받고, 때로는 용기를 얻고, 때로는 변화하고자 하는 힘이 조용히 자라난다. 진심은 조언보다 오래 남는다. 교사가 교사에게 줄 수 있는 최고의 선물은, "수업 속에서 애쓰고 있는 당신의 마음을 느꼈어요"라고 말해주는 작고도 단단한 동행의 시선이다.

좋은교사 수업코칭연구소에서 수업나눔의 첫 과정으로 '이해'를 제안한 것도 바로 이 때문이다. '이해'란 수업자를 평가하지 않고, 그의 시선에서 수업을 다시 바라보는 일이다. 이해는 지식이 아니라, 감정의 감응이다. '어떻게 했느냐'보다 '왜 그렇게 했느냐'에 마음을 기울이는 일이다.

그러기 위해 우리는 먼저 성찰적인 질문을 던져야 한다.
"선생님, 이 수업을 준비하면서 가장 고민했던 부분은 무엇이었나요?"
"수업 안에서 이렇게 활동을 디자인한 의도는 무엇인가요?"
이런 질문들은 단순한 정보 탐색이 아니다. 그것은 조심스럽게 수업자의 마음을 두드리는 일이다. 겉으로 드러난 장면을 넘어, 그 안에 담긴 진심을 만나려는 작은 손짓이다. 만약 이런 시선 없이 섣불리 해석하거나 판단한다면, 수업자는 자신이 오해받고 있다는 감정에 다치고, 마음을 닫아버릴 수도 있다. 평가를 두려워하는 마음은 질문을 닫고, 마음의 문을 걸어 잠근다.

수업친구란, 자신의 해석과 기준을 잠시 내려놓고, 동료 교사의 마음을 그의 자리에서 헤아리려는 사람이다. 잘했느냐, 못했느냐를 재는 대신, "그 순간, 당신은 어떤 마음이었나요?"라고 조용히 묻는 사람. 수업자의 자리에서 함께 바라보고, 함께 느끼려는 사람. 그런 수업친구가 있을 때, 교사는 다시 마음을 열고, 수업에 깃든 자신의 이야기를 담담히 풀어놓을 수 있다.

한 초등학교에서 과학 수업을 참관한 적이 있다. 선생님은 모둠 수업을 구성했지만, 학생들 사이의 토의나 협력은 거의 이루어지지 않았다. 그 장면만 본다면, 우리는 쉽게 '이 선생님은 협력 수업이 서툴구나'라고 판단할 수도 있다. 그러나 진정한 이해는 그런 단순한 해석을 내려놓고, 조심스럽게 이렇게 질문하는 데서 시작된다.
"모둠 안에서 학생들의 대화가 많지는 않았는데, 혹시 어떤 이유가 있었을까요?"
그 질문에 선생님은 잠시 머뭇거리다 조심스럽게 마음을 열었다.
"전 시간에 모둠 간 갈등이 있었어요. 아이들이 또 싸울까 봐, 제가 대화를 의도적으로 줄였어요." 그 말을 듣는 순간, 수업의 풍경은 전혀 다르게 보였다. 무엇이 생략되었는지가 아니라, 무엇을 두려워하며 감내했는지가 보였다. 그 순간, 수업나눔의 분위기는 부드럽게 풀어졌고, 그 안에 숨겨져 있던 교사의 용기와 고민이 비로소 드러나기 시작했다.

그리고 그 위에 자연스럽게 진정성 있는 격려가 피어난다. '격려'는 이렇게 충분히 이해된 맥락 위에서 시작된다. 수업자의 수고를 있는 그대로 바라보고, 그 안에 담긴 의미와 가치를 함께 발견하는 일이다. 앞서 예로 들었던 수업에서 선생님은 활동이 원활히 이루어지지 않아 수업을 실패라고 느꼈다고 했다.

그러나 나는 그 수업안에서, 선생님이 학생 한 사람 한 사람에게 조심스레 다가가 개별 과제를 피드백하던 장면을 떠올렸다. 그래서 이렇게 말했다. "오늘 활동이 완벽하진 않았지만, 선생님이 한 명 한 명 찾아가며 피드백하셨던 모습이 인상 깊었어요. 학생들이 스스로 문제를 풀려고 애쓰는 모습이 보였어요. 혹시 그 아이들에게 꼭 전하고 싶었던 메시지가 있었나요?"

잠시 고민하던 선생님은 작은 목소리로 답했다. "우리 모두 각자의 시간이 있지만, 결국엔 생각하는 힘이 자기 안에 있다는 걸 느끼게 해주고 싶었어요."

나는 그 순간, 선생님이 지닌 신념과 따뜻한 철학을 깊이 느꼈다. 그리고 그 마음을 고스란히 전했다.
"선생님 수업엔 분명히 꽃이 피어 있었어요. 아이들의 성장을 기다리는 그 시간이 참 귀했어요."

'격려'는 단순한 칭찬이 아니다. 그것은 수업자가 놓쳤을지도 모를 자신의 의미를 함께 발견하는 일이다. 그리고 그 의미는 교사에게 다시 수업을 이어갈 힘을 건넨다. 좋은교사 수업코칭연구소에서는 이 과정을 '수업의 의미 찾기', 혹은 '수업의 꽃 달아주기'라 부른다. 실패했다고 느꼈던 수업 속에서도, 누군가 나의 꽃을 발견해 줄 때, 교사는 자신의 수업이 절대 헛되지 않았다는 믿음을 되찾는다.

수업나눔에서 '이해'와 '격려'를 실천한다는 것은, 칼 로저스의 인간 중심 접근을 따르는 것과 같다. 무조건적 긍정, 진정성, 공감. 이 세 가지는 결코 억지 칭찬이나 과장된 말이 아니다. 오히려, 교사의 내면에 잠들어 있는 '의미'에 조용히 손을 얹는 태도다. 교사들이 지치는 진짜 이유는 일이 많아서가 아니다. 자신의 수업에서 의미를 찾지 못할 때, 학생과의 관계 속에서 공허함을 느낄 때, 교사의 마음은 조금씩 꺼져간다. 그러나 단 한 번이라도 누군가가 "당신의 수업은 의미가 있었어요"라고 말해준다면, 그 순간 다시 교실로 걸어 들어갈 힘이 생긴다. 다시 한번 그 자리를 향해 마음을 내디딜 수 있게 된다. 그 힘을 함께 찾아가는 여정. 그것이 수업나눔 속 '이해'와 '격려'가 가진 진짜 힘이다.

이 따뜻하고 진솔한 과정을 떠올릴 때, 나는 덴마크 화가 크뢰위에르(Peder Severin Krøyer)의 그림을 떠올린다. 고요한 저녁 햇살 아래, 두 사람은 말없이 서로에게 기대어 걷는다. 말은 없지만 마음은 조용히 전해진다. 수업나눔도 그렇다. 말보다 깊은 이해, 조언보다 따뜻한 시선. 그 속에서 교사는 다시 자신의 수업을 사랑할 수 있게 된다. 아니, 어쩌면 교사는 그제야, 자신의 수업에 이미 꽃이 피어 있었음을 알아차린다. 잔잔한 파도와 푸른 물결 사이로 내 수업도 우리의 수업도 조용히 빛나고 있다.

성찰 질문

- 다른 교사의 수업을 볼 때, 비판적 시선보다 공감적 시선을 유지하기 위해 어떤 노력을 하나요?
- 동료 교사의 수업 고민을 들을 때, 가장 도움이 되는 반응 방식은 무엇이라고 생각하나요?
- 수업나눔이 서로에게 상처가 아닌 성장의 기회가 되려면 어떤 태도와 분위기가 중요할까요?

실천 과제

- **이해 질문 연습하기:** 동료의 수업 이야기를 들을 때 판단하기보다 "그 상황에서 어떤 생각과 감정이 들었나요?"와 같은 이해 중심 질문을 사용합니다.
- **구체적 격려 표현하기:** "잘했어"와 같은 일반적 칭찬보다 "학생들의 의견을 정리하는 방식이 매우 효과적이었어"처럼 구체적 격려를 실천합니다.
- **듣기 기술 향상하기:** 수업나눔 대화에서 80%는 듣고, 20%만 말하는 비율을 의식적으로 지켜봅니다.

오늘의 그림

크뢰위에르, 스카겐 해변의 여름 저녁: 함께 걷는 안나 앙케와 마리 크뢰위에르, 1893년.
캔버스에 유채, 159 x 131cm, 스카겐 미술관(Skagens Museum, Denmark)

• 부록 •

이해와 격려의 수업나눔 예시

진행 방식
- 수업나눔은 일대일로 진행되기도 하고, 소그룹으로 함께 모여 나누기도 합니다.
- 일대일 수업나눔은 두 분이 자연스럽게 대화하듯 진행합니다. 수업친구는 수업자의 이야기를 충분히 들으며, 이해와 격려의 질문을 다정하게 던져줍니다.
- 소그룹 수업나눔의 경우, 수업나눔을 돕는 안내자 선생님(사회자)을 한 분 정하는 것이 좋습니다. 안내자는 수업 흐름을 정리하고, 다른 선생님들과 함께 수업자에게 성찰 질문을 건네고, 공감과 격려를 함께 나누는 분위기를 이끕니다.
- 참여한 선생님 모두가 '수업나눔 12가지 약속'을 바탕으로 수업자의 이야기를 경청하고, 존중하며, 따뜻한 언어로 응답하면서 자신의 수업도 성찰하는 시간을 갖습니다.
- 보통 수업나눔은 1시간 내외로 진행되며, 이 안에서 '이해와 격려'의 작업만으로도 충분한 성찰이 이루어질 수 있습니다.
- 경우에 따라 수업자의 고민에 더 깊이 머물고자 할 때는, '직면과 도전'의 단계로 자연스럽게 넘어갈 수도 있습니다. 이때는 수업자의 준비 상태와 감정 흐름을 잘 살피며, 질문의 방식에 더욱 섬세한 배려가 필요합니다.
- 수업나눔의 마지막에는 수업자 선생님이 스스로를 되돌아보는 시간을 갖습니다. 이해와 격려의 과정 속에서 가장 마음에 와 닿았던 말은 무엇이었는지, 자신의 수업이 잘 이해 받았다고 느꼈던 순간은 언제였는지, 가장 기억에 남는 격려의 말은 무엇이었는지 조용히 나누어 보는 시간이 더해지면 좋습니다.
- 수업자만 성찰하는 데서 멈추지 않고, 함께한 수업친구들 또한 이번 수업을 통해 자신이 무엇을 새롭게 느꼈는지, 어떤 배움이 있었는지를 함께 나누는 시간을 보내면 더욱 깊이 있는 공동 성찰로 이어질 수 있습니다.

이해의 질문(교사의 가르침 - 의도, 판단, 선택의 맥락을 중심으로)

이해의 시선은 교사의 가르침에 주목하는 시선입니다. 수업을 준비하고 실행한 교사의 마음과 교육적 판단, 설계의 흐름, 수업 중의 선택과 감정까지, 그 모든 가르침의 맥락을 함께 따라가며 교사의 내면을 존중하고 이해하는 것입니다.

이것은 단순히 '어떤 장면이 좋았는지'를 묻는 일이 아니라, 그 수업을 만든 한 사람의 신념, 고민, 기대, 흔들림을 함께 나누는 일입니다. 수업친구는 교사의 말과 행동 이면에 있는 교육적 의도를 듣고, 그것이 왜 그러했는지를 함께 살펴봅니다. 따라서 이 질문은 평가나 조언이 아니라, 가르침에 깃든 이야기를 듣는 따뜻한 대화입니다.

'이해의 질문'은 아래 예시처럼 사용해도 좋고 〈나눔, 이야기를 열고 마음을 건네는 선물〉에서 언급한, 교사의 내면적 시선을 고려하여 질문을 구성해도 괜찮습니다.

이해의 질문 예시

분류	이해 질문 예시
자존	• 선생님께서 평상시에 수업을 대할 때, 가지고 있는 철학 혹은 중요하게 생각하는 점은 무엇인가요? • 이번 수업에서는 선생님께서 가지고 계신 교육 철학과 연결되는 지점이 있었나요? • 선생님은 평상시 수업을 하는 교사는 어떤 존재이어야 한다고 생각하시나요? • 선생님이 생각하는 좋은 수업은 무엇이라고 생각하시나요?
디자인	• 선생님은 오늘 수업을 ○○하게 활동을 디자인하셨는데, 그 의도가 무엇일까요? • 수업의 흐름이나 구조를 설계하실 때 특별히 고민하셨던 부분이 있다면 어디인가요? • 이번 수업에서 학생의 사고나 참여를 이끌기 위해 어떤 자료나 방식들을 선택하셨나요?
실행	• 수업 중 선생님은 ○○하게 행동하셨는데, 그때 특별한 이유가 있으셨나요? • 어떤 순간에 선생님께서 교육적으로 중요한 판단을 내리셨다고 느끼셨나요? • 학생들과 소통을 하기 위해서 수업 중에 선생님이 더 신경 쓴 점이 있었나요?

격려의 질문(배움의 실현과 의미 있는 상호작용을 중심으로)

격려의 시선은 교사의 가르침이 수업 속에서 어떻게 '배움'으로 꽃피었는지를 바라보는 시선입니다. 수업자의 의도와 노력이 학생에게 어떻게 닿았는지, 그 가르침이 실제로 어떤 반응과 변화로 이어졌는지를 함께 발견하는 것입니다. 즉, 배움의 맥락을 중심으로 수업의 아름다움을 발견하는 질문입니다.

교사는 종종 자신의 수업에서 일어난 감동적인 순간을 제대로 바라보지 못합니다. 수업친구는 교사의 진심이 잘 드러난 장면, 학생과의 깊은 연결, 의미 있는 배움이 일어난 순간을 구체적으로 짚어주며 말로 꽃을 달아주는 역할을 합니다.

격려의 질문은 단순한 칭찬이 아니라, 배움의 실현을 따뜻하게 알아보는 응답입니다. '격려의 질문'은 아래 예시처럼 사용해도 좋고, 수업친구가〈나눔, 이야기를 열고 마음을 건네는 선물〉에서 언급한 '배움'의 시선으로 수업보기를 고려하여 질문을 구성해도 괜찮습니다.

격려의 질문 예시

분류	격려 질문 예시
자존	• 오늘 수업을 통해 선생님 스스로 가장 격려하고 싶은 부분은 무엇인가요? • 학생의 말이나 태도에서 선생님께서 위로받거나 힘을 얻은 순간이 있었나요? • 오늘 수업 속에서 선생님은 ○○ 존재로 느껴졌어요. 평상시 선생님이 생각하는 교사의 모습이 잘 나타난 거 같아요. 선생님은 어떻게 느끼셨나요? • 오늘 수업에서 선생님의 수업 철학이 ○○라고 느껴졌어요. 그렇게 느낀 이유는 수업에서 선생님의 반복되는 ○○ 모습이 있었는데, 그것이 선생님 안에 철학이 없으면 그렇게 나올 수 없다고 생각하거든요. 선생님은 어떠셨나요?
디자인	• 수업 흐름이 선생님 의도대로 잘 이어졌다고 느껴지는 장면은 어디였을까요? • 오늘 활동에서 학생들이 ○○하는 모습이 인상 깊었는데, 선생님께는 어떻게 보이셨나요? • 오늘 수업에서 학생들의 협력적인 배움이 가장 크게 만들어진 곳이 ○○였다고 생각하는데 선생님은 어떻게 느끼셨나요? • 선생님의 의도대로 학생들의 ○○하는 모습이 굉장히 인상깊게 다가왔어요. 선생님은 이 부분이 어떻게 다가오셨나요?

실행	• 수업 중에 선생님의 격려로 학생이 ○○식으로 반응해서 매우 흥미로웠는데, 선생님께서는 그 장면이 어떻게 느껴지셨나요? • 선생님의 즉흥적인 질문에 따라 학생들이 사고를 확장한 순간이 ○○라고 생각해요. 선생님은 이 부분이 어떠셨나요? • 선생님께서 학생들의 몰입을 유지하기 위해 ○○에게 대화를 하셨는데, 그때의 선생님 마음을 더 나눠줄 수 있을까요? • 학생들의 이해도를 알아보기 위해 ○○에게 선생님께서 말씀하시고 수업의 템포를 확 줄이셨어요. 제가 선생님의 의도를 정확히 파악한 것일까요? 이때의 상황을 선생님께서 더 구체적으로 말씀해 줄 수 있을까요?

06

도전, 두려움을 넘어 한 걸음 내딛는 비상

영화 〈굿 윌 헌팅(Good Will Hunting)〉에서, 상처받은 천재 청년 윌은 상담사 숀과 마주 앉아 있다. 겉으로는 거칠고 자신만만해 보이는 윌이었지만, 그의 마음속에는 어린 시절 계부에게 받았던 학대와 거절의 상처가 깊게 새겨져 있었다. 그는 누군가를 믿는 것도, 자신의 아픔을 드러내는 것도 두려워한 채 살아왔다. 상담사 숀은 그런 윌을 향해 조용히, 그러나 단호하게 같은 말을 여러 번 반복한다.

"네 잘못이 아니야(It's not your fault)."

처음에는 비웃던 윌이었지만, 그 말이 몇 번이고 되풀이되자, 그는 결국 오래도록 억눌러왔던 상처와 두려움 앞에 무너져 흐느끼기 시작한다. 숀은 윌을 향해 어떤 조언도 하지 않았다. 다만 그의 마음이 무너지는 것을 조용히 지켜주었고, 그가 자기 안의 진짜 아픔과 정면으로 마주할 수 있도록 곁에 머물렀다. 그 순간부터 윌은 비로소 자신의 삶을 다시 선택할 용기를 얻고, 진정한 변화와 성장을 향해 조심스레 걸음을 내딛기 시작한다.

수업나눔에서 말하는 '직면'과 '도전'도 이와 닮아있다. 교사가 자신의 불편했던 순간, 실패처럼 느껴졌던 장면, 마음이 흔들렸던 경험을 외면하지 않고 정직하게 마주하는 것. 그리고 그 자리에서 새로운 가능성을 발견하며 다시 걸어가는 것. 이해와 격려는 교사의 마음에 작은 쉼터를 만들어 주지만, 거기서 멈추지 않고, 다시 수업의 본질을 향해 한 걸음 더 나아가는 것이 필요하다.

수업나눔이 따뜻한 말의 반복에 그치지 않고, 교사의 성찰과 성장을 끌어내기 위해서는, '직면'과 '도전'의 과정이 반드시 함께 이루어져야 한다. 불편했던 감정, 실패로 느껴졌던 수업의 장면들을 회피하지 않고 마주하고, 그 속에서 자신만의 의미를 발견해 내는 것. 그것이 바로 교사가 다시 자신의 수업을 사랑하게 되는 길이다. 이러한 필요를 품고, 좋은교사 수업코칭연구소는 수업나눔의 3단계와 4단계를 '직면'과 '도전'이라는 이름으로 정리했다.

이 과정은 게슈탈트 심리이론(Gestalt Therapy)에서 영감을 받았다. 프리츠 펄스(Fritz Perls)가 중심이 되어 발전시킨 게슈탈트 이론은, 과거나 미래가 아닌 '지금-여기'의 경험에 생생히 깨어 있도록 돕는다. 과거의 실패에 머물거나 미래의 불안에 빠지지 않고, 현재의 감정과 생각, 심지어 몸의 감각까지도 통합적으로 인식하며, 바로 지금 이 자리에서부터 변화를 시작하는 것. 수업나눔 역시 그렇다. 교사가 지금 이 수업, 지금 이 마음을 있는 그대로 바라볼 때, 비로소 진짜 성찰이 일어나고, 조용하지만 단단한 변화가 시작된다.

게슈탈트 치료는 우리로 하여금, 애써 외면하거나 억누르고 있던 내면의 진실과 마주하도록 초대한다. 그 만남은 때로 아프지만, 그 과정을 통해 우리는 분열된 마음을 조금씩 통합하고, 보다 주체적인 삶을 향해 나아갈 힘을 얻게 된다. 이것은 단순히 문제를 해결하는 일이 아니다. 어쩌면, 자기 삶의 작은 주인이 되어가는 아주 조용한 여정에 더 가깝다. '직면'이란, 그 여정의 첫걸음이다. 문제를 외면하지 않고, 애써 덮지 않고, 있는 그대로 바라보게 하는 용기다.

가끔 수업 중에 어떤 학생이 유난히 마음에 걸리는 순간이 있다. '저 아이가 혹시 소외되고 있는 건 아닐까?' 하는 막연한 불안은 바쁜 수업 흐름 속에 쉽게 흘려보낼 수도 있다. 하지만 그 순간, 잠시 걸음을 멈추고 스스로에게 조심스레 물어볼 수 있다면 어떨까. '왜 그 학생이 내 마음에 오래 남았을까?', '그 순간 내 몸은 어떤 반응을 보였을까? 긴장했을까, 슬펐을까?' 그런 질문은 우리를 감정의 표면 너머로 데려간다. 눈에 보이는 장면을 넘어, 그 순간 우리 안에서 조용히 일어났던 더 깊은 이야기를 찾아가게 한다.

하지만 이런 자각은 혼자서는 쉽지 않다. 우리는 종종 스스로를 방어하거나, 감정에 압도되어, 정작 가장 소중한 마음을 놓쳐버리기도 한다. 그래서, 곁에서 조용히 함께 걸어주는 수업친구가 필요하다. 수업친구는 판단하거나 해답을 주려 하지 않는다. 오히려 따뜻한 이해와 조심스러운 신뢰 위에서, 아주 작은 질문을 건넨다. "선생님, 오늘 수업에서 가장 힘들었던 순간은 언제였을까요?", "그 순간, 무엇이 선생님의 마음을 가장 무겁게 했을까요?" 이런 열린 질문은 마치 마음에 작은 창을 여는 것과 같다. 그 질문을 받는 순간, 우리는 자기도 몰랐던 고민의 실마리를 발견하고, 감정의 근원에 살짝 손을 대게 된다. 그렇게 조심스레 다가간

끝에, 그동안 감정에 묻혀 희미했던 수업의 장면이 다시 삶의 언어로 떠오른다.

이때 수업친구는 어떤 해석이나 판단도 서둘러 제시하지 않는다. 오히려 자기 생각을 비워낸 채, 교사가 스스로 자신의 내면을 바라볼 수 있도록 조심스럽게 질문을 반복한다. 게슈탈트 치료에서도 상담자는 "이럴 땐 당연히 힘들지요"라고 성급히 결론을 내리기보다, "그 순간 어떤 감정이 떠오르셨나요?", "몸의 감각은 어땠나요?", "지금 가장 두려운 생각은 무엇인가요?"와 같은 질문을 건넨다. 마음의 문을 조심스럽게 열어주는 것이다. 수업나눔도 다르지 않다. 중요한 것은 답을 주는 것이 아니다. 수업친구는 교사가 고민의 본질에 머무를 수 있도록 곁을 지킨다. 당장 해결하거나 판단하려 하지 않고, 그 사람이 자기 마음을 스스로 들여다볼 수 있도록 조용히 기다려준다.

이러한 과정이 조심스럽게 반복되다 보면, 교사는 점점 스스로 알아차리게 된다. 왜 어떤 학생이 수업 중 자꾸 마음에 걸렸는지, 왜 어떤 순간에 유난히 조바심이 났는지, 왜 작은 일에도 감정이 쉽게 요동쳤는지를. 예를 들면, 한 교사가 발표를 망설이던 학생에게 자신도 모르게 재촉했던 순간이 있었다. 수업나눔의 시간을 통해 그 교사는 그 장면을 다시 떠올리게 된다. 수업을 조금 더 활기차게, 재미있게 끌고 가고 싶다는 마음이 앞섰고, 발표를 주저하는 학생을 향해 재촉하는 말을 건넸다. 겉으로는 학생을 독려하는 것처럼 보였지만, 그 마음 깊은 곳에는 '수업은 재미있어야 한다', '속도감 있게 진행되어야 한다'라는 자신의 당위가 자리하고 있었음을 조심스럽게 깨닫게 된다.

이 알아차림은 다음 수업에서 작은 변화를 만들어낸다. 더 이상 수업을 빨리 이끌어야 한다는 조급함에 쫓기지 않고, 학생의 망설임을 조금 더 기다려줄 수 있는 여유를 갖게 된다. 그렇게 감정의 실마리를 조심스럽게 더듬다 보면, 겉으로는 사소해 보였던 장면들이 사실은 깊은 내면의 울림과 연결되어 있었음을 알게 된다. 그 깨달음은 외부에서 주어진 충고가 아니다. 내 안에서 길어 올린, 조용하지만 깊은 자각이다. 그리고 그 자각은 다시 교사를 앞으로 이끈다. 누구의 지시도 없이 스스로의 질문에 이끌려, 교사는 자신만의 새로운 수업을 조심스럽게 실험해 보기 시작한다.

그래서 수업나눔에서 강조하는 또 다른 핵심은 '도전'이다. 직면을 통해 자신이 무엇을 외면하고 있었는지, 어떤 불안을 품고 있었는지 조금씩 알아차리게 되었다면, 이제는 그 깨달음을 삶 속에서 작게나마 살아내 볼 차례다. 여기서 말하는 도전은 결코 거창하거나 극적인 변화를 뜻하지 않는다. 오히려 지금, 이 자리에서 교사가 할 수 있는 작은 시도에 더 가깝다. 예를 들면, 한 교사가 협력 학습 중 학생들의 대화가 어색해질 때마다 마음이 불안해지고, 그 상황을 서둘러 마무리하려는 습관이 있었다고 해보자. 그 교사가 직면을 통해 그런 자신의 마음을 알아차렸다면, 다음 수업 시간에는 조금 다르게 반응해볼 수 있다. 어색한 침묵 속에서도 불안을 참아내며, 스스로에게 조용히 이렇게 말해보는 것이다. '지금 개입하지 않아도 괜찮아.' 그렇게 마음속 불안을 견디며 조금 더 기다려주는 연습, 바로 그것이 도전이다.

또 다른 장면을 떠올려 보자. 한 교사가 특정 학생에게 더 많은 관심을 기울이고 싶지만, 혹시 다른 학생들이 소외감을 느끼진 않을까 하는 조심스러운 마음에 스스로를 자주 막아왔던 경우. 이 교사가 할 수 있는 도전은, 따뜻한 시선을 유지하되 수업 전체의 공기를 조금 더 섬세하게 살펴보는 일일지 모른다. 혹은 자신이 알게 모르게 편애하고 있었던 부분이 있는지 솔직하게 돌아보고, 다른 학생들과도 조금 더 자주, 자연스럽게 대화를 나누어 보려는 작은 시도일 수도 있다. 도전은 큰 목표를 세우는 일이 아니다. 자기 자신에게 조금 다른 방식으로 다가가 보는 것, 익숙한 반응 대신 조심스레 새로운 길을 내보는 것, 그것만으로도 우리는 이미 변화를 살아내고 있다.

게슈탈트 치료에서는 이러한 변화를 '실험(experiment)'이라고 부른다. 바로 지금 여기 익숙한 반응이 아닌 새로운 행동을 조심스럽게 시도해 보고, 그 경험을 통해 다시 자신을 자각하는 순환. 수업나눔의 장면도 이와 다르지 않다. 수업친구는 교사가 머뭇거리는 그 자리에서 함께 멈춰서 준다. 말없이 기다리며, 때로는 조심스럽게 묻는다. "당신이 해보고 싶은 작은 도전은 무엇인가요?" 그 질문 앞에서 교사는 조금 더 솔직해진다. 그리고 그 도전이 비록 서툴고 어설플지라도, 수업친구는 따뜻한 응원으로 그 용기를 존중한다. 작은 떨림이지만, 진심에서 비롯된 그 시도가 얼마나 귀한지를 함께 바라봐 준다. 그것이 수업나눔이 교사에게 건네줄 수 있는 가장 소중한 선물이다.

이렇듯 '직면'과 '도전'은 따로 떨어진 두 단계가 아니다. 서로를 지탱하고 완성하는 하나의 흐름이다. 직면 없는 도전은 뿌리 없는 꽃처럼 가벼워지고, 도전 없는 직면은 현실을 바꾸지 못한 채 머물게 된다. 마치 게슈탈트 심리학의 '전경-배경(figure-ground)' 이론이 말해주듯, 우리는 모든 순간, 주의의 초점을 이동시키며 살아간다. 어떤 날, 교사의 눈앞에 떠오르는 것은 불안이다. 그것이 전경이 된다. 하지만 그 배경에는 때때로 말없이 웅크린 마음이 있다. '완벽해야 한다'는 오랜 강박, '학생들에게 인정받고 싶다'는 숨겨진 갈망. 직면의 과정은 이 조용한 배경을 수면 위로 끌어올린다. 직면과 도전의 과정은 이런 전경과 연결된 배경까지도 살피게 해서 수업을 변화시키기 위해, 내가 근원적으로 해야 할 것이 무엇인지를 찾게 해 준다. 전경과 배경에 관한 더 자세한 이야기는 〈동행, 곁을 지키며 함께 걸어가는 친구〉에서 다룬다.

현실은 녹록지 않다. 교사들은 매일 눈코 뜰 새 없이 바쁜 일상을 살아간다. 수업을 하고 학생을 돌보고 행정 업무와 생활지도를 병행하다 보면, 정작 자신의 감정과 내면을 돌아볼 여유는 어느새 손가락 사이로 빠져나간다. 그렇게 하루를 건너는 사이, 마음속에는 무심히 쌓여가는 두려움과 기대, 불안과 갈망이 말없이 남는다. 그래서 수업나눔의 자리는 특별하다. 수업이라는 공통의 경험을 매개로, 교사들은 서로의 내면에 조심스레 다가선다. 바쁜 일상에서 놓치고 있던 마음의 결들이 그곳에서는 조금씩, 조용히 모습을 드러낸다. 그리고 바로 그곳에서, 진짜 성장이 시작된다.

교사로 살아간다는 것은, 때로는 폭풍우가 몰아치는 바다를 건너는 일과도 같다. 정해진 항로도 없고, 예측할 수 없는 날씨와 맞서야 할 때가 많다. 지치고 흔들리면서도, 우리는 다시 노를 젓는다. 문득 아르히프 쿠인지(Arkhip Kuindzhi)의 그림을 바라보게 된다. 짙고 평온한 푸른 바다. 그 깊이에서 이유를 알 수 없는 위로가 밀려온다. 그 고요한 푸른 바다도 처음부터 잔잔했던 것은 아니다. 수없이 몰아쳤던 바람과 파도, 숨 가쁜 항해의 흔적들이 지나간 자리에 남겨진 색이다. 오랜 시간 동안 흔들리고 깎이며, 비로소 잔잔한 빛을 머금은 조용하고 깊은 색이다.

우리의 내면도 마찬가지다. 진정한 성장은 내면의 불편함과 두려움을 외면하지 않고, 정직하게 '직면' 할 때 비로소 시작된다. 그리고 그 직면 위에 서서, 오늘 여기에서 내가 할 수 있는 작은 '도전' 을 하나씩 실행해 나갈 때, 우리는 조금씩 더 깊어지고, 더 짙어지며, 한 교사로 성숙해간다. 폭풍우가 지나간 뒤, 더 짙어진 푸름을 고요히 머금은 저 바다처럼.

성찰 질문

- 교사로서 가장 피하고 싶었던, 그러나 결국 마주해야 했던 수업 고민은 무엇이었나요?
- 수업의 변화와 성장을 위해 편안한 익숙함을 버리고 불편한 도전을 선택한 경험이 있나요?
- 실패에 대한 두려움이 수업 변화를 시도하는 데 어떤 영향을 미치나요? 어떻게 그 두려움을 다루나요?

실천 과제

- **도전 리스트 만들기**: 수업에서 시도하고 싶지만 망설여졌던 도전 항목을 나열하고, 가장 작고 실현 가능한 한 가지부터 시도합니다.
- **직면 일지 쓰기**: 수업에서 피하고 싶었던 부분을 의식적으로 마주하고, 그 과정에서의 감정과 배움을 기록합니다.
- **성장 증거 모으기**: 과거 수업에서의 도전과 변화가 가져온 긍정적 결과들을 모아, 다음 도전을 위한 자신감을 키웁니다.

오늘의 그림

아르히프 쿠인지, 크림반도의 바다, 1908년.
캔버스에 유채, 40x53cm, 트레자코프 미술관(Tretyakov Gallery, Moscow, Russia)

· 부록 ·

직면과 도전의 수업나눔 예시

진행 방식

직면과 도전은 교사가 자신의 수업을 솔직히 마주할 수 있을 만큼 내면이 지지받고 있을 때 비로소 진정한 의미를 가집니다. 그래서 이 나눔은 가능한 이해와 격려의 나눔이 먼저 충분히 이루어진 이후에 진행되는 것을 권합니다.

이해와 격려의 나눔을 통해 수업자는 자신의 수업이 단지 '잘하고 못하고'를 넘어 얼마나 진심을 담아 준비하고 실행했는지를 인정받는 경험을 하게 됩니다. 그리고 그러한 정서적 지지를 통해서야 비로소 수업에서 '내가 아쉬웠던 지점', '고민이 되었던 장면'을 성장의 시선으로 바라볼 수 있는 내적인 힘이 생겨납니다.

자존감이 흔들려 있는 교사의 경우, 바로 직면과 도전의 나눔으로 들어가면 자신의 수업을 부족하고 실패한 수업으로만 여길 위험이 있습니다. 따라서 직면과 도전의 나눔은 회복된 마음에서 출발하는 성찰이 되어야 하며, 그 회복을 위한 기반은 바로 이해와 격려의 과정이 됩니다.

구체적인 진행 흐름

1. 수업자가 스스로 가장 마음에 남았던 지점을 되짚어보며 자존, 디자인, 실행 중에서 가장 아쉬움이 컸던 영역 하나를 선택합니다.
2. 수업친구는 그 영역에서 충분히 머무르며 수업자의 감정과 판단, 망설임과 선택의 흔적을 함께 들여다봅니다. 서두르지 않고, 바꾸라고 말하지 않고, 들어주고 비춰주는 일에 집중합니다.
3. 수업자는 그 직면의 대화를 통해 "그렇다면 내가 다음에 해볼 수 있는 한 가지는…"이라는 스스로의 도전 과제를 찾아봅니다. 수업친구는 그 도전을 응원하고 지지하며, 그것이 작더라도 매우 의미 있는 변화임을 함께 인정해줍니다.
4. 도전 과제를 찾지 못하는 경우는 수업자는 수업친구에게 도움을 구하고, 수업친구는 공감을 바탕으로 성찰 질문을 통해 도전 과제를 찾게끔 도와줍니다.

5. 수업자의 진심 어린 직면과 도전의 이야기는 함께한 수업친구들에게도 깊은 울림과 깨달음을 줍니다. "그 이야기를 듣고 나도 나의 수업에서 바꿔보고 싶은 게 떠올랐어요." 이렇게 자연스럽게 나의 도전 과제도 생기는 순간, 이 수업나눔은 단 한 사람의 성찰을 넘어, 공동체 전체가 자라고 변화하는 시간이 됩니다.

자존: 교사로서의 마음과 존재를 마주하는 질문

구분	직면의 질문	도전의 질문
교사와 나	• 오늘 수업에서 선생님의 마음이 답답하다고 하셨는데, 그런 순간은 언제였나요? • 반복되는 수업 상황 속에서 스스로를 자꾸 작게 느낀다고 하셨는데, 오늘 수업에서는 그 순간이 언제였나요?	• 다음 수업에서 내 감정을 지키기 위해 할 수 있는 한 가지 작은 실천은 무엇일까요? • 수업 중 나를 지켜줄 '안정의 신호'를 하나 만들어본다면 어떤 것이 좋을까요? • 다시 '괜찮은 교사'라고 느끼기 위해 스스로에게 해주고 싶은 말은 무엇인가요?
교사와 학생	• 오늘 수업에서 학생들이 대체로 열심히 참여 했는데, 유독 ○○ 학생만 잘 동참하지 않더라구요. 평상시 ○○은 어땠나요? 제 수업에서 이런 학생들이 생기면 마음이 참 힘든데, 선생님은 어떻게 다가오셨나요? • ○○ 순간에 학생들의 얼굴을 보기가 힘들다고 하셨는데, 왜 그렇게 느끼게 되셨나요? • 특정 학생의 반응이나 말이 선생님께 상처가 된 순간은 언제였나요?	• 학생들이 배움에 잘 동참하지 않을 때, 선생님의 마음을 다독이는 말은 뭐가 있을까요? • 학생들에 대한 두려움이 생길 때, 어떻게 극복해 가면 좋을까요? • 수업 중 특정 학생에 대해 미워하는 마음이 생겼을 경우 어떻게 하면 좋을까요?
교사와 수업	• 다음 수업에 대한 기대감은 생기시나요? • 수업이 가장 하기 싫거나 두려울 때는 언제인가요?	• 다음 수업에 대한 기대감을 가지려고 한다면, 어떻게 하면 좋을까요? • 수업이 하기 싫어질 때, 평상시 어떻게 극복하시려고 하나요?

디자인: 수업의 흐름, 내용, 방법, 평가를 돌아보는 질문

구분	직면의 질문	도전의 질문
흐름	• 수업 흐름이 막히거나 끊겼다고 말씀하셨는데, 그렇게 느낀 장면은 어디였나요? • 수업에서 평상시와 다르게 수업을 조금 천천히 진행하셨는데, 그 이유가 있으신가요?	• 다음 수업에서 도입-전개-정리 중 더 유연하게 구성하고 싶은 부분은 어디인가요? • 다음 수업에서 흐름을 더 자연스럽게 가져가기 위해서 어떻게 수업 디자인을 다시 하고 싶은가요?
내용	• 오늘 수업에서 학생들이 가장 어려워하거나 집중하지 못한 내용은 무엇이었나요? • 오늘 수업에 대해 개념을 설명하면서 스스로도 자신 없었던 부분이 있었다고 하는데 그렇게 느끼신 이유는 무엇인가요?	• 그 내용을 학생 눈높이에 맞게 다시 설명하려면 어떻게 구성해보면 좋을까요? • 핵심 개념을 학생의 삶과 연결시키기 위해 노력하신다고 했는데, 어떻게 하면 좋을까요?
방법	• 학생들이 수업에 몰입할 수 있도록 선생님께서 사용한 수업 방법이나 전략은 무엇이었나요? 혹시 그 방법 중에 선생님의 의도만큼 효과를 거두지 못했던 것은 있었나요? • 오늘 수업에 학생들의 참여를 높이기 위해 시도한 활동이나 구조는 무엇인가요? 혹시 그 방식 중에서 일부 학생들에게는 덜 효과적이었다는 느낌을 받은 적이 있었나요?	• 다른 수업 방식을 시도한다면 어떤 방법을 적용해보고 싶으신가요? • 수업 방식을 조금 더 다양화하고 싶다고 하셨는데, 그것을 위한 작은 시도는 무엇이 있을까요? • 소극적인 학생을 더 이끌어내기 위한 선생님의 방법은 무엇이 있을까요?
평가	• 평가 활동을 계획함에 있어서 학생의 성장을 잘 반영하지 못했다고 말씀하셨는데, 그렇게 생각한 이유는 무엇인가요?	• 학생 스스로 자신의 성장을 자연스럽게 확인할 수 있는 짧은 활동을 한다면 무엇이 있을까요?

실행: 수업 중 선택, 상호작용, 반응에 대해 성찰하는 질문

구분	직면의 질문	도전의 질문
경계성	• 오늘 수업에서 질서가 무너졌다고 느낀 순간은 언제였나요? • 학생들에게 적절한 경계를 세우기가 힘들다고 하셨는데, 그런 순간은 언제였고, 그렇게 생각한 이유는 무엇인가요?	• 다음 수업에서 가장 먼저 회복하고 싶은 '교실의 약속'은 무엇인가요? • 적절한 경계를 세우기 위해 다음 수업에서 선생님이 도전하고 싶은 것은 무엇인가요?
민감성	• 학생의 작은 신호(표정, 말투, 침묵 등)를 놓쳤다고 느낀 순간이 있었나요? • 선생님이 학생들의 심리를 잘 이해하지 못하셨다고 하셨는데, 그렇게 느낀 이유는 무엇인가요?	• 학생 감정을 민감하게 바라보기 위해 수업 중 여백을 주고 싶다고 하셨는데, 어떻게 부여하고 싶으세요? • 학생의 비언어적 신호를 잘 알아차리기 위해서 어떤 것을 더 도전하고 싶으세요?
소통성	• 수업 중 나의 말이나 질문이 학생에게 닿지 않았다고 느낀 순간은 언제였나요? • 수업에서 말은 이어가는데 학생들의 몰입을 잘 이끌어내지 못하고, 생각이 서로 잘 연결이 안된다고 말씀하셨는데, 그 부분은 언제였나요?	• 다음 수업에서 설명을 줄이고 질문을 더 해보고 싶다고 하셨는데, 어떻게 바꿔볼 수 있을까요? • 교사와 학생, 학생과 학생 간에 생각을 연결하고 사고를 확장하기 위해서 어떻게 대화를 하면 좋을까요?
유연성	• 예기치 않은 상황에서 수업을 조절하지 못했다고 느낀 장면은 언제였나요? • 즉흥적으로 바꾼 선택이 아쉬웠다고 말씀하셨는데, 그렇게 생각한 이유는 무엇인가요?	• 예상 밖 상황에서 더 여유롭게 반응하기 위해 어떤 마음가짐을 가져보면 좋을까요? • 예기치 않은 상황에서도 수업 내용에 연결하고 싶다고 하셨는데, 그렇게 하려면 어떻게 해야 할까요?

교사의 고민과 10가지 도전 과제
(유치원·초·중·고등학교)

07

쓰기, 수업을 마음에 새기는 기록

레오나르도 다 빈치는 끝없는 호기심과 사유로 가득 찬 사람이었다. 그는 언제나 작은 수첩을 지니고 다니며, 마음속에 떠오르는 질문과 감정, 생각들을 조용히 기록했다. 그 수첩에는 정교한 그림뿐 아니라, 자연현상에 대한 탐구, 인간에 대한 세심한 관찰, 그리고 그에 대한 자신의 사적인 사색들이 가득 담겨 있었다. 새는 어떻게 하늘을 나는지, 물은 어떤 원리로 흐르는지, 사람의 몸은 어떤 질서로 움직이는지. 이 모든 것들이 그의 관심이었고, 그는 그 신비 앞에 겸손히 머물며 글을 쓰고 그림을 그렸다.

그에게 글쓰기는 단순한 기록이 아니었다. 어쩌면 그것은 혼란스러운 생각과 감정의 실타래를 하나씩 풀어내는 과정이었고, 어렴풋한 통찰을 생생한 개념으로 전환해 가는 도약의 계단이었다. 다 빈치의 수첩에 남겨진 글들은 결국 위대한 예술과 과학의 씨앗이 되어, 해부학, 물리학, 기계공학, 예술의 영역을 넘나드는 시대를 초월한 영감을 낳았다. 그에게 글은 '무엇을 남기느냐'의 문제가 아니라, '어떻게 살아갈 것인가'를 탐색하는 존재의 방식이었다.

이런 글쓰기의 힘은 다른 위대한 이들의 삶에서도 발견된다. 백범 김구는 일기를 통해 민족과 조국에 대한 뜨거운 사랑을 매일 되새겼다. 그의 글은 단순한 기록을 넘어, 지치고 꺾이기 쉬운 현실 속에서도 다시 일어설 수 있게 하는 내면의 불꽃이 되었다. 충무공 이순신 역시 전쟁의 한복판에서 두려움과 외로움을 매일 글로 남기며, 자신과의 고독한 대화를 통해 용기와 결단의 근육을 단련해 갔다. 그의 일기에는 위대한 장군의 영웅적 모습만이 아니라, 한 인간으로서 느꼈던 고통과 떨림이 진솔하게 배어 있다.

화가 빈센트 반 고흐 또한 마찬가지였다. 말로는 다 표현할 수 없는 불안과 갈망을 편지로 풀어내며, 그는 스스로를 붙들었다. 붓을 들고 그림을 그리면서, 동시에 글을 쓰며 자신을 치열하게 견뎠다. 그의 기록은 한 점의 그림보다 오히려 더 진한 감정과 통찰을 담아냈고, 그렇게 그는 자신의 예술 세계를 글과 색으로 함께 빚어 갔다.

이처럼 쓰는 일은 곧, 살아 있는 감정과 생각을 정제해 나가는 행위다. 글을 쓰는 동안 우리는 내면을 천천히 비추고, 자신도 몰랐던 감정의 결을 따라 더 깊은 곳으로 내려가게 된다. 철학자 알랭 드 보통은 "글쓰기는 혼란스럽고 모호한 감정들을 명료하고 견고한 형태로 다듬어 나가는 작업"이라고 말했다.

교사에게도 '수업쓰기' 란, 하루의 수업 속에서 느꼈던 기쁨과 답답함, 아쉬움과 희망을 하나의 의미 있는 서사로 직조해 가는 시간이다. 글을 쓰는 동안, 교사는 수업의 표면을 넘어 자신도 몰랐던 감정의 뿌리를 만나고, 그 뿌리를 따라 자신의 수업과 삶을 다시 구성해 나간다.

수업을 마치고 느끼는 복잡한 감정들, 긴장했던 순간 아이들의 뜻밖의 반응, 그리고 가끔은 예기치 못한 깨달음까지, 이 모든 것을 글로 옮기는 일은 마음속에 흩어져 있던 감정의 조각들을 한데 모아 조용히 스스로를 껴안는 일과도 같다. '오늘 한 학생이 갑자기 소리를 질렀을 때, 나는 왜 그렇게 당황했을까?', '아이들이 내 활동에 반응하지 않았을 때, 내 안에서 올라온 두려움은 어디서 온 걸까?' 같은 질문을 스스로에게 던지며 천천히 써 내려가는 것이다. 그렇게 글을 쓰는 동안, 우리는 자신도 미처 알아차리지 못했던 마음의 떨림을 하나하나 어루만진다.

그렇게 써내려간 글은 누군가에게 보여주기 위한 보고서가 아니다. 그저 내면을 향한 아주 사적인 여정이다. 몸과 마음이 지쳐 있는 수업 직후일지라도, 그 순간 남긴 몇 줄의 기록은 시간이 흐른 뒤 돌아보았을 때, 가장 선명하게 나를 비추어 주는 거울이 되어줄 것이다. 그렇게 하루하루 쌓은 기록들은, 내가 어떤 교사로 살아왔고 어떻게 변화하고 있는지를 말없이 증언해 주는 조용한 서사가 된다.

수업나눔 직후에 남기는 글도 큰 힘이 된다. 수업나눔이 끝난 직후, 교사의 마음속에는 격려와 반성, 통찰과 질문이 얽혀 있다. 이 복잡한 감정과 생각들을 글로 풀어내다 보면, 앞으로의 수업에서 무엇을 지켜야 할지, 어떤 부분을 새롭게 시도해 볼지 조금 더 분명해진다. 특히 '그 동료의 말이 왜 그렇게 내게 큰 힘이 되었을까?', '내가 느낀 아쉬움 뒤에 감추어진 두려움은 무엇이었을까?' 같은 질문을 따라가며 기록해 나가다 보면, 그 글은 단순한 반성이 아니라 삶과 수업을 하나의 서사로 꿰어 가는 여정이 된다. 글은 그렇게 우리 안의 또 다른 자아를 깨우고, 먼 길을 돌아 조심스럽게 말을 걸어오는 또 하나의 '나'가 된다.

글을 쓰는 것의 가치를 모르는 교사는 없다. 그럼에도 우리는 '글을 쓴다'고 할 때, 마치 글 솜씨가 있는 사람이나 사유가 깊은 사람만이 할 수 있는 일이라 생각하며, 글쓰기 자체를 스스로 포기해 버리는 경우가 있다. 그러나 글은 작가만을 위한 것이 아니다. 사람이기에, 그리고 교사이기에, 우리 안에는 떨림과 생각과 관념을 글로 표현하고 싶은 자연스러운 욕구가 누구에게나 있다. 만약 그것을 꾹 눌러 담은 채 머릿속에만 두고 있으면, 결국 생각들이 얽히고 엉켜 삶 자체가 복잡하게 꼬이게 된다.

사람은 생각이 명료해야 삶도 명료해진다. 이유 없이 불안하고 삶이 어지럽게 느껴진다면, 그것은 생각들이 엉켜 있다는 신호다. 그럴 때 우리는 조용히 글 앞에 서야 한다. 생각이 문장으로 풀리지 않는다면, 단어로라도, 감정의 나열로라도, 천천히 마음속 실타래를 풀어내야 한다. 신기하게도, 그렇게 내 마음이 언어 속에 담기기 시작할 때, 뭉쳐 있던 생각의 근육들이 서서히 풀리기 시작한다. 그리고 그때 비로소 우리는 어렴풋이 보게 된다. 내가 어떤 삶을 살아야 할지, 교사로서 어디로 가야 할지를.

수업쓰기는 결국 교사의 존재론적인 성찰과 맞닿아 있다. 그것은 어쩌면 조르주 드 라투르(Georges de La Tour)의 그림과도 닮아있다. 라투르의 그림 속 여인은 어둠 한가운데에서 잔잔히 타오르는 촛불을 바라본다. 캄캄한 공간 속에서 그녀는 묵묵히 자신을 들여다본다. 외부의 화려함도, 누군가의 판단도 없이 오직 불빛 하나 앞에 조용히 앉아, 자신의 내면과 단둘이 마주한다.

교사도 그렇다. 글을 쓰는 순간 교실이라는 소란한 공간을 잠시 뒤로 하고, 조용히 작은 불빛 앞에 앉는 시간이다. 그 불빛 아래서 교사는 자신에게 묻는다. '나는 오늘, 어떤 마음으로 아이들과 함께했는가?', '무엇이 나를 기쁘게 했고, 무엇이 나를 불안하게 했는가?' 그렇게 자신에게 귀 기울이는 동안, 교사는 더 깊은 사랑과 더 부드러운 이해로 자신의 수업과 삶을 껴안을 수 있게 된다.

우리는 결국, 자신이 살아낸 이야기 속에서 살아간다. 교사의 글쓰기는 그 이야기의 조용한 심장처럼, 하루하루 수업 속에서 뛰고 있다. 하루 동안 느꼈던 작은 기쁨과 서운함, 설렘과 후회, 그 모든 것을 조심스레 써 내려가다 보면, 어느새 그 문장들은 모여 하나의 은은한 길을 만든다. 그 길은 희미한 듯하지만, 시간이 흐를수록 교사의 발걸음을 조금씩, 그러나 분명히 이끌어간다. 그리고 그 길 끝에서 교사는 알게 된다. 자신이 어떤 교사였고, 어떤 교사가 되고 싶은지를.

소설가 박완서는 말했다. "글을 쓴다는 건 가슴 속에 오래 삭힌 말을 꺼내는 일이다." 쓰는 동안 우리는 마음 깊숙이 숨어 있던 떨림을 만나고, 시간이 지나도 잊히지 않는 진심을 다시 꺼내어 본다. 수업쓰기는 그렇게, 교사의 마음속에 고요히 삭혀 있던 사랑과 다짐을 천천히 세상으로 불러올리는 일이다. 그리고 그 조용한 기록들이, 언젠가 나를 가장 나답게 만드는 작은 불빛이 되어준다.

성찰 질문

- 수업 경험을 글로 쓸 때와 말로 나눌 때, 어떤 차이를 느끼나요?
- 글쓰기를 통해 발견한, 말로는 미처 표현하지 못했던 수업의 의미나 깨달음이 있나요?
- 정기적인 수업 글쓰기가 교사로서의 성장에 어떤 영향을 미친다고 생각하나요?

실천 과제

- **수업 일지 시작하기:** 매일 5-10분씩 그날의 수업에서 가장 인상적이었던 순간, 질문, 깨달음을 자유롭게 글로 적습니다.
- **다양한 글쓰기 형식 시도하기:** 수업 후기, 학생 관찰 일지, 교육 에세이, 편지 등 다양한 형식으로 수업 경험을 표현해봅니다.
- **글쓰기 공유하기:** 작성한 수업 기록이나 에세이를 같은 교과 동료나 온라인 커뮤니티에 공유하며 대화를 이어갑니다.

수업나눔 후 수업 일기 쓰기 예시

오늘의 그림

조르주 드 라투르, 작은 등불 앞의 막달라 마리아, 1640년경.
캔버스에 유채, 크기 미상, 루브르 박물관(Musée du Louvre, Paris)

08

코칭, 함께 성장하는 길을 열어가는 여정

심리학자 칼 융(Carl Jung)은 '상처 입은 치유자'라는 개념을 남겼다. 그는 진정한 치유자는 상처가 없는 완전한 존재가 아니라, 자신의 상처를 직면하고 인정한 사람이라고 말했다. 인간은 누구나 저마다의 고통과 결핍을 품고 살아간다. 그러나 그 고통을 외면하지 않고, 조용히 마주하며 스스로를 다독이는 시간을 가진 이만이, 타인의 고통에도 진심으로 귀 기울일 힘을 지니게 된다. 상처의 경험은 고통이자 동시에 축복이다. 그것이 마음 깊은 곳에서 천천히 발효될 때, 사람은 타인의 치유와 성장을 따뜻하게 이끌어줄 수 있는 존재로 거듭난다.

수업나눔과 수업쓰기를 통해 교사는 자신 안에 숨겨진 조용한 상처와 어려움을 마주하게 된다. 때로는 그 상처가 '나만 부족한 것은 아닐까'라는 불안으로, '나는 좋은 교사가 아닐지도 몰라'라는 자책으로 모습을 드러내기도 한다. 하지만 그 마음을 숨기지 않고 소박하게 나누는 과정에서 교사는 자신도 모르게 치유되기 시작하고, 조심스럽게 자신의 마음을 풀어놓는 그 순간, 동료 교사의 수업을 바라보는 시선도 서서히 달라진다. 이전에는 쉽게 지나쳤던 망설임을 읽게 되고, 말끝을 흐리는 동료의 목소리 너머에 숨은 진심을 듣기 위해 더욱 조심스럽게 귀를 기울이게 된다. 그렇게 교사는 '자신의 상처를 품은 존재'로서, 누군가의 수업을 돕고자 하는 따뜻한 마음을 품게 된다.

'수업친구'란 단순히 수업을 잘 봐주는 조언자가 아니다. 누군가의 수업을, 그리고 그 안에 담긴 마음을 함께 감싸안고 조용히 동행해 주는 존재이다. 자신의 수업을 깊이 성찰해 본 사람이기에 타인의 수업을 섣불리 판단하지 않으며, 오히려 애매하게 표현된 감정 너머에 숨은 진심을 듣기 위해 더 정성스럽게 질문한다. 수업코칭은 화려한 기술에서 시작되는 것이 아니다. 타인의 불완전함을 바라보며, 그 속에서 아픈 자신의 모습을 비추어 보고, 결국은 서로를 다정히 품어주는 그 따뜻한 마음에서 시작된다.

전통적인 수업장학은 흔히 관리자나 장학사의 시선으로 수업을 '평가'하는 방식으로 진행된다. 그 과정에서 교사는 누군가의 기준에 맞추려다 자기다움을 잊기도 하고, 평가의 언어 앞에서 작아지며 자신감을 잃어버리기도 한다. 때로는 수업장학이 끝난 뒤, "내 수업이 부족하다는 이야기만 들은 것 같다"며 마음이 다치는 교사들도 있다. 수업 컨설팅 역시 전문가 중심의 진단과 처방이 이루어지다 보니, 교사는 자신의 수업을 타인의 시선에 의존하게 되고, 점차 자기 수업에 대한 감각과 주체성을 놓치게 된다.

반면 수업코칭은 '함께 걷는 관계'를 전제로 한다. 코칭(coaching)의 어원은 마차에 있다. 사람을 목적지까지 데려다주는 것. 코치는 말 앞에 앉은 운전자가 아니라, 마차 안에서 목적지를 함께 이야기하고, 여정의 굴곡을 함께 경험하는 사람이다. 수업코칭은 교사가 스스로의 수업을 탐색하고, 자신만의 길을 찾을 수 있도록 지지하는 동행의 방식이다. 그리고 무엇보다 수업코칭은 교사의 성장 가능성을 믿는다. 교사 스스로 수업의 문제를 발견하고, 그것을 해석하며, 새로운 시도를 꿈꿀 수 있다는 가능성을 믿는 것이다. 그렇기에 수업코칭은 정답을 제시하기보다 질문을 던지고, 분석하기보다 경청하며, 평가하기보다 공감한다. 그렇게 열리는 대화는 하나의 따뜻한 공동체로 이어진다.

우리가 앞에서 이야기했던 수업나눔은, 수평적 관계 안에서 이루어지는 자율적 성찰의 장이었다. 동료와 함께 수업을 돌아보고, 이해와 격려, 직면과 도전의 과정을 함께 나누며, 교사는 잃어버렸던 자존감을 회복하고 자신만의 실천을 꿈꾸게 되었다. 수업코칭은 이 수업나눔의 철학을 더욱 구조화하고 확장한 방식이다. 좀 더 공식적인 시스템 안에서 수업코치가 코칭을 요청한, 수업자 선생님과 함께 수업을 보고 성찰하면서 자기 색깔이 있는 수업을 찾아간다. 그 과정의 중심에는 여전히 '관계의 따뜻함'이 자리 잡고 있다. 목표는 단순한 기술 향상이 아니다. 교사가 자기 수업에 대한 사랑과 가능성을 다시 발견하는 것, 그것이 수업코칭의 가장 깊은 목적이다.

누군가의 수업을 돕는다는 것은, 단순히 수업 기술을 향상해 주는 일이 아니다. 그것은 한 교사의 마음에 깊이 손을 얹는 일이다. 매우 섬세하고 조심스러운 일이지만, 동시에 그 어떤 위로보다 강력한 연대의 행위이기도 하다. 상처 입은 교사가 상처 입은 교사의 곁에 조용히 앉아, "우리 함께 갈 수 있어요"라고 말해주는 것. 그 순간, 교사는 더 이상 혼자가 아니다. 수업이라는 길 위에서, 우리는 서로의 불빛이 되어준다.

그렇다면 어떻게 수업으로 서로의 불빛이 되어줄까? 좋은교사 수업코칭연구소는 이를 위해 경청, 질문, 피드백을 강조한다.

경청은 마음을 비우고 온전히 들어주는 일이다. 말이 끝나기를 기다리는 것이 아니라, 말의 숨결에 따라 그 사람의 마음에 귀 기울이는 것이다. "오늘 수업에서 가장 기억에 남는 순간은요"라며 수업자가 조심스럽게 꺼낸 이야기를 끝까지 들은 뒤, "학생들이 즐거워할 때 가장 보람을 느끼셨다고 하셨지요"라고 조용히 되짚어주는 순간이 있다. 그것은 단순한 요약이 아니다. "당신의 마음을 내가 들었어요"라는 조용하고 깊은 공명의 표현이다. 교사는 그 말속에서 존중받는 느낌을 얻고, 자신이 해낸 수업이 누군가에게 '의미 있는 이야기'였다는 따뜻한 확신을 품게 된다.

질문은 평가가 아니라, 마음을 여는 초대이다. 정답을 유도하려는 질문이 아니라, 함께 앉아 천천히 안을 들여다보자는 손 내밈이다. "이 활동을 수업에 넣으신 데에는 어떤 마음이 있었을까요?"라는 질문은 교사 스스로도 몰랐던 내면의 의도와 신념을 바라보게 만든다. 말로 꺼내는 순간, 그 의도는 더 분명해지고, 자신이 가르치는 일에 깃든 의미를 새롭게 자각하게 된다. 좋은 질문 하나는, 혼자서는 도달할 수 없었던 깊이에 다다르게 만든다.

피드백은 무엇인가를 '알려주는 말'이 아니다. 그것은 교사의 마음을 함께 살피며, 그 안에서 숨어 있던 욕구를 조심스럽게 밝혀주는 다정한 조명이다. "선생님은 지금 학생들의 참여가 조금 더 살아나기를 바라시는 거군요"라고 말하는 순간, 코치는 수업자의 내면 한가운데 함께 앉아 있었다는 것을 보여준다. 그 짧은 말은 수업자가 막연히 느끼던 감정의 실체를 알아차리게 돕고, 진짜 고민이 무엇이었는지를 자각하게 만든다. 그렇게 수업자는 자신만의 '작은 도전'을 다시 찾게 된다.

그러나 이 모든 것이 말처럼 쉬운 일은 아니다. 실제 현장에서 많은 교사가 피드백에 어려움을 느끼는 것도 당연하다. 단순한 제안이나 충고가 아닌 '진짜 피드백'을 하려면 수업자의 교육 철학, 학생들과의 관계, 학교라는 맥락, 그리고 그날 느낀 감정과 소망까지, 그 모든 것을 수업자의 시선으로 느끼고 헤아려야 하기 때문이다. 무엇보다 자신의 기준이 아니라, 수업자의 언어로 다시 말해주어야 한다는 점에서, 피드백은 지식이 아니라 태도이며, 기술이 아니라 공감이다.

이러한 논의는 다음 장에서 더 구체적으로 다루게 될 것이다. 코치가 되기 위해 어떤 준비가 필요한지, 어떤 태도와 실천이 요청되는지 차근히 살펴볼 것이다. 다만 여기서 한 가지는 분명하다. 수업코치는 완벽하거나 특별한 사람이 아니다. 오히려 자기 안의 그림자와 마주하며, 그 어둠을 외면하지 않는 사람이다.

융이 말했듯, 진정한 성장은 자기 안의 그림자를 인정하고 끌어안을 때 비로소 시작된다. 수업코치는 바로 그 자리에서 출발한다. 자신 안에 있는 불완전함과 상처를 숨기지 않고, 조용히 바라볼 줄 아는 사람. 그런 사람이기에, 동료 교사의 아픔에도 더 깊이 다가갈 수 있다. 수업코치는 화려한 기술이나 완벽한 답을 주는 사람이 아니다. 오히려 자신이 걸어온 불완전한 길을 통해, 동료가 겪는 고통과 망설임을 더 섬세하게 감지하는 사람이다. 자신의 상처를 외면하지 않고 품어본 사람만이, 타인의 흔들림을 있는 그대로 따뜻하게 끌어안을 수 있다.

그 모습은 존 에버렛 밀레이(John Everett Millais)의 그림을 닮아있다. 비가 막 그친 들판 한가운데, 시력을 잃은 언니의 손을 어린 동생이 꼭 잡고 있다. 언니는 앞을 볼 수 없지만, 동생은 하늘에 뜬 무지개를 본다. 동생은, 언니가 볼 수 없는 그 아름다움을 조심스럽게, 그러나 기쁘게 하나하나 설명해 준다. 언니는 무지개를 보지 못하지만, 두 손을 꼭 맞잡은 온기 속에서, 그것이 분명 존재한다는 것을 느낀다. 수업코치도 이와 같다. 동료가 아직 스스로 보지 못한 가능성과 빛을, 조심스러운 공감과 다정한 말로 건네주는 사람. "당신의 수업 속에도 무지개가 피어오르고 있어요"라고 말해주는 사람. 비록 아직 선명히 보이지 않을지라도, 함께 손을 맞잡고 그 빛을 믿어주는 사람이 수업코치다.

"어둠을 의식할 때만 비로소 빛을 볼 수 있다"고 융이 말했다. 누군가의 수업을 바라보고 그 속에 숨은 불안과 가능성을 함께 발견해주는 일. 그것은 단지 수업을 돕는 일을 넘어 교사로서의 삶에도 조용히 희망의 불을 밝혀준다. 우리는 모두 크고 작은 그림자를 품고 살아간다. 그 그림자까지도 서로 품어 안을 때 우리는 비로소 더 깊이 연결되고, 더 따뜻하게 서로를 지지할 수 있다. 이제 우리 모두, 서로의 불완전함마저도 따스히 껴안으며, 조심스럽게, 그러나 담대하게 수업코치로서의 길을 걸어가자. 그렇게 우리는 함께, 더 밝고 단단한 교사 공동체를 만들어갈 수 있을 것이다.

성찰 질문

- 다른 교사의 수업 성장을 돕는 과정에서 배운 가장 소중한 깨달음은 무엇인가요?
- 수업코칭에서 '가르치는 태도'와 '함께 성장하는 태도' 사이의 균형을 어떻게 유지하고 있나요?
- 코치로서 상대방의 수업 성장뿐 아니라 자기 자신의 성장도 경험한 순간이 있었나요?

실천 과제

- **코칭 대화 여정 익히기:** '이해-격려-직면-도전'의 네 단계를 따라 동료 교사와의 코칭 대화를 구조화해봅니다.
- **질문 기술 훈련하기:** 해결책을 직접 제시하기보다 상대가 스스로 발견하도록 돕는 개방형 질문들을 개발합니다.
- **코칭 일지 작성하기:** 코칭 과정에서 느낀 자신의 감정, 어려움, 배움을 기록하며 코치로서도 성장합니다.

오늘의 그림

존 에버릿 밀레이, 눈먼 소녀, 1856년.
캔버스에 유채, 크기 미상, 버밍엄 미술관(Birmingham Museum & Art Gallery, UK)

• 부록 •

수업장학, 수업컨설팅, 수업코칭, 수업나눔 종합 비교표

구분	수업장학	수업컨설팅	수업코칭	수업나눔
목적	교사 수업 능력의 객관적 평가 및 개선점 제공	교사의 특정 수업 문제 해결을 위한 조언 제공	교사가 스스로 성찰하여 수업 문제를 인식하고 개선할 수 있도록 지원	동료 교사 간 수업 공개와 성찰적 대화를 통해 자발적 수업 개선 촉진
방법	장학 담당자가 교사 수업 관찰 후 일방적 처방적 평가 제공	전문가(컨설턴트)가 교사가 제기한 구체적 문제에 집중적 조언과 해결책 제공	체계적이고 공식적인 프로그램을 통해 성찰적 질문과 안내 제공	비공식적 친분 관계에서 동료 간 자유롭고 편안한 성찰 대화
관계	공식적인 강한 수직적 관계 (평가자와 피평가자)	공식적인 약한 수직적 관계 (컨설턴트와 교사)	공식적이고 전문적인 약한 수평적 관계(코치와 교사)	비공식적이고 친밀한 수평적 관계(교사와 교사)
장점	객관적이고 신속한 문제 진단 가능, 학교 전체의 수업 질 관리에 효과적, 명확한 기준과 평가 가능	교사의 특정 문제에 맞춤형 해결책 제공, 단기적 문제 해결 효과성 높음, 전문가의 구체적 조언 가능	교사의 자발적 성찰과 지속적 성장 가능, 심리적 안전감을 통한 내적 자존 존중, 공식적이고 장기적인 성장 촉진	심리적 부담이 적고 자연스러운 참여 가능, 교사 간 수업 공개 및 성찰 문화 활성화, 친밀하고 진솔한 성찰 촉진
단점	일방적 평가로 인한 교사 자존감 저하, 표면적이고 단기적 처방 중심, 수업 본질적 개선 어려움	단기적이고 부분적인 처방에 그침, 전문가 의존성 증가 가능성, 교사의 수동적 역할 고착화 가능	충분한 시간과 노력 요구됨, 즉각적이고 빠른 결과 도출 어려움, 교사 본인의 적극적 참여와 동기 필수	교사 친분과 성향에 따라 참여 편차 존재, 명확한 목표와 체계가 없을 수 있음

09

동행, 곁을 지키며 함께 걸어가는 친구

"가장 중요한 것은 눈에 보이지 않아."

생텍쥐페리는 『어린 왕자』에서 이렇게 조용히 속삭인다. 길들여진다는 것은, 서로에게 의미 있는 존재가 되어가는 일이다. 진정한 만남은, 누군가를 고치려 들지 않고, 그를 있는 그대로 받아들이며, 그 속에서 서로의 빛을 발견해 주는 데서 시작된다.

수업코칭도 그러하다. 교사가 자신을 다시 바라보고, 잃어버렸던 빛을 천천히 찾아가는 여정. 그 여정 속에서 코치는 서두르지 않고, 가르치려 하지 않고, 조용히 곁에 머물며 함께 길을 걷는다. 수업코칭은 단순한 기술 지도가 아니다. 그것은 교사가 자신을 깊이 들여다보며, 조심스럽게 자신을 이해해 가는 느린 여정이다. 이 여정은 '신청-인터뷰-수업 관찰-성찰 및 피드백-재코칭' 이라는 순환 구조 안에서, 따뜻하고도 정교하게 이루어진다.

여정의 첫걸음은 교사의 '신청' 에서 시작된다. 신청서에는 자신의 수업 의도와 고민, 교실의 맥락이 짧은 문장으로 담기지만, 그 속에는 '어떻게든 더 나아지고 싶다' 는 교사의 조심스러운 마음이 가만히 스며 있다. 특히 '자존-디자인-실행'이라는 수업코칭의 핵심 영역 중 자신이 가장 도움받고 싶은 지점을 선택하는 순간(이 책의 말미에 있는 〈수업 돌봄 안내서〉 활용), 교사는 스스로 변화의 출발선에 서게 된다. 아직 말로 다 하지 못한 내면의 목소리가, 그 순간 작지만, 분명한 형태로 세상에 드러난다.

그다음 단계에서는 코치가 신청서를 바탕으로 짧은 사전 인터뷰를 진행한다. 이 과정은 단순한 정보 확인이 아니다. 교사의 진짜 목소리를 듣고, 그 목소리 뒤에 숨은 맥락과 떨림을 함께 느끼는 '관계 맺기'의 시간이다. "활동 중심 수업을 계획했지만, 일부 학생이 집중력을 잃는 순간에 어떻게 대처해야 할지 모르겠다"는 말 속에는, 단순한 고민을 넘어서는 교사의 무력감과 그럼에도 더 나은 수업을 꿈꾸려는 간절함이 고스란히 담겨 있다. 그렇게 대화를 이어가며, 교사와 코치는 함께 코칭의 목표를 조심스레 설정하고, 그 목표를 향해 어떤 눈으로 수업을 바라볼 것인지 서로의 마음을 맞춰간다.

수업이 시작되면 코치는 교실 뒤편에 조용히 앉는다. 개입하거나 판단하려 하지 않고, 오롯이 수업친구의 시선으로 수업을 지켜본다. 교사의 발문과 학생의 반응, 수업 흐름의 전환, 참여의 온도까지 조심스럽게 기록하며, 교사가 스스로 자신의 수업을 바라볼 수 있도록 돕는 성찰적 질문들을 마음속에 천천히 준비해 간다.

이때 수업을 영상으로 기록하는 것은, 교사에게 자신을 다시 만나는 거울이 된다. 코치는 학생의 배움을 보기 위해 카메라를 앞에 설치하고, 교사의 움직임을 보기 위해 카메라를 뒤에 설치해서 수업 상황을 녹화한다. 이는 나중에 수업나눔을 할 때, 가르침과 배움이 어디서 이어지고,

어디서 단절되었는지를 면밀히 살피기 위한 것으로, 많은 교사들은 자신의 실제 수업 상황을 이때 처음 보게 된다. 생경한 자신의 수업 모습에서 수업자 선생님은 많은 생각을 하게 되고 이는 깊이 있는 수업나눔으로 이어진다.

수업이 끝난 후 이루어지는 수업나눔은 앞서 이야기했던 네 가지 흐름(이해, 격려, 직면, 도전)을 따라, 교사의 마음을 하나하나 조심스럽게 어루만진다. 먼저 교사와 코치는 수업이 실제로 어떻게 흘러갔는지를 구체적으로 '이해'하고, 이어 교사의 노력과 빛나는 순간들을 함께 찾아내며 '격려'의 숨결을 불어 넣는다. 그리고 교사는 스스로 아쉬웠던 지점을 솔직히 '직면'하고, 그 직면 위에 작지만 분명한 '도전'의 씨앗을 심는다. 이 모든 과정은 평가가 아닌 동행의 태도 위에서 이루어진다. 따뜻한 기다림과 정성 어린 귀 기울임 속에서, 교사의 내면은 조금씩, 그러나 분명히 열리고 깨어난다. 그리고 그 깨어남은, 다시 다음 수업을 향해 조용히 발을 내딛게 하는 힘이 된다.

수업코칭의 여정은 책상 위에서 끝나지 않는다. '재코칭'은 교사가 설정한 도전 과제를 실제 수업안에서 다시 실행해 보고, 그 수업을 다시 관찰 받으며 피드백을 주고받는 과정이다. 하나의 시도가 끝나면 곧바로 또 다른 배움이 시작되고, 그렇게 작은 도전들이 이어지면서 교사는 조금씩, 그러나 분명히 자신의 수업을 다시 빚어간다.

그러나 이 여정은 단순한 기술이나 방법만으로 이루어지지 않는다. 진짜 변화는 교사의 마음에서 시작된다. 그 마음 속 움직임을 섬세하게 알아차리고, 스스로를 더 깊이 이해해 가는 데서 출발한다. 그래서 수업코칭에서는 교사의 감정과 생각을 가만히 살피고, 그것을 공감으로 되돌려주는, 따뜻한 대화가 무엇보다 중요하다.

여기서 앞서 언급했던, 게슈탈트 심리학의 '전경과 배경' 개념은, 우리가 이 과정을 더 깊이 이해하도록 도와준다. '전경(figure)'은 교사가 그 순간 가장 선명하게 느끼고 있는 장면이나 감정이다. 예를 들어, 교사가 "학생이 대답하지 않는다"고 느끼며 마음이 불안해진다면, 바로 그 침묵이 전경이 된다. 하지만, 이 한 장면만으로 모든 것을 다 알 수는 없다. 그 장면 뒤에는 종종 설명되지 않은 것들, 말없이 흐르는 것들이 있다. 그것이 바로 '배경(ground)'이다. 배경은 교사의 과거 경험, 그날의 교실 분위기, 학생들의 숨겨진 마음, 그리고 교사 자신의 오래된 기억과 감정까지를 품고 있다. 교사는 전경만을 바라보며 순간적으로 반응하기 쉽지만, 진짜 변화는 이 보이지 않는 배경까지 함께 바라볼 때 시작된다.

그래서 수업코칭은 단순히 "그때 이렇게 하면 어땠을까요?"를 말하지 않는다. 대신, 그 상황이 교사에게 어떤 감정으로 다가왔는지, 그 감정 뒤에는 어떤 기억과 욕구가 숨어 있었는지를 함께 조심스럽게 탐색해 간다. 때로는 수업 영상이라는 거울을 통해, 때로는 정성스런 대화를 통해, 교사는 스스로도 미처 알아차리지 못했던 자신의 배경을 조금씩 들여다보기 시작한다. 처음에는 단순히 '속상했다'고만 느꼈던 마음이, 조금씩 풀려나며 학생들에게 충분한 생각할 시간을 주지 못했던 내 조급함을 발견하게 된다. 또는 오래전 비슷한 실패의 기억이 지금의 불안을 자극했다는 사실을 깨닫게 된다.

이러한 알아차림은 교사의 시야를 넓히고, 수업을 바라보는 눈을 더욱 깊고 섬세하게 변화시킨다. 결국 전경은 교사가 가장 먼저 보고 느낀 진실의 한 조각이고, 배경은 그 조각을 둘러싸고 있는, 더 크고 복잡한 이야기다. 수업코칭이 돕고자 하는 것은, 교사가 전경만이 아니라 배경까지 함께 껴안을 수 있도록, 조용히 빛을 비추어 주는 일이다.

수업코칭에서는 이를 위해 성찰적 질문, 수업 영상 피드백, 학생 인터뷰 같은 도구들을 섬세하게 사용한다. 하지만 가장 중요한 것은 도구가 아니라 태도이다. 교사의 감정을 '문제'로 다루지 않고, 하나의 살아 있는 '이야기'로 존중하는 것. 교사가 스스로 자기 이야기를 다시 읽어내고, 그 속에서 다음 걸음을 찾을 수 있도록 다정히 곁을 지켜주는 것. 그럴 때, 교사는 단순히 한 수업을 고치는 것이 아니라, 자신의 존재와 가르침을 조금씩 다시 세워나가게 된다. 변화는 그렇게 천천히 시작된다.

이러한 코칭의 장면은 인상파 화가 귀스타브 카유보트의 〈보트 위의 노 젓는 사람들〉을 떠올리게 한다. 잔잔한 강물 위, 같은 배에 탄 두 인물이 나란히 앉아 노를 젓고 있다. 각자의 자리에서 힘을 다하지만, 그 움직임은 서로를 방해하지 않고 오히려 조화를 이루며 앞으로 나아간다. 햇살이 물 위에 부드럽게 반사되고, 강가의 정적 속에서 흐르는 물살처럼 그들의 호흡도 조용하지만 단단하다. 말은 없지만 함께 노를 젓는 이들 사이에는 신뢰와 존중이 깃들어 있고, 그 조용한 동행이 화면 전체에 깊은 평화와 안정감을 더한다.

수업코칭도 이와 같다. 교사가 자신의 마음 깊은 곳에서 조심스럽게 꺼낸 고민을, 코치는 재촉하지 않고 진심으로 들어준다. 그 문제를 함께 바라보며, 한 사람은 방향을 읽고, 다른 한 사람은 리듬을 맞춘다. 빠르게 해결하려 하기보다는, 함께 노를 저으며 천천히 앞으로 나아간다. 그 시간은 마치 한배에 나란히 앉아 강을 건너는 장면처럼 고요하고 따뜻하다. 코치는 교사의 속도를 존중하며 기다리고, 교사는 그 기다림 속에서 점차 마음을 열고 자신과 수업을 더 깊이 이해하게 된다.

때로는 노 젓는 리듬이 어긋나기도 하고 강물의 흐름이 예기치 않게 흔들릴 때도 있다. 그러나 그 모든 순간을 함께 견디고, 맞춰가며 앞으로 나아가는 것이 코칭이다. 그것은 정답을 알려주는 일이 아니라 교사가 다시 자신의 속도를 믿고, 자신만의 방향을 찾아가도록 곁을 지켜주는 일이다. 말없이 나란히 앉아 서로의 리듬을 존중하고 물살을 함께 읽으며, 천천히 앞으로 나아가는 그 길.

그래서 수업코칭은 단지 수업을 바꾸는 일이 아니라 교사의 지친 마음에 다시 물결이 일도록 곁에서 함께 노를 저어주고, 다시 걸음을 내딛게 하는 아름다운 동행이다.

성찰 질문

- 학교나 교육 현장에서 효과적인 코칭 시스템이 부재한 이유는 무엇이라고 생각하나요?
- 체계적인 수업코칭이 일상적 동료 피드백과 비교해 어떤 차별적 가치가 있나요?
- 수업코칭 과정에서 교사의 자율성과 전문성을 존중하면서도 구체적 변화를 이끌어내는 방법은 무엇일까요?

실천 과제

- **코칭 절차 수립하기:** 사전 대화, 수업보기, 수업나눔, 수업 재실행, 재코칭으로 이어지는 체계적 절차를 설계합니다.
- **코칭 도구 개발하기:** 수업 관찰지, 성찰 질문지, 실행 계획서 등 코칭 과정에서 활용할 도구를 만듭니다.
- **코칭 모임 제안하기:** 학교나 지역 내에서 3-5명의 교사로 구성된 소규모 코칭 커뮤니티 결성을 제안합니다.

오늘의 그림

귀스타브 카유보트, 보트 위의 노 젓는 사람들, 1877년,
캔버스에 유채, 89 x 116cm, 파리 오르세 미술관 (Musée d'Orsay, Paris)

• 부록 •

수업코칭 대화 예시

다음의 대화는 교사와 코치가 수업 영상을 함께 보며, '전경(figure)'과 '배경(ground)'을 통합해 가는 과정을 담은 예시입니다. 이 대화는 실제 수업코칭 장면을 참고하여, 핵심적인 흐름을 살리면서도 많이 요약된 형태로 정리한 것입니다.

대화의 흐름을 따라가다 보면, 교사의 발언 속에는 눈앞에 보이는 '즉각적인 초점(전경)'과 함께, 그 이면에 존재하지만 강하게 영향을 미치는 '맥락(배경)'이 함께 드러남을 알 수 있습니다. 코치는 교사가 인식하지 못했던 이 배경들을 하나하나 조심스럽게 끄집어내며, 교사가 점차 수업을 보다 통합적이고 깊이 있게 이해할 수 있도록 이끌어 갑니다.

특히 이 코칭 대화에서는, 코치가 교사의 말을 "그때 선생님은 ~였군요"와 같이 부드럽게 되돌려주는 방식을 사용하고 있습니다. 이러한 피드백은 교사로 하여금 자신의 내면에 좀 더 자연스럽게 다가가도록 돕는 역할을 합니다. 또한 코치는 추가적인 질문을 던짐으로써, 교사가 자신의 경험을 단편적으로 보는 데 그치지 않고, 맥락 전체를 함께 느끼고 성찰할 수 있도록 안내합니다.

이 과정은 단순히 수업의 잘잘못을 따지기 위한 것이 아닙니다. 오히려 교사가 자신도 미처 의식하지 못했던 감정과 생각, 상황의 맥락을 깊이 이해하고 받아들이는 데 의미가 있습니다. 그리고 그렇게 통합적으로 알아차릴 때, 교사는 보다 진정성 있고 건강한 방향으로 수업과 자신의 성장을 이끌어 갈 수 있게 됩니다.

"나만의 서시 짓기"

다음은 중학교 2학년 국어 교사 김상미 선생님(가명)과 수업코치 유혜진 교사(가명)가 나눈 실제 코칭 대화입니다. 김 선생님은 학기 초에 윤동주의 〈서시〉를 활용해 학생들이 자신만의 시를 짓는 수업을 진행했고, 일주일 후 이 수업에 대한 성찰과 개선 방안을 찾기 위해 코칭을 요청했습니다.

1. 이해

코치 "상미쌤, 이 수업을 준비하시면서 가장 많이 고민하신 건 뭐였나요? 학기 초에 '서시 패러디'라는 주제를 선택한 특별한 이유가 있을 것 같아요."

교사 "아이들을 처음 만났을 때, 다들 새로운 환경에 떨어진 작은 새 같다는 생각이 들었어요. 그래서 제 수업의 첫 시작이 자존감과 자신감을 주는 메시지가 되었으면 했어요. 윤동주의 '서시'가 딱 그런 느낌이잖아요. 자기를 부끄러워하지도, 포장하지도 않고 그대로 바라보는."

코치 "아, 그래서 학생들도 자기를 있는 그대로 들여다볼 수 있는 언어를 찾게 해주고 싶으셨군요. '부끄럽지 않은'이라는 표현 자체가 이미 아이들에게 안전감을 주는 메시지가 될 수 있겠네요."

교사 "맞아요. 그리고 사실 저도 작년 이맘때 굉장히 불안했거든요. 새로운 학교로 옮기면서 '과연 잘할 수 있을까?' 하는 마음이 컸는데, 그때 제가 썼던 '서시 패러디'가 큰 위로가 됐어요."

코치 (잠시 침묵) "그 경험이 있으셨기에 더욱 아이들의 마음을 이해하고 싶었겠네요. 선생님의 진심이 수업에 고스란히 녹아든 것 같아요."

2. 격려

코치 "수업 영상을 보면서 정말 가슴이 뭉클했던 순간이 있었어요. 23분쯤에 선영이라는 학생이 '슬퍼도 고개 숙이지 않겠습니다'라고 낭독할 때, 교실 전체의 공기가 단번에 달라지더라고요."

교사 (미소지으며) "선영이는 평소에 정말 말이 없어요. 친구들도 '쟤 목소리 들어 본 적 있어?' 할 정도로. 그런데 그날 자기 차례에 자리에서 일어나더니, 한 문장 한 문장을 또박또박 읽어줘서… 저도 눈물이 핑 돌 뻔했어요."

코치 "그리고 바로 뒤에 학생들의 반응도 놀라웠어요. 박수가 격하지 않고 조용히, 하지만 정말 오래 이어지더라고요. 마치 선영이의 용기를 응원하듯이."

교사 "네, 그때 저는 '아, 이 아이들이 서로의 마음을 읽을 줄 안다'는 걸 느꼈어요. 경진이가 '진짜 멋있다'고 속삭이는 소리도 들렸고요. 처음에는 제가 이 수업이 너무 무겁나 싶었는데, 오히려 아이들이 더 깊이 받아들이고 있었던 거예요."

코치 "또 인상 깊었던 건 유진이가 쓴 '완벽하지 않아도 발걸음으로 증명하겠습니다' 라는 구절이에요. 그 뒤에 몇몇 아이들이 고개를 끄덕이면서 무언가 와닿은 표정을 짓더라고요."

교사 "사실 유진이도 걱정이 많은 아이예요. 성적에 대한 부담감이 특히 커서… 상담을 받아본 적도 있어요. 그런데 이 시를 쓰면서 오히려 자기를 위로하는 말을 찾은 것 같았어요."

코치 "선생님이 의도하신 대로, 시가 단순한 과제가 아니라 '나를 찾아가는 언어' 가 되었던 순간들이 정말 많았네요. 특히 아이들끼리 서로의 문장에 공감하는 장면들이 자연스럽게 만들어진 게 신기했어요."

3. 직면

코치 "그런데 수업 후반부에 조금 달라진 분위기가 느껴지더라고요. 특히 수업 후반부에 아이들 몇 명이 돌아가며 발표할 때요. 그때 선생님의 표정이 살짝 어두워졌던 것 같은데…"

교사 (숨을 깊게 들이쉬며) "네… 솔직히 말하면 그때 많이 실망했어요. '나는 열심히 공부해서 부모님을 기쁘게 하겠습니다', '착한 학생이 되어 선생님 말씀을 잘 듣겠습니다' 이런 식으로… 마치 작문 숙제를 하듯이 쓴 거예요."

코치 "그 순간 선생님의 마음이 '실망감' 이었다면, 그 배경에는 어떤 이야기가 있었을까요? 이런 작문숙제 같은 글들이 선생님을 이렇게 좌절하게 만든 더 깊은 이유가 있을 것 같아요."

교사 (잠시 멈추고 생각하며) "아… 그러고 보니… 작년에 진로수업을 했을 때가 떠오르네요. 그때도 아이들이 '의사가 되어 사람을 돕겠습니다' 이런 식으로 틀에 박힌 답만 해서 정말 속상했거든요. 그날 수업 후에 너무 무력감이 들어서…"

코치 "그 경험이 이번에 다시 되살아났군요. 마치 과거의 실패가 현재 상황을 부정적으로 색칠하는 것처럼."

교사 "네, 맞아요. 그때의 '실패' 가 배경이 되어서, 몇몇 아이들의 평범한 답변만 보고도 '아, 이번에도 망했다'고 성급하게 판단해버린 거죠. 실제로는 저기 앞에서 선영이나 유진이가 정말 진심을 담은 시를 써왔는데도…"

코치 "그러고 보니 영상에서 규철이가 자기 종이를 계속 구겼다 폈다 하면서 자꾸 다른 애들 걸 힐끔힐끔 보더라고요."

교사 "못 봤어요. 제가 그때 너무 제 실망감에 빠져 있었나 봐요. 지금 생각해보면 규철이도 진짜 고민하고 있었는데… 단순히 '창의성이 부족하다'고만 생각했던 거죠."

코치 "마지막에 서로의 시를 다른 모둠끼리도 돌려보기로 했을 때, 선생님이 '시간 관계상 다음 시간에'라고 미루셨는데… 그 결정 뒤에 어떤 마음이 있었나요?"

교사 (깊은 한숨) "솔직히… 부족한 작품들이 섞여서 전체적인 '완성도'가 떨어질까 봐 걱정했어요. 아이들에게 상처가 될까 봐서도 있었지만, 제 수업이 실패한 것처럼 보일까 봐서도… 그런 마음도 있었던 것 같아요."

코치 "그러니까 과거 실패의 기억이 선생님을 너무 조급하게 만들어서 수업을 진행하는 마음을 위축시켰군요."

교사 "맞아요. 저는 '완벽한 결과'에만 포커스를 맞추고 있었어요. 그러다 보니 아이들이 정말 성장하고 있는 과정, 그들의 고민과 고백의 순간들을 놓치고 있었던 거죠."

4. 도전

코치 "그럼 이제 다음 수업을 생각해볼까요? 만약 이 수업을 다시 한다면, 어떤 부분을 조금 다르게 해보고 싶으세요?"

교사 "먼저, 제 마음의 여유를 가지는 것부터 시작해가겠어요. 아이들의 반응에 일희일비하지 않고, 그들의 과정을 믿고 기다리는 마음이 필요한 것 같아요."

코치 "구체적으로 어떻게 하시려고요?"

교사 "시를 쓰기 전 단계를 더 촘촘히 설계하고 싶어요. 예를 들어 '감정 워밍업'이라고 해서, 아이들이 최근에 느꼈던 진짜 감정들을 단어나 색깔로 표현해보는 시간을 먼저 가지면 어떨까 싶어요. 그러면 규철이 같은 아이들도 부담 없이 접근할 수 있을 것 같아요."

교사 "네, 그리고 발표 방식도 바꿔보려고요. 전체 앞에서 하는 게 아니라, 2-3명씩 소그룹을 만들어서 먼저 서로 읽어주고 간단한 피드백을 나누는 시간을 갖고, 그 중에서 공유하고 싶은 문장이나 구절만 전체에서 소개하는 방식은 어떨까 해요."

코치 "심리적 부담을 줄이면서도 공유의 의미는 살리는 방법이네요."

교사 "저도 제 '서시'를 다시 써보려고요. 그리고 아이들에게 제 변화 과정을 먼저 보여주고 싶어요. '1년 전에는 완벽한 선생님이 되고 싶었는데, 지금은 실패해도 웃을 수 있는 선생님이 되고 싶다'고 말하면서요."

코치 "선생님의 솔직한 변화가 아이들에게 큰 용기가 될 것 같아요. 그리고 조급함 대신 여유를 가지려면 구체적으로 어떤 마음가짐이 필요할까요?"

교사 "아마도… '결과보다 과정'에 집중하는 거요. 매 순간 아이들이 어떤 말을 하고 싶어 하는지, 그 고민의 순간들을 놓치지 않으려고 해요. 그리고 제 과거 경험이 현재를 왜곡하지 않도록, 의도적으로 '지금 이 교실'에 머물려고요."

5. 마무리

코치 "오늘 대화를 나누면서, 선생님이 이 수업에 얼마나 진심이었는지가 느껴졌어요. 그리고 그 진심이 아이들에게도 충분히 전달되었다는 걸, 선영이나 유진이의 반응을 통해 확인할 수 있었고요."

교사 "네… 오늘 코칭을 통해서 제가 너무 '결과'에만 매달려 있었다는 걸 깨달았어요. 규철이가 계속 종이를 구기던 순간도, 사실은 제게 뭔가 말하고 싶어 하는 신호였을지도 모르는데… 그런 섬세함을 놓쳤던 거죠."

코치 "그런데 그 깨달음 자체가 이미 큰 성장의 출발점이에요. 다음 수업에서는 분명 더 여유롭게, 더 깊이 아이들의 언어에 귀 기울이실 수 있을 거예요."

교사 "감사해요. 사실 이 수업을 마치고 나서 계속 찜찜했는데, 오늘 이야기하면서 왜 그랬는지 알게 됐어요. 제가 '좋은 시'를 만들어내려 하지 말고, '진짜 내 말'을 찾도록 도와주는 게 제 역할이라는 걸요."

코치 "마지막으로 한 말씀드리고 싶은 게 있어요. 선생님이 아이들에게 '부끄럽지 않은' 서시를 쓰자고 하셨는데, 오늘 코칭에서 선생님 자신도 정말 부끄럽지 않게 솔직한 마음을 나눠 주셨어요. 그 진정성이 분명 다음 수업을 더 풍성하게 할 거라고 믿어요."

교사 "고맙습니다. 다음주 수업이 벌써 기대되네요. 제가 다시 써본 '서시'를 아이들과 나누면서, 함께 언어의 힘을 느껴보고 싶어요."

수업코칭 신청서 (예시)

1. 교사 기본 정보	이름	학교명	
	교과	수업 학년·반	수업 공개 예정일

2. 수업 개요	1) 학습 목표
	2) 수업 흐름
	3) 수업 의도 및 고민

3. 교실 상황	1) 학급 분위기
	2) 자리 배치표
	3) 주의 깊게 봐주면 좋은 학생, 그 이유

4. 코칭을 통해 해결하고 싶은 부분	※ 신청자가 〈수업 돌봄 안내서〉를 활용하여 미리 자신의 코칭 영역을 선택하면 좀 더 효과적임.
5. 끝으로 수업코치에게 하고 싶은 말	

10

여정, 끝나지 않는 배움을 함께하는 모험

"속도가 전부는 아니었어."

애니메이션 〈카(Cars)〉의 주인공 라이트닝 맥퀸은 한때 누구보다 빠르게 달리는 것이 삶의 전부라고 믿었다. 그러나 사고로 인해 머물게 된 작은 마을에서 뜻밖의 '멈춤'을 경험한다. 처음엔 답답하고 불편하기만 했던 이 느린 시간이, 어느새 사람들과 관계를 맺고 주변 풍경을 바라보고, 자신을 돌아보는 소중한 순간이 되어 있음을 깨닫는다. 결국 그가 얻은 진짜 승리는 더 빠른 속도가 아니라, 자신과 삶의 방향을 다시 묻는 그 느린 여정 속에서 찾아온 것이다.

지금 우리 교사들도 그런 길 위에 서 있다. 빠르게 변화하는 세상 속에서, 우리는 늘 '효율'과 '성과'라는 이름의 압박에 둘러싸여 있다. 사회학자 지그문트 바우만(Zygmunt Bauman)은 현대 사회를 '액체 사회'라 부른다. 모든 것이 고정되지 않고 끊임없이 흘러가는 이 시대에, 교사는 하루에도 수십 가지 일에 쫓기며, 단 한 번의 여유로운 숨조차 허락받지 못한 채 앞만 보고 달려간다. 그러나 바로 그럴수록, 우리는 잠시 멈추어야 한다. 속도를 늦추고 내가 어디쯤 와 있는지, 지금 정말 제대로 가고 있는지를 조심스럽게 되돌아봐야 한다.

돌이켜보면, 나 역시 그러했다. 처음에는 수업 기술을 익히는 것이 곧 성장이라고 믿었다. 더 좋은 자료를 만들고, 더 효과적인 방법을 찾아내는 것만이 수업을 잘하는 길이라고 생각했다. 하지만 시간이 지날수록, 나를 진짜 움직이게 한 것은 기술 너머에 있는 질문들이었다.

'내가 하고 싶은 수업은 무엇일까?'
'나는 학생들에 대한 꿈이 있는가?'
'나는 수업을 통해 학생들에게 주고 싶은 것이 있을까?'

수없이 나 자신에게 질문을 던지며 때로는 답을 찾지 못해 흔들리고 지쳤다. 그러나 그러한 흔들림 속에서 나는 조금씩 내 수업을 찾아가기 시작했다. 실패를 두려워하지 않고 실패마저 배움의 재료로 삼을 수 있게 되었을 때, 나는 비로소 수업안에서 만족감을 느낄 수 있었다.

지금 나는 고3 수업을 하고 있다. 대부분의 시간은 기출문제를 다루고, EBS 연계 교재를 풀이하는 데 쓰인다. 흔히들 말한다. "고3 수업은 어쩔 수 없어. 입시니까." 하지만 나는 그 '어쩔 수 없음' 속에서도 나만의 의미를 찾고 싶었다. 그래서 나는 객관식 문제 풀이조차 학생들과의 소통의 장으로 삼는다. 정답을 맞히는 것에 그치지 않고, 왜 많은 학생이 특정 선지를 오답으로 선택했는지, 그 판단의 흐름 속에서 어떤 사고의 함정이 있었는지를 함께 분석한다. 본문 속에서 근거를 찾아내고, 그것을 통해 사고를 정교하게 조율하는 훈련을 반복한다.

그래서 나에게 고3 수업은 단순히 점수를 높이는 수업이 아니다. '사고하는 방법'을 배우는 수업, 삶을 살아가는 데 필요한 '생각의 힘'을 키워주는 수업이다. 그래서 나는 학생들을 모둠으로 나누어 토의하게 한다. 그 과정에서 학생들은 깨닫는다. '내가 생각한 정의와 친구가 말하는 정의가 다를 수 있구나.' 이 다름을 설명하고 설득하는 과정에서, 학생들은 자신의 사고를 점검하고, 타인의 시선과 관점을 존중하는 법을 배워간다. 그렇게 작은 대화들이 쌓이며 문제 풀이 수업도 조금씩 살아 있는 수업으로 변해간다.

나는 이 수업이 완벽하다고 생각하지 않는다. 그럼에도 굳이 이 고3 수업을 책에 다시 소개하는 이유는, 그 수업이 바로 '나다운 수업'이기 때문이다. 교사에게 정말 중요한 것은 화려한 기술이나 신박한 자료, 인상적인 퍼포먼스가 아니라, 자기만의 색깔을 지닌 수업, 진심이 담긴 수업이다. 물론 능숙하고 세련된 수업을 보면 감탄이 나올 때가 많다. 하지만 그 수업을 추앙할 필요는 없다. 비교가 아니라 성찰이 교사의 길을 밝혀준다.

우리는 수업에서 자주 흔들린다. 잘되었다고 느끼는 날보다 아쉽고 부족하게 느끼는 날이 더 많다. 그럼에도 매일 교실에 다시 서는 이유는, 수업이라는 행위 자체가 이미 충분히 가치 있기 때문이다. 교사의 감정과는 상관없이, 한 시간의 수업은 언제나 학생들의 마음속 어딘가에 무언가를 조용히 남기고 간다. 그것이 수업의 고귀함이다.

중요한 것은 '탁월한 수업'이 아니다. '포기하지 않는 수업', '나다운 수업'이다. 그리고 그런 수업은 성찰 속에서 자란다. 오늘의 수업이 마음에 들지 않더라도, 내가 던지고 싶었던 질문, 건네고 싶었던 말, 전하고 싶었던 마음이 그 안에 있었는지 묻는다면, 그것만으로도 우리는 성장하고 있다. 성찰은 교사의 수업을 나답게 만들고, 수업을 단순한 전달이 아닌 삶의 표현으로 바꿔준다.

그래서 다른 선생님이 나보다 수업을 훨씬 잘하는 것 같아도 기죽을 필요 없다. 야구에도 9번 타자와 4번 타자가 각각의 역할이 있듯, 가창력이 화려한 가수가 있는가 하면 조용히 읊조리듯 노래하면서도 깊은 감동을 주는 가수도 있다. 교사도 마찬가지다. 모든 교사가 같은 방식으로 수업할 필요는 없다. 우리는 각자 다르게, 그러나 진심으로, 자기만의 방식으로 수업을 완성해 간다.

결국 교사의 길은 성찰을 통해 나를 발견하는 여정이다. 나다운 수업은 그렇게 조금씩 피어난다. 그리고 그 길을 포기하지 않고 걸어가는 끈기야말로, 우리를 진짜 교사로 만들어준다.

성찰은 과거를 돌아보는 일이다. 그래서 어쩌면 불필요한 일이라고 여겨질 수 있다. 우리는 과거 속에 살지 않으니까, 오직 미래만을 향해 나아가야 한다고 믿으니까. 하지만 철학자 쇠렌 키르케고르는 그 과거의 가치에 주목했다. 그는 깊은 우울과 실존적 고뇌 속에서 다른 것을 깨달았다. 약혼녀와의 파혼, 아버지의 폭력, 그리고 신앙에 대한 회의까지. 어쩌면 그의 과거는 불행 그 자체였다. 그러나 그는 자신의 삶을 끊임없이 되돌아보며, 그 과거의 의미를 찾으려 했다.

키르케고르는 이를 '반복'이라는 개념으로 설명했다. 단순히 과거로 돌아가는 것이 아니라, 과거의 경험을 현재의 시점에서 새롭게 되풀이하며 그 의미를 재발견하는 것이다. 그는 결국 '회상'과 '희망' 사이에서 진정한 삶이 이루어진다고 보았다. 과거를 회상하는 것만으로는 충분하지 않고, 그것을 통해 미래에 대한 희망을 품을 수 있을 때 삶은 완성된다는 것이다. 그래서 그가 남긴 말이 있다. "삶은 앞으로 걸어가며 만들어지지만, 멈춰서 되돌아보는 순간에 비로소 이해된다"

살아가는 순간에는 왜 그런 일이 일어나는지 알 수 없지만, 시간이 지나 돌아볼 때 비로소 그 의미가 드러난다는 것이다. 고통도, 기쁨도, 실패도, 성장도 모두 그렇게 이해된다. 한강 작가가 이야기했듯, 산 자가 죽은 자를 살리는 것이 아니라, 죽은 자가 산 자를 살린다. 과거의 의미를 바로 세울 때, 현재는 미래를 새롭게 살아낼 수 있다. 우리가 질문을 멈추지 않고, 성찰을 놓지 않아야 하는 이유는 여기에 있다. 그렇게 우리는 흔들리며, 다시 서서 질문하고 되돌아보며, 아직 쓰이지 않은 내일을 향해 걸어 나간다. 우리가 걸어온 길을 돌아볼 때, 그리고 그 속에서 숨겨진 의미를 발견할 때, 우리는 진정 '살아 있는' 교사가 된다.

이처럼 '수업보기', '수업나눔', '수업쓰기', '수업고침'에 이르는 네 걸음은 단순한 절차가 아니다. 이 과정은 교사가 자신의 수업을 돌아보고, 마음을 나누고, 생각을 가다듬으며, 다시 누군가의 성장을 조심스럽게 돕게 만드는 여정이다. 이 네 걸음을 걸어가는 동안, 교사는 홀로된 개인을 넘어선다. 함께 배우고 함께 자라나는 존재로 자신을 다시 발견하면서, 스스로에게 위로를 건넨다. "조금 흔들려도 괜찮다. 여전히 너는 너대로 괜찮다.", "굳이 남들이 하는 수업을 따라 할 필요는 없다. 너는 너다운 수업을 하면 된다"라고 스스로에게 따뜻한 용기를 건넨다.

나는 교사로 살면서, 자주 카스파 다비드 프리드리히(Caspar David Friedrich)의 그림을 본다. 거센 파도 앞에 나란히 서 있는 두 사람. 그들은 아무 말 없이 고요하지만, 단단한 시선으로 저 멀리 펼쳐진 세계를 바라본다. 프리드리히가 그런 그림을 그릴 수밖에 없었던 데에는 그가 살아간 시대의 비극이 있었다. 그는 프랑스 혁명과 나폴레옹 전쟁을 온몸으로 겪은 독일인이었다. 독일인은 전쟁의 패배 속에서 민족의 운명을 놓고 깊은 고민에 빠졌고, 프리드리히는 국가적 상처뿐 아니라, 부모와 형제를 연이어 잃은 개인적 상실까지 견뎌야 했다. 그는 끝없이 묻고 또 물었다. '삶이란 무엇인가?', '나는 어떻게 살아야 하는가?' 그래서 그는 숭고한 자연 앞에 서 있는 인간을 겸손하게, 그러나 실존을 놓지 않으려는 모습으로 그려냈다.

교사의 삶도 프리드리히의 삶과 다르지 않다. 교사 또한 매일 교실에서 작은 세계를 마주한다. 언뜻 보기에 평범한 수업의 연속 같지만, 그 속에는 끊임없는 질문이 흐른다.

나는 나답게 가르치고 있는가?
내 진심이 수업 속에 녹아 있는가?
학생들은 이 안에서 자라고 있는가?
나는 세상의 경이로움과 아름다움을 가르치고 있는가?
나는 교사로서 성장하고 있는가?

교사는 이런 질문 속에서 흔들리고 넘어지지만, 그 안에서 다시 중심을 세우며 일어선다. 프리드리히의 〈바다 위의 두 남자〉에는 그런 교사의 모습이 담겨 있다. 그림에는 복잡한 장식도 화려한 색채도 없다. 오직 파도가 몰아치는 광활한 자연 앞에 선 두 사람. 그들은 자연을 정복하려는 자가 아니라 그 앞에서 겸허히 자신을 세우는 자들이다. 교사도 인간도, 결국 그런 존재다. 그렇게 우리는 거대한 세상의 질문 앞에서 흔들리고 성찰하며, 다시 일어선다.

성찰 질문

- 지금까지의 교사 여정에서 수업에 대한 나의 관점과 태도는 어떻게 변화해왔나요?
- 교사로서 성장을 가장 실감했던 순간들은 언제였으며, 그때 어떤 성찰과 실천이 있었나요?
- 앞으로의 교사 여정에서 더 깊이 탐구하고 발전시키고 싶은 수업의 측면은 무엇인가요?

실천 과제

- **교사 성장 지도 그리기:** 교직 첫 해부터 현재까지의 주요 변화, 도전, 깨달음 지점을 시간순으로 시각화합니다.
- **미래 비전 설정하기:** 3년 후 어떤 교사가 되고 싶은지, 수업에서 어떤 변화를 이루고 싶은지 구체적으로 그려봅니다.
- **성찰 공동체 찾기:** 온·오프라인에서 지속적인 수업 성찰과 나눔이 이루어지는 교사 공동체에 참여합니다.

오늘의 그림

카스파 다비드 프리드리히, 바다 위의 두 남자, 1817년.
캔버스에 유채, 51 × 66cm, 베를린 국립미술관(Alte Nationalgalerie, Berlin)

영감을 준 인물들

프리드리히 니체(Friedrich Nietzsche), 『니체의 위대한 자유』(열림원, 2024)
니체는 기존의 도덕, 관습, 권위에 도전하며 인간이 자신의 창조적 힘으로 스스로를 정의해야 한다고 보았습니다. 특히 '영원회귀' 사유에서 삶이 무한히 반복되더라도 그 삶을 매번 새롭게 선택하고 긍정할 용기를 강조했습니다. 교사에게 이 통찰은, 매일 반복되는 수업 속에서도 주어진 틀을 넘어서 자신만의 색깔을 찾아가야 한다는 초대가 됩니다. 성찰은 과거 실수에 매달리는 후회가 아니라, 지금 이 순간 내 수업을 새롭게 창조할 수 있는 가능성의 문을 여는 일입니다.

이혁규(Lee Hyuk-gyu), 『수업 비평의 이론과 실제』(교육공동체벗, 2014)
이혁규는 수업비평을 단순히 평가나 척도로 보지 않습니다. 그는 교사가 수업을 성찰하는 과정을 "예술가가 자신의 작품을 다시 들여다보는 행위"로 이해합니다. 이때 비평은 잘잘못을 따지는 분석이 아니라, 수업 속에서 이뤄지는 다양한 행위들에 예술적 의미를 부여하고, 교사를 수업의 예술가로 격상시킵니다. 교사는 비평을 통해 자신의 내적 목소리에 귀 기울이며 새로운 영감을 얻게 됩니다.

에드문트 후설(Edmund Husserl), 『순수 현상학과 현상학적 철학의 이념들』(한길사, 2021)
후설은 '판단 중지(epoché)'라는 개념을 통해, 기존의 선입견을 멈추고 사물을 있는 그대로 바라보려는 태도를 강조했습니다. 교사에게 이 사상은 익숙함에 물든 눈을 잠시 벗어던지고 교실의 순간들을 새롭게 바라보게 합니다. 반복된 수업, 늘 보는 학생이라도 현상학적 시선으로 다시 보면 여전히 새로움과 발견이 숨어 있음을 알게 됩니다. 그리고 그 낯섦 속에서 진짜 배움이 시작됩니다.

구로사와 아키라(Akira Kurosawa), 『구로사와 아키라 자서전 비슷한 것』(AK 커뮤니케이션즈, 2020)

구로사와는 그의 영화에서 진실이 언제나 하나의 시선에 머물지 않음을 보여줍니다. 영화 『라쇼몽』처럼, 같은 사건도 각자의 관점에 따라 전혀 다르게 해석될 수 있다는 점을 일깨웁니다. 교사는 자신의 관점만으로 수업을 판단하지 않고, 학생의 눈, 동료의 시선, 심지어 교육 환경의 맥락까지 복합적으로 읽어야 수업을 더 다층적으로 이해할 수 있습니다. 다양한 시선이 모일 때, 수업의 숨겨진 의미들이 드러나기 시작합니다.

사토 마나부(Manabu Sato), 『배움혁신』(교육과실천, 2023)

사토는 배움이 혼자만의 일이 아니라 집단 속에서 상호작용하며 공동체로 이루어진다고 강조합니다. 교사에게 이 관점은, 고립된 자기 반성에 머무르지 않고 동료 교사, 학부모, 학생들과 함께 대화하고 배우며 발전해야 한다는 깨달음을 줍니다. 공유된 성찰 속에서 교사는 더 큰 성장의 기회를 발견할 수 있습니다. 혼자가 아니라 함께일 때 배움은 더 깊어지고, 수업은 더 강해집니다.

위르겐 하버마스(Jürgen Habermas), 『의사소통행위 이론』(나남, 2006)

하버마스는 사회 변화의 힘을 '합리적 의사소통'에서 찾았습니다. 교사도 혼잣말로만 자신을 점검하는 것이 아니라, 학생, 동료, 공동체와의 소통 속에서 자신도 몰랐던 교육적 관점을 발견할 수 있습니다. 열린 대화와 피드백, 질문이 오갈 때 비로소 교사는 수업을 새롭게 보고, 새로운 가능성을 탐색할 수 있습니다.

피터 드러커(Peter Drucker), 『프로페셔널의 조건』(청림출판, 2012)

드러커는 개인이 스스로를 경영하는 능력을 강조했습니다. 교사는 단순히 어려움을 겪을 때 감정을 쏟아내기만 하는 사람이 아니라, 교육 전문가로서 자신의 강점, 약점, 열정을 점검하며 앞으로의 방향을 설계하는 사람이 되어야 합니다. 내 수업의 비전과 교육자로서의 목표를 스스로 설계하고 이끌어가는 교사가 진짜 프로페셔널입니다.

칼 로저스(Carl Rogers), 『진정한 사람되기』(학지사, 2009)

로저스는 인간의 성장이 스스로를 있는 그대로 받아들이는 것에서 시작된다고 보았습니다. 교사에게 이 사상은, 자신을 몰아세우거나 비난하는 것이 아니라, 부족하지만 최선을 다한 자신의 진심을 인정하고 그 안에서 다음 걸음을 준비하는 따뜻한 자기 사랑의 연습으로 다가가게 합니다. 있는 그대로의 나를 받아들이는 용기가 있어야 학생도 진정으로 만날 수 있습니다.

프리츠 펄스(Fritz Perls), 『프리츠 펄스』(학지사, 2019)

펄스의 게슈탈트 심리학은 '지금, 여기'의 감각을 강조합니다. 교사는 과거의 평가나 상처에만 머물지 않고, 방금 끝난 수업에서 느낀 감정, 학생이 보인 표정, 교실의 공기 같은 순간의 생생함을 놓치지 않는 감각을 길러야 합니다. 현재를 감각하는 힘이야말로 교사가 성장할 수 있는 진짜 출발점입니다.

제롬 브루너(Jerome Bruner), 『브루너 교육의 과정』(배영사, 2017)

제롬 브루너는 학습을 단순한 정보 전달이나 지식 습득으로 보지 않고, 학습자가 스스로 의미를 발견하고 재구성하는 '발견학습'의 과정으로 이해했습니다. 그는 인간은 본래 탐색하고 호기심을 가지며, 이야기를 통해 세상을 이해하는 존재라고 보았습니다. 그래서 교사는 단순히 정답을 주입하는 사람이 아니라, 학생들이 질문하고 탐험하며 새로운 연결과 의미를 발견할 수 있도록 안내하는 설계자가 되어야 합니다.

칼 구스타프 융(Carl Gustav Jung), 『인간과 상징』(열린책들, 2009)

융은 인간의 무의식이 삶과 선택에 깊이 작용한다고 보았습니다. 교사는 성찰을 통해 자신의 반복되는 말투, 반응, 습관 뒤에 숨어 있는 내면의 패턴과 무의식을 마주하게 됩니다. 이는 단순한 행동 점검을 넘어, 내면 깊은 곳의 나와 만나는 여정입니다. 이 여정은 고통스러울 수 있지만, 진짜 변화를 이끄는 힘을 가집니다.

지그문트 바우만(Zygmunt Bauman), 『불안의 기원』(다산초당, 2025)

바우만은 끊임없이 변화하는 유동적 현대사회에서 사람들이 불안과 외로움을 느낀다고 분석했습니다. 교사도 빠르게 바뀌는 교육 환경과 사회 변화 속에서 흔들릴 수밖에 없습니다. 그러나 이 불안 속에서도 무엇이 본질인지 다시 묻고, 교육자로서 중심을 붙잡으려는 시도가 중요합니다. 흔들림은 약함이 아니라, 더 깊은 뿌리를 내리는 과정입니다.

티모시 갤웨이(Timothy Gallwey), 『이너 게임』(가을여행, 2019)

갤웨이는 외부의 어려움보다 내면의 자기 비판, 두려움, 잡음이 성장을 방해한다고 말합니다. 교사는 '나는 왜 이걸 못 했을까' 라는 채찍질 대신 내면의 비판적 목소리를 알아차리고 조용히 내려놓으며 현재 순간에 온전히 집중하는 연습을 통해 더 자연스럽고 단단한 교육자로 성장할 수 있습니다. 수업도, 교육도 결국 '내면과의 게임' 입니다.

• 부록 •

『수업의 본질』과 함께하는 교사 수업 돌봄 안내서

다음은 우리 모두가 교사로서 더 성장하기 위한 따뜻한 안내서입니다. 수업이라는 여정에서 우리는 모두 다른 지점에 서 있고, 저마다의 강점과 도전 과제를 가지고 있습니다. 이 안내서를 통해 선생님께서 더 관심을 기울이고 싶은 영역을 발견하고, 그것을 수업친구와 함께 따뜻한 수업나눔을 하면서 성장의 기회로 가져가기를 진심으로 소망합니다.

작성 안내

각 문항을 읽고 자신의 현재 상황에 가장 가까운 점수를 솔직하게 매겨주세요.

- 3점: 그렇다
- 2점: 보통이다
- 1점: 그렇지 않다

(이것은 내 수업 능력을 측정하는 안내서가 아닙니다. 내가 지금 관심을 기울이고 싶거나 혹은 내가 더 성장하고 싶은 수업의 영역을 잘 찾아가기 위한 도구입니다. 점수가 높을수록 선생님이 더 관심을 기울이고 성장할 수 있는 영역입니다. 교사로서 우리는 항상 배우고 성장하는 존재입니다.)

1. 자존 영역 - 내면의 목소리에 귀 기울이기

항목	점수
• 나는 일상 속에서 교사로서의 내 모습을 돌아보는 시간을 의식적으로 갖는다.	
• 나는 내 가치를 외부 평가나 성과가 아닌, 나 자신 안에서 발견하려고 노력한다.	
• 나는 지치거나 소진될 때 그 신호를 알아차리고 나를 돌보는 방식으로 대응한다.	
• 나는 수업이 완벽하지 않아도 나의 진심과 노력을 존중하며 스스로를 격려하려고 한다.	
• 나는 수업 중이나 이후 감정적으로 흔들릴 때, 스스로를 진정시키고 다시 중심을 잡을 수 있다.	
• 나는 수업을 하며 생기는 여러 고민들을 더 깊이 공부하고 연구할 때가 있다.	
• 나는 일상 속에서 아름다움과 감성적인 순간을 발견하며 즐기려 한다.	
• 나는 바쁜 교직 생활 속에서도 나의 신체적·정서적 건강을 의식적으로 관리하고 있다.	
• 나는 하루 중 짧은 시간이라도 고요하게 내면을 돌아보는 여유를 만들려고 한다.	
• 나는 있는 그대로의 나를 따뜻하게 바라보고, 스스로에게 관대하려고 노력한다.	
자존 영역 점수 합계: _____ 점 (30점 만점)	

2. 디자인 영역 - 나만의 수업을 예술로 그려가기

항목	점수
• 나는 교육과정을 재구성하며 나만의 철학과 방식을 담은 수업을 만들어가고 있다.	
• 나는 학생들의 사고를 확장할 수 있도록 수업에 여백과 빈틈을 의도적으로 설계하고 있다.	
• 나는 수업의 흐름과 리듬을 의식하며, 나만의 교육적 리듬을 찾아가고 있다.	
• 나는 교과 지식을 기반으로 학생들의 호기심을 자극하는 질문을 만들어내고 있다.	
• 나는 실생활과 교과 내용을 연결하여 학생들이 의미를 느낄 수 있도록 수업을 구성하고 있다.	
• 나는 수업에서 본질에 집중하며, 불필요한 요소를 덜어내는 방향을 추구하고 있다.	
• 나는 디지털 도구를 수업의 흐름과 목적에 맞게 유연하게 활용하고 있다.	
• 나는 학생의 성장을 위한 평가 방식에 대해 고민하며, 점차 나만의 방식으로 실천하고 있다.	
• 나는 루브릭을 활용하여 학생의 배움 방향을 구체적으로 안내하려고 한다.	
• 나는 나의 교육 철학과 삶의 이야기를 수업 속에 자연스럽게 녹여내고 있다.	

디자인 영역 점수 합계: _____ 점 (30점 만점)

3. 실행 영역 – 흔들리면서도 수업을 지켜가기

항목	점수
• 나는 수업 중 예상하지 못한 상황에도 유연하게 반응하며 흐름을 이어갈 수 있다.	
• 나는 친절함과 단호함 사이에서 균형을 잡으며 교실의 경계를 세우고 있다.	
• 나는 다양한 학생들과 존중과 공감의 자세로 안정적인 관계를 잘 맺고 있다.	
• 나는 수업 중 흐름이 끊겼을 때, 자연스럽게 다시 연결하는 방식을 잘 찾는다.	
• 나는 교실 분위기가 흐트러질 때에도 수업의 핵심을 잃지 않고 중심을 잘 잡는다.	
• 나는 학생들의 미묘한 표정과 말투, 반응을 민감하게 읽어내려는 노력을 하고 있다.	
• 나는 갈등 상황에서도 학생들과의 관계를 회복하는 대화를 시도하려 한다.	
• 나는 다양한 학생들과 진심 어린 대화를 이어가며 수업의 흐름을 잘 이끈다.	
• 나는 수업 중 학생의 몰입을 이끌 수 있는 질문과 활동을 유도하고 있다.	
• 나는 수업 중 배우처럼 감정을 조율하며 즉흥적인 상황에 창의적으로 대응하는 것을 즐긴다.	
실행 영역 점수 합계: _____ 점 (30점 만점)	

4. 성찰 영역 - 수업과 나를 다시 세워가기

항목	점수
• 나는 수업이 끝난 뒤 짧게라도 오늘 수업을 되돌아보는 시간을 갖는다.	
• 나는 내 수업을 객관적으로 바라보고 균형 있는 시선으로 성찰하려 한다.	
• 나는 수업 후 학생들의 배움과 반응, 변화의 흐름을 떠올리며 돌아본다.	
• 나는 수업 이야기를 동료와 나누는 시간을 정기적으로 갖고 서로 배우는 기회를 소중히 여긴다.	
• 나는 다른 교사의 수업을 격려의 시선으로 바라보며 배움의 기회로 삼는다.	
• 나는 수업에서의 어려움이나 실패도 성장의 과정으로 바라보고 그때의 상황을 자주 떠올리며 성찰한다.	
• 나는 수업 경험을 글로 남기며 나만의 성찰 기록을 쌓아가고 있다.	
• 나는 수업코칭이나 수업나눔 기회를 정기적으로 갖고 배우고 성장하는 데 열린 마음을 갖고 있다.	
• 나는 바쁘지만 교사 공동체나 연구 모임에 꾸준히 참여하며 동료들과 함께 배우고 있다.	
• 나는 교사로서의 삶을 단지 반복이 아닌 배움과 성장의 여정으로 바라보면서 나를 격려하고 있다.	
성찰 영역 점수 합계: _____ 점 (30점 만점)	

❖ 종합 점수 및 해석
- 자존 영역 점수: _____ 점
- 디자인 영역 점수: _____ 점
- 실행 영역 점수: _____ 점
- 성찰 영역 점수: _____ 점

❖ 점수 해석 및 성장의 방향

가장 낮은 점수를 받은 영역은 현재 선생님께서 더 관심을 기울이고 돌봄이 필요한 부분입니다. 그 영역은 선생님의 약점이 아니라, 오히려 가장 먼저 응답하고 싶은 내면의 목소리일 수 있습니다. 각 영역별로 『수업의 본질』에서 해당 장을 찾아 읽으며, 나의 수업 여정을 다시 설계해 보세요.

자존 영역 점수가 가장 낮다면, 지금은 내면의 목소리에 귀 기울이고 자신을 따뜻하게 돌보는 시간이 필요한 때입니다. 완벽한 교사가 되려는 부담에서 잠시 벗어나, 그저 '충분히 좋은 교사'로서 자신을 인정해 보세요. 매일 5분이라도 조용히 자신의 감정과 상태를 알아차리는 시간을 가져보세요. 학생들에게 베푸는 따뜻한 이해와 격려를 자신에게도 선물해 보세요. 『수업의 본질』의 1장 '자존'을 다시 읽으며, 교사로서의 여정에 자신감과 균형을 되찾아보세요.

디자인 영역 점수가 가장 낮다면, 수업 설계에 새로운 영감과 방향이 필요한 시기입니다. 모든 수업을 완벽하게 디자인하려는 부담을 내려놓고, 한 주에 한 차시라도 작은 변화를 시도해 보세요. 학생들에게 가장 중요한 한 가지 핵심 질문이나 개념을 중심으로 수업을 재구성해 보거나, 의도적인 '여백'을 두어 학생들의 사고가 확장될 수 있는 공간을 만들어 보세요. 『수업의 본질』의 2장 '디자인'을 참고하여 수업에 예술적 감각과 창의성을 불어넣는 방법을 탐색해 보세요.

실행 영역 점수가 가장 낮다면, 수업의 현장에서 유연성과 대응력을 키우는 데 집중할 때입니다. 모든 상황을 완벽하게 통제하려는 마음을 조금 내려놓고, 수업의 자연스러운 흐름을 믿어보세요. 예상치 못한 상황이 생겼을 때 "이것도 배움의 기회가 될 수 있을까?"라고 자문해 보세요. 학생들의 반응과 감정에 더 민감하게 반응하는 연습을 하면서, 경계 설정과 존중의 균형을 찾아가세요. 『수업의 본질』의 3장 '실행'을 통해 흔들리는 순간에도 수업의 중심을 지키는 지혜를 얻어보세요.

성찰 영역 점수가 가장 낮다면, 자신의 교육 실천을 되돌아보고 의미를 찾는 성찰의 시간이 필요합니다. 모든 수업을 완벽하게 분석하려는 부담 없이, 매일 단 3분이라도 "오늘 무엇이 의미 있었나?"를 생각하는 시간을 가져보세요. 동료 교사와 부담 없이 수업 이야기를 나누거나, 간단한 수업 일지를 작성해 보세요. 성공뿐만 아니라 실패의 경험도 소중한 배움의 자원이 될 수 있음을 기억하세요. 『수업의 본질』의 4장 '성찰'을 통해 교사로서의 내적 성장과 지속적인 배움의 여정을 설계해 보세요.

❖ 활용 방법
1. 정기적인 점검: 한 달에 한 번 이 안내서를 작성하여 자신의 변화를 살펴보세요. 영역별 점수의 변화 추이를 관찰하는 것은 여러분의 교사 여정을 이해하는 데 도움이 됩니다.
2. 작은 실천 하기: 가장 낮은 점수를 받은 영역에서 2~3개의 항목을 선택하여 다음 한 달 동안의 작은 실천 목표로 삼아보세요. 한 번에 모든 것을 바꾸려 하기보다, 작은 변화가 쌓여 큰 성장이 된다는 것을 기억하세요.
3. 수업친구와 나눔: 신뢰하는 동료 교사와 함께 안내서를 작성하고 서로의 성장을 돕는 대화를 나눠보세요. 비슷한 고민을 하는 동료와 함께할 때 변화의 힘은 더욱 커집니다.
4. 강점 활용하기: 점수가 높은 영역은 여러분의 강점일 수 있습니다. 이 강점을 어떻게 다른 영역의 성장에 활용할 수 있을지 고민해 보세요. 예를 들어, 디자인 영역이 강점이라면 이 능력을 활용해 성찰이나 실행 영역을 강화할 방법을 찾아보세요.

이 안내서는 교사로서 여러분의 지속적인 성장과 돌봄을 위한 안내서입니다. 모든 영역에서 완벽할 필요는 없습니다. 때로는 한 영역에 더 집중하고, 다른 영역은 잠시 내려놓는 것도 중요합니다. 교사의 여정은 마라톤과 같습니다. 꾸준히, 그리고 자신을 돌보며 걸어가는 과정에서 진정한 성장이 이루어집니다. 여러분의 여정에 『수업의 본질』이 든든한 동반자가 되기를 바랍니다.

❖ 저작권 및 연구소 안내

이 책에 수록된 글과 자료들은 저자와 좋은교사 수업코칭연구소의 오랜 연구와 임상 경험을 바탕으로 제작되었으며, 무단 전재 및 복제를 금합니다. 공동체나 교육 목적으로 활용을 원할 경우, 반드시 저자 또는 출판사 등의 출처를 표기해 주세요.

좋은교사 수업코칭연구소는 교사들이 함께 수업을 나누고 성찰하며 성장해 가는 교육 공동체입니다.

강원, 광주·전남, 경상, 대전, 수도권, 충청 등 전국 각지의 지역 모임에서는 매월 한 차례 이상, 각자의 평범한 수업을 나누고 그것을 함께 이해하며, 서로를 격려하고 존재를 존중하는 회복의 대화를 조용히 이어갑니다.

우리는 수업을 '혼자 견뎌내는 일'이 아니라, '함께 만들어가는 과정'으로 바라보며, 교사의 자존을 지키고 회복하는 수업나눔과 수업코칭 문화를 확산해 나가고 있습니다.

연구소에서는 '교사의 자존', '수업 디자인', '수업 실행', '수업 성찰'이라는 네 가지 핵심 영역을 중심으로 다양한 연수 프로그램을 운영하고 있으며, 관련된 연수 및 강의 문의는 아래 카페를 통해 가능합니다.

cafe cafe.daum.net/happy-teaching

| 에필로그

공동체, 함께 걷는 길 위에서 우리는 숲이 된다
― 마음을 나누고, 생각을 잇고, 콘텐츠를 창조하며

　밖은 늘 시끄럽다. 내 안도 아직 정돈되지 않았는데, 바깥 세상은 또다시 소란스럽다. 학생들의 웃음과 말소리, 그 생기마저도 감당하기 버거운데, 세상은 한발 앞서가며 새 시대가 도래했다고 외친다. 이번에는 인공지능이란다. 처음엔 그저 흘려듣던 이야기였지만, 어느새 그것은 나의 일상 깊숙이 들어와 있다. 이 책을 쓰는 순간에도 나는 AI의 도움을 받았다. 수업 준비, 학생 평가, 교육 행정, 자료 조사까지, 도구로서 그것은 분명 유용하고 똑똑했다.

　문득, 이런 생각이 들었다. '나는 과연 이 변화 속에서 어떤 모습으로 존재하고 있는가?' 기술이 진보할수록, 교사로서 내 마음 한편에는 두려움이 먼저 생긴다. 앞서가는 이들을 보며 자책하고, 쏟아지는 정보에 뒤처질까 불안해진다. '과연 나는 새로운 아이들을 감당할 수 있을까?', '나는 계속 교사일 수 있을까?' 새로운 시대가 올 때마다, 우리 마음에 가장 먼저 찾아오는 감정은 늘 막막함이다. 변화의 속도에 휩쓸리다 보면, 어느 순간 내가 누구인지조차 잊어버릴 것 같은 불안이 밀려온다.

　쇠렌 키르케고르는 그런 불안을 인간 실존의 본질로 보았다. 그는 불안을 피해야 할 감정이 아니라, 인간이 자유로운 선택 앞에 섰을 때 반드시 경험하게 되는 현상이라 했다. 우리가 진정 자유로운 존재라면, 무한한 가능성 앞에서 현기증을 느끼는 것은 너무나 자연스러운 일이다. 그는 이 현상을 '가능성의 현기증'이라 불렀다. 인간은 스스로의 삶을 선택하고 결정하고, 책임져야 할 존재이기에 불안을 느낄 수밖에 없으며, 바로 그 불안이 자신의 내면을 깊이 성찰하고 존재의 가능성을 발견하게 하는 통로라고 했다.

교사로 산다는 것은 매 순간 그 '가능성의 현기증' 속에 서 있는 일이다. 수업이라는 무대 앞에 설 때마다 나는 두렵다. 아이들이 어떻게 반응할지, 내가 준비한 질문이 과연 살아날지, 혹시 실패하지는 않을지. 하지만 이제 나는 그 불안을 억누르기보다, '존재의 신호'로 받아들이기로 했다. 숨이 차고, 마음이 덜컥 내려앉는 그 순간조차, 내가 교사로 살아가고 있다는 증거이기 때문이다.

그래서 나는 이 책을 쓰는 동안 불안을 무조건 없애려 애쓰지 않았다. 오히려 불안을 안고 살아가는 나를 다정하게 인정해 주었다. 감기에 걸린 몸에 기침이 동반되듯, 살아 있는 교사에게 불안은 너무나 자연스럽다. 그렇기에 나는 불안을 단순히 괴로움으로 여기지 않고, 그 안에 담긴 질문과 방향성을 따라가 보고 싶었다. 그 과정은 결국, 나를 나답게 만드는 여정이기도 했다.

이제 나는 조금은 알 것 같다. 수업이란, 불안한 교사가 예측 불가의 학생들과 함께 만들어가는 살아 있는 과정이라는 것을. 교사와 학생 사이에 흐르는 공기, 말로 다 담을 수 없는 감정들, 때로는 예상하지 못한 변수들까지, 모든 것이 얽여서 만들어지는 그 세계는 결코 단순한 공식으로 환원될 수 없다.

　수업은 늘 같은 얼굴을 하지 않는다. 어떤 날은 시계추처럼 이리저리 흔들리고, 또 어떤 날은 무지갯빛처럼 반짝인다. 수업마다 서로 다른 숨결이 깃든다. 그래서 나는 이 책을 쓰면서, 수업을 단순한 기술이나 전략으로 설명하고 싶지 않았다. 수업은 하나의 '존재 방식'이다. 철학, 심리학, 사회학, 교육학, 영성, 예술 등, 나는 여러 갈래의 길을 따라 수업을 조명해 보려 애썼다. 그 모든 시도를 지나온 지금, 나는 이렇게 말하고 싶다.

　"수업은 하나의 언어로는 다 설명할 수 없는, 다차원적이고 깊은 세계. 그리고 그 세계를 가장 인간적으로 열어가는 존재가 바로 우리 교사다."

　물론, 이 복잡하고 다층적인 세계 앞에서 우리는 종종 막막함을 느낀다. 그런데 다행히도 프랑스의 사회학자 에드가 모랭(Edgar Morin)은 '복잡성 이론'을 통해, 이 복잡함을 두려워하지 않아도 된다고 이야기한다. 모랭은 복잡성을 단지 어렵고 혼란스러운 상태로 보지 않았다. 오히려 수많은 요소가 서로 얽히고 연결되어, 끊임없이 상호작용하고 변화하면서 새로운 가능성을 만들어내는 '살아 있는 흐름'으로 보았다.

　모랭의 관점에서 교실은 그야말로 복잡성의 현장이다. 서로 다른 감정과 의견, 다양한 가치와 관점이 부딪히기도 하고, 조화를 이루기도 한다. 그 안에서는 늘 예측할 수 없는 변화가 싹튼다. 교사와 학생, 그리고 교실을 둘러싼 모든 환경과 맥락들은 단순한 직선처럼 흐르지 않는다. 서로를 밀어내기도 하고, 끌어당기기도 하며, 매 순간 새로운 의미와 배움을 끌어낸다.

수업은 하나의 정해진 목표를 향해 일사불란하게 나아가는 행진이 아니다. 오히려 끊임없이 움직이고 서로 영향을 주고 받는, 살아 있는 유기체에 가깝다. 완벽한 질서가 아니라 불완전함과 예측 불가능함이 씨앗처럼 심어지고, 그 틈새에서 뜻밖의 아름다움이 자라난다. 그래서 교사는 모든 것을 통제할 수 없다. 수업은 본래부터 정해진 모양을 가진 것이 아니라, 함께 살아 움직이는 관계 속에서 매 순간 다르게 피어나는 생명체이기 때문이다.

하지만 바로 그 '살아 움직임' 때문에, 교사들은 때로 지치고 흔들린다. 아무리 애써도 잡히지 않는 변화, 아무리 준비해도 예상 밖으로 흘러가는 순간들 앞에서, 나는 나를 어떻게 붙들어야 하는가? 교사의 삶을 존엄하게 지키려면, 도대체 무엇이 우리를 본질에 묶어주고, 다시 서게 하는가? 나는 이 질문 앞에 오래도록 머물렀다. 답을 서두르지 않고, 마음 깊은 곳으로 내려가 다시 물었다.

'무엇이 나를 교사로 서게 하는가?'
'무엇이 수업을 수업답게 하는가?'

그렇게 오랜 숙고 끝에, 나는 마침내 다섯 개의 단어를 건져올렸다. 그 단어가 자존, 디자인, 실행, 성찰, 공동체였다.

1장에서는 '자존'을 이야기했다. 스스로를 존중하고 사랑하며, 자기 자신을 지켜내는 힘. 세상의 평가에 흔들리지 않고, 내 존재를 다정하게 껴안는 용기.

2장에서는 '디자인'을 다루었다. 단순한 지식 전달을 넘어, 수업을 하나의 예술처럼 창조하는 능력. 내 손끝에서, 내 마음속에서, 수업이라는 생명체를 새롭게 그려내는 기쁨.

3장에서는 '실행'을 이야기했다. 교실이라는 복잡하고 살아 있는 현실 속에서, 계획과 다른 상황에도 유연하게 대응하며 수업의 의미를 완성해 가는 힘.

4장에서는 '성찰'의 여정을 나누었다. 수업이 끝난 후, 고요히 자신을 마주하며, 작은 기쁨과 아쉬움까지 품에 안고 다시 성장해가는 과정. 그리고 이 모든 여정을 따라가다 보면, 결국 마지막에 다다르는 하나의 진실이 있다. 교사는 혼자일 수 없다는 것. 교사는 반드시 공동체 안에서 살아야 한다는 것.

모든 것이 예측할 수 없고, 불안이 일상이 되어버린 이 시대에, 결국 우리를 지탱해 주는 것은 따로 있지 않다. 함께 버텨내는 사람들, 서로의 이야기를 듣고 마음을 나누며, 수업이라는 삶의 조각들을 함께 바라보는 동료 교사들. 바로 우리다. 넘어지고 흔들리고, 다시 일어서는 이 고단한 길 위에서, 우리는 서로 위로가 된다. 그리고 그 위로를 따라 다시 우리는 걸어간다.

자존을 세우고, 수업을 예술처럼 빚어내고, 교실이라는 살아 있는 무대 위에서 순간순간 대응하며 성찰해 가는 이 모든 과정은, 결코 교사 혼자만의 힘으로 이루어진 것이 아니었다. 나 역시, 때때로 혼자 감당하는 삶이 버거워, 누군가와 진솔하게 나누고 싶다는 간절한 마음을 품곤 했다. 그 갈망 끝에 문을 연 것이 바로 '좋은교사 수업코칭연구소'였다. 시작은 거창하지 않았다. 그저 이규철, 김효수 선생님과 나눈 소박한 만남, 따스한 대화 몇 마디가 작은 싹처럼 터져 나왔을 뿐이다. 그곳에서 우리는 수업에 대한 고민을 숨김없이 털어놓았다. 서로를 평가하지도, 경쟁하지도 않았다. 오직 수업과 학생에 대한 애정, 그리고 서로를 향한 진심 어린 응원과 격려만이 그 자리를 가득 채웠다.

말과 말 사이에서, 마음과 마음 사이에서, 배움이 조용히 움텄다. 그 질문들 속에서 자연스럽게 연구가 시작되었다. 각자의 교실에서 얻은 작은 통찰과 경험을 모아 나누고, 함께 고민하며 전문성을 조금씩 쌓아갔다. 수업 사례집, 워크북, 강의 자료. 마음에서 생각으로, 생각에서 연구로, 그리고 연구에서 다시 살아 있는 콘텐츠로 이어지는 그 여정 속에서 사람들은 모였고, 우리는 함께 성장했다. 공동체는 그렇게 단단해졌다. 그 경험을 통해 나는 다시금 분명히 알게 되었다. 교사의 성장은 결코 혼자만의 노력으로 완성되지 않는다는 것을. 교사는 '함께'일 때, 혼자서는 도달할 수 없는 깊이와 풍성함을 누릴 수 있다는 것을.

그 후 나는 또 하나의 공동체를 만들었다. 그 이름은 '소소한 책방'이다. '좋은교사 수업코칭연구소'가 수업과 연구를 중심으로 배우고 성장하는 공간이었다면, 소소한 책방은 그 목적과 의무에서 조금은 벗어나고 싶었던 자리였다. 왜냐하면, 연구와 수업의 언어로는 닿을 수 없는 곳이 분명히 존재했기 때문이다. 교사라는 이름 뒤에 숨겨진 외로움과 상처, 말 없이 삼켜야 했던 눈물과 슬픔들. 그것들은 단지 성장과 전문성만으로는 치유될 수 없었다.

　나는 교사 예술감성 책방, '소소한 책방'이라는 이름으로 선생님들을 초대했다. '읽고, 쓰고, 그리고, 사랑하라'는 작은 다짐을 품고, 주말에 함께 골목 어귀 작은 책방을 찾아 걸었고, 미술관에서는 그림 한 점 앞에 함께 멈춰 서서, 작가의 마음과 우리의 삶을 겹쳐 보았다. 때로는 시집 한 권, 소설 한 권을 펼쳐 각자의 언어로 문장을 품었고, 아주 조용히 서로의 삶을 기웃거렸다. 책과 그림을 매개로 우리는 내면 깊은 곳의 이야기들을 주고받았다. 연구의 언어로는 닿을 수 없었던 위로가, 이 소박한 공간에서는 자연스럽게 흘러넘쳤다. 교사라는 이름을 잠시 내려놓고, 그저 한 사람으로서 서로를 진심으로 바라보고, 품고, 안아주는 경험. 그것이 바로 소소한 책방이 우리에게 준 가장 큰 선물이었다.

　이 두 공동체의 여정을 함께 걸으면서, 나는 어느 순간 하나의 질문 앞에 오래 머물게 되었다.

　왜 우리는 학교 안에서 서로 연결되지 못하는가?

　사실 나는 이 질문을 위해, '공동체'를 다룬 장을 따로 마련하고 싶었다. 하지만 책의 분량 안에서는 그 모든 이야기를 다 펼쳐낼 수 없어, 이 자리에서 간략하게 나누게 된 것이 못내 아쉽다. 그래도 혹시 공동체에 대해 더 깊이 알고 싶다면, 나의 전작인 『교사의 시선』과 『교사, 삶에서 나를 만나다』의 마지막 장을 꼭 읽어주기를 바란다. 이 책에 다 담지 못한, 교사 공동체에 대한 더 깊은 고민과 이야기가 실려 있다.

학생을 가르치는 우리가, 서로를 가르치고 배우는 공동체가 되어야 한다. 그런데 현실은 그 반대다. 학교는 교사를 고립시킨다. 평가와 승진, 성과라는 시스템 안에서 우리는 자연스레 서로를 경쟁자로 바라보게 되고, 마음을 열지 못한 채 거리를 두게 한다. 행정의 언어와 구조는 교사들의 관계마저 서늘하게 만든다. 진심이 오가는 대화 대신, 의무적인 회의와 형식적인 보고서가 교사들 사이를 메운다. 그 속에서 우리는 조금씩 말을 잃고, 고립된 섬처럼 스스로를 가둔다.

그럼에도 누군가는 그 섬에 작은 깃발을 꽂아야 한다. 희미한 빛 하나를 켜야 한다. 그러면 그 빛은 어둠 속에 있는 이들을 끌어모은다. 그리고 모인 사람들이 서로의 온기를 나누기 시작하면, 그 희미한 빛은 점점 더 밝아진다. 마음을 나누고, 생각을 나누다 보면, 공동체는 천천히, 소리 없이 세워진다. 거창한 선언도 필요 없다. 단지 한 사람이, 용기 있게 먼저 손을 내미는 것. 그것이 시작이다.

나는 바란다. 이 책을 읽는 당신이, 그 따뜻한 변화의 시작점이 되어주기를. 작은 방에 모인 몇몇 교사들이 서로의 이야기를 진심으로 들어주고, 공감 어린 눈빛을 나누는 것. 그 한 걸음이면 충분하다. 이 책에 담긴 질문과 사유를 함께 나누고, 각자의 수업을 자신만의 걸음으로 디자인해 간다면, 그 공동체는 어느새 저마다 다른 색으로 빛나게 될 것이다. 생각을 나누는 공동체, 연구하는 공동체, 글을 쓰는 공동체. 모든 것이 가능하다. 모든 가능성은 당신의 한 걸음에서 시작된다.

하지만 혹여 '공동체를 만든다'는 말이 부담스럽게 느껴진다면, 그냥 있어도 괜찮다. 모두가 주도자가 될 필요는 없다. 오히려 조용히 혼자 머무르며 자신을 돌아보는 시간이 더 큰 위로가 되는 이들도 있다. 그 시간을 소중히 여기고, 나만의 세계 속에서 평화를 찾는 것. 그 또한 아름다운 여정이다. 단지, 언젠가 마음에 와닿는 모임이 생긴다면, 그때 용기 내어 그 자리에 가보기를 바란다. 당장 그런 곳이 없다면, 누군가가 조명을 켜줄 때까지 잠시 기다려도 좋다. 조급할 필요는 없다. 여유가 생긴 그때, 아주 소심한 걸음으로 문을 열고 들어가 보는 것. 그것이면 충분하다.

다만, 이것만큼은 잊지 말자. 절대로 나를 탓하거나 내 존재를 부정하지 말 것. 있는 그대로의 나를 인정하고, 그 모습 그대로 충분히 사랑받고 지지받을 가치가 있다는 사실을 언제나 기억하자.

마지막으로 조지 클라우센(George Clausen)의 그림을 들여다본다. 어두운 방 안, 작고 따뜻한 등불 하나.

그 앞에서 한 여인이 조용히 책장을 넘긴다. 세상은 잠들었지만, 그녀는 깨어 있다. 그녀의 시선은 책 페이지에 머물러 있지만, 어쩌면 더 멀고 깊은 세계를 바라보고 있는지도 모른다. 등불 아래 조용히 이어지는 독서처럼, 교사의 삶도 그렇게, 빛은 많지 않아도 깊게 다오른다. 화려하지 않아도, 눈부시지 않아도, 자기만의 빛을 품고 있는 사람.

지금 이 순간, 당신이 바로 그런 존재다. 당신의 작은 불빛은 어둠 속에서도 꺼지지 않고, 언젠가 누군가의 마음도 조용히 비춰줄 것이다. 오늘도, 나는 당신의 그 빛을 응원한다.

책장을 넘기며 마음을 돌보며
자신만의 호흡으로, 자신만의 걸음으로
교사의 길을 묵묵히 걸어가는 당신을 응원한다.

그 하루를 조용히 견뎌낸 당신.
넘어짐 속에서도 다시 일어서고
흔들림 속에서도 끝내 버티는 당신의 존재는
지금 이 시대에 가장 깊은 희망이다.

기억하자.
늘 작음을 경험하지만, 당신은 혼자가 아니다.

'교사'라는 이름으로
당신과 나는, 그리고 우리는
서로 연결되어 있다.

학교에서
교사 태현

오늘의 그림

조지 클라우센, 등불 옆에서의 독서, 1909년.
캔버스에 유채, 40.6 x 50.8cm, 개인 소장

좋은교사 수업코칭연구소
cafe.daum.net/happy-teaching

2012년, 연구소를 시작하다

좋은교사 수업코칭연구소는 "수업은 기술이 아니라, 교사의 존재에서 시작된다"는 믿음 아래 10년 넘게 교사들의 마음과 수업을 함께 돌보는 여정을 걸어왔습니다. 우리는 화려한 수업 기술보다 **교사 한 사람의 자존과 진심이 먼저**라고 믿습니다. 그래서 수업을 잘하게 만드는 전략보다 "나는 왜 이 수업을 하는가?", "나는 어떤 교사로 서고 싶은가?"를 함께 묻습니다.

❖ **함께 만나는 시간 - 대면 모임**

전국 6개 지역에서 이어지는 정기적인 수업 나눔

강원 / 광주전남 / 경상 / 대전 / 수도권 / 충청

화려한 수업이 아니라, 진심이 묻어나는 평범한 수업을 나누며 존중과 경청, 공감과 격려 속에서 교사는 다시 숨을 쉽니다.

❖ **함께 연결되는 시간 - 온라인 모임**

- 수요 중보기도 모임

  매주 수요일, 서로의 이름을 부르며 함께 기도하는 시간

- 수북한 살롱

  인문학과 감성을 나누는 온라인 독서 공동체

- 연구 프리마켓

  교사들의 실천 연구를 나누고 피드백하는 온라인 연구 장터

- 소소한 아침

  매일 아침, 영성과 일상을 나누는 톡방 기록

- 육남매 글쓰기 모임
  서로의 이야기를 글로 풀어내는 따뜻한 글 동행

❖ 함께 성장하는 여정 - 코스 프로그램
- 활동가 과정
  자신의 존재를 돌아보며 교사로서의 언어를 찾는 여정
  예: "나는 왜 이 수업을 하는가?"를 묻고 쓰는 자존 에세이
- 실천가 과정
  수업을 나누고 성찰하며 함께 실천하는 따뜻한 연대
  예: 지역 모임에서 수업 장면을 나누고 '수업친구'로 피드백 주고받기
- 연구가 과정
  교실의 문제의식에서 출발해 살아 있는 탐구를 실천
  예: "아이들의 몰입이 낮은 이유는 무엇일까?"를 주제로 실천연구 수행
- 전문가 과정
  고유한 콘텐츠를 기획하고 나누는 교사 리더의 여정
  예: 자신만의 수업 철학을 담은 강의안·워크숍 콘텐츠 개발 및 발표

당신의 존재는, 이미 아름답습니다
수업의 방향을 다시 세우고 싶은 분, 수업 속 고민을 함께 나누고 싶은 분, 교사로서의 정체성을 다시 붙잡고 싶은 분, 자신만의 언어로 콘텐츠를 만들고 싶은 분, 신앙 안에서 교사의 길을 함께 걷고 싶은 분들.

좋은교사 수업코칭연구소와 함께 해주세요. 연구소가 당신을 기다립니다.
함께, 다정한 시선과 단단한 마음으로
수업의 길을 천천히, 그러나 분명히 걸어가요.

• 교육과실천이 펴낸 수업 도서 •

주도성과 진로교육
김덕년, 양세미, 조두연, 김효성, 정현주, 박선희, 이영춘 지음

모든 교육은 진로교육이고 모든 교사는 진로교사이다. 더 나아가 온 마을이 한 아이가 성장하는 데 관심을 갖고 도움을 주어야 한다. 저자들은 우리의 시선은 학교 안에 있는 소외 학생은 물론, 학교 밖 학습자에게도 향해야 한다고 말한다.

학생 주도성을 돕는 프로젝트 수업
최선경 지음

'학생 주도성'을 핵심 가치로 하는 2022 개정 교육과정에 따라 이 책은 왜 학생 주도성에 프로젝트 수업이 필요한지에서 출발한다. 실제 단·중·장기 수업에서 바로 적용할 수 있는 현장 사례를 자세하게 소개하고 활동지를 제공한다.

에듀테크 & AI 수업
그림책사랑교사모임 지음

에듀테크와 AI 교육이 결합한 그림책 활용 수업은 2022 개정 교육과정의 핵심 가치인 '학생 중심 교육'과 '미래 역량 함양'을 실현하는 데 효과적인 방법이다. 단순한 교수법의 혁신을 넘어 미래 사회가 요구하는 새로운 교육 패러다임의 구현이다.

수업 실행 전략 37
양은석 지음

수업 실행 전략은 학생들이 몰입할 수 있는 환경을 만들어주는 실질적이고 효율적인 도구다. 37가지의 수업 실행 전략과 93가지의 수업 성찰 질문으로 수업에 대한 두려움을 해소하고 교사와 학생 모두가 성장하는 수업을 만들어갈 수 있다.

영어 그림책 수업 77
초등영어그림책연구회 지음

초등학교 교사인 저자들은 영어 그림책을 연구하고 이를 수업에 적용하며 아이들의 변화와 성장을 가까이서 지켜보았다. 아이와 어른이 함께 커 가고, 생활교육에도 도움이 되는 영어 그림책 읽기의 구체적인 방법과 생생한 성장기를 아낌없이 나눈다.

지속가능발전놀이 72
홍표선, 김은샘, 배지은, 서혜승, 이슬, 이여빈, 이은주, 이정화, 이혜빈, 전주현, 주혜지 지음

지속가능발전교육이 무엇이며 왜 필요한 것인지부터 시작해서 유아교육기관에서 초등학교에 이르는 교육 현장에서 바로 적용할 수 있는 방안을 다양한 '놀이활동'으로 제시한다.

교사, 삶에서 나를 만나다

교사는 어떻게 영감 있는 삶을 살아갈 수 있을까?

이 책은 '본질, 감정, 신념, 창조, 공동체' 다섯 개의 키워드를 따라 교사의 삶을 들여다본다. 시와 그림, 책과 음악, 그리고 조용한 내면의 목소리를 통해 교사는 스스로를 위로하고 다독이며, 다시 걸어갈 힘을 되찾는다. 삶은 평범한 하루 곳곳에 예술과 영감의 순간을 숨겨두고 있다.

그림의 진심

그림 속 진심은 어떻게 느낄 수 있을까?

예술은 눈으로 보는 것이 아니라, 마음으로 만나는 것이다. 이 책은 화가들의 작품 속에 깃든 진심을 통해, 교사 자신의 감정과 심미안을 회복하는 여정을 그린다. 예술은 교사의 내면을 돌보고, 교실을 다시 살아 있게 하는 고요한 위로가 된다.